青少年体质健康促进的
探索与实践

韩会君 等◎著

暨南大学出版社
JINAN UNIVERSITY PRESS

中国·广州

图书在版编目（CIP）数据

青少年体质健康促进的探索与实践/韩会君等著．—广州：暨南大学出版社，2020.12

ISBN 978 - 7 - 5668 - 3015 - 9

I. ①青… II. ①韩… III. ①青少年—体质—健康教育—研究—中国 IV. ①G479

中国版本图书馆 CIP 数据核字（2020）第 206056 号

青少年体质健康促进的探索与实践

QINGSHAONIAN TIZHI JIANKANG CUJIN DE TANSUO YU SHIJIAN

著　者：韩会君　等

···

出 版 人：张晋升

责任编辑：武艳飞　刘宇韬

责任校对：黄　球　林　琼

责任印制：周一丹　郑玉婷

出版发行：暨南大学出版社（510630）

电　　话：总编室（8620）85221601

　　　　　营销部（8620）85225284　85228291　85228292　85226712

传　　真：（8620）85221583（办公室）　85223774（营销部）

网　　址：http://www.jnupress.com

排　　版：广州良弓广告有限公司

印　　刷：深圳市新联美术印刷有限公司

开　　本：787mm×1092mm　1/16

印　　张：14

字　　数：287 千

版　　次：2020 年 12 月第 1 版

印　　次：2020 年 12 月第 1 次

定　　价：76.00 元

序

    1985—2005 年，教育部组织的全国学生体质健康调查显示，学生耐力、力量、速度等体能指标有明显下降趋势，肺功能持续下降，视力不良率居高不下，城市青少年超重和肥胖的比例明显增加。青少年体质健康问题引起了党和政府的高度重视和全社会的关注，党中央、国务院及有关部委采取了一系列措施加强对青少年体质健康的干预，力图有效解决青少年体质健康存在的突出问题。2007年 5 月 7 日，中共中央、国务院下发了《中共中央　国务院关于加强青少年体育增强青少年体质的意见》，并在全国范围内实施了以"阳光体育"为核心内容的一系列提升青少年体质健康水平的体育活动，收到了较好的成效。教育部学生体质健康标准数据管理中心公布的《2008—2010 年国家学生体质健康标准测试数据分析报告》及 2016—2018 年全国学生体质达标测试抽测复核的结果表明，我国学生体质健康问题出现了转机，下降的速度得到遏制。尽管如此，由于积弊已久，我国青少年体质健康状况依然严峻，体质健康问题仍然突出。

    "少年强则中国强"，青少年体质健康问题关系到国家的希望和民族的未来，是业界与学界不断探索的时代命题。自国家开展新一轮学校体育课程改革以来，青少年体质健康问题也成为研究的热点之一，"青少年体质健康"关键词的强被引主要出现在 2012—2013 年。青少年体质健康水平下滑是应试教育的惯性和生活方式改变的结果，是一果多因，也是一个渐变的过程。提升青少年体质健康水平或遏制其下降，仅靠学校的努力，难以达到理想的结果。鉴于此，课题负责人韩会君教授曾提出"五位一体"提升青少年体质健康水平的学术论断。"五位一体"主要是指，在推进青少年体质健康发展过程中，政府、学校、家庭、社区、个体五个要素相互关联、共同发力，才能有效提升青少年体质健康水平，达到强体之目的。基于这一论点，2014 年本课题组以"广东省青少年体质健康促进的联动机制研究"为题申报了广东省高校省级重大项目（人文社科类），并获得立项。

    青少年体质健康"五位一体"的促进模式，主要体现在政府主导，学校、家庭、社区联动,从而实现青少年体育锻炼"知信行"模式的有机转化。本书重点讨论学校、家庭、社区联动模式和实现路径,及青少年体育锻炼自觉行为的提升策略等。

本课题组成员有高校的教师、研究生、教育研究机构的教研人员,也有中小学的管理干部和体育教师,具体包括:韩会君(广州体育学院,教授)、姚琼(广州体育学院,副教授)、夏江涛(广州体育学院,博士)、魏源(广州体育学院,副教授)、庄弼(广东省教育研究院,研究员)、黄瑞敏(广州大学松田学院,讲师)、邹俊(广州市第八十九中学,校长,高级教师)、陈致文(潮州市金山中学,中学高级教师)、张春明(广东顺德德胜学校,中学高级教师)、李威威(广东财经大学,辅导员)、柳其志(广州城建职业技术学院,教师)、史风雪(南宁市滨湖路小学,教师)。

本书共十章,主要章节负责人如下:第一章我国青少年体质健康促进概况由韩会君编写,第二章相关概念及理论构建由姚琼、黄瑞敏编写,第三章发达国家青少年体质健康管理的借鉴与启示由夏江涛、栗燕梅编写,第四章广东省青少年体质健康现状分析由庄弼、史风雪编写,第五章广东省青少年体育锻炼"知信行"模式的建立由柳其志、韩会君、张春明编写,第六章社区公共体育服务与青少年社区体育参与分析由李威威、韩会君编写,第七章广东省青少年体质健康促进的联动模式分析由韩会君、邹俊编写,第八章运用《学生体质健康家庭报告书》联动机制提升青少年体质健康水平的路径分析——源自潮州的实验报告由陈致文编写,第九章学生体质健康管理平台的构建由魏源、韩会君编写,第十章青少年体质健康问题的反思与机制解析由韩会君编写。

由于研究的问题涉及经济、社会、文化等方面的复杂因素,加之课题组研究人员的局限性,研究成果难免会存在这样或那样的问题,敬请各位同人不吝赐教。我们也将会对"五位一体"青少年体质健康促进模式等相关问题的研究进行后续的思考与实践,旨在为我国青少年体质健康水平的提升尽体育学人之责。

韩会君

2020 年 5 月于广体书斋

目　录
CONTENTS

第一章　我国青少年体质健康促进概况

从 1985 年开始进行的四次全国青少年体质健康调查结果显示：学生肺活量、速度、力量等体能素质持续 20 年下降。我国青少年体质健康水平下滑的现象引起了党和政府的高度关注，先后出台了《中共中央　国务院关于加强青少年体育增强青少年体质的意见》（中发〔2007〕7 号，以下简称《意见》）等一系列文件，并采取了一系列措施遏制青少年体质下滑的态势。2008 年以来，学生体质健康下降趋势得到一定程度的缓解，但整体上反映出的问题仍然令人担忧：肺功能指标维持较低水平；超重和肥胖现象严重；近视发生率持续增加；速度、力量素质增长趋于停滞；耐力素质低谷徘徊；血压调节机能不良比较普遍；大学生的身体素质仍在下滑。可见，青少年体质健康水平的提升任重而道远，如何提升青少年体质健康水平已成为重大时代命题。广东省地处改革开放的前沿，经济发展水平一直走在全国前列。然而，作为经济和人口大省的广东省，青少年体质健康水平并没有走在全国的前列，和全国的情况类似，出现了青少年体质健康水平下滑的现象，这其中的问题既有共性，也有广东省自身的特殊性。进入新时代，广东省委、省政府认真贯彻落实习近平总书记视察广东省时的重要指示，站在为人民谋幸福、为国家谋复兴的高度，在建设教育强省、体育强省的新征程中，把提升青少年体质健康水平作为重要的系统工程去实施，力争走出一条可复制的成功之路。

本书基于我国青少年健康促进的现实问题和世界青少年健康促进研究的发展规律和趋势，以社会生态学理论、生命过程理论、行为改变理论、多重熏陶理论等为研究基础，从体制机制入手，构建适应广东省青少年体质健康促进工程的框架体系，深入探讨影响青少年体质健康的关键因素，并将内、外部环境的影响因素有机结合起来，继而进行定性与定量研究相结合的研究设计，如校内和校外相关的体质健康促进行动的实证研究，学校、家庭、社区的青少年体质健康促进多元联动模式构建的研究，青少年体质健康促进管理系统的开发等，全面系统地构建并论证青少年体质健康促进的联动模式，进一步提出广东省青少年体质健康促进的整体发展路径。

第二节 研究思路

一、数据来源与方法选择

本书的研究对象侧重于青少年体质健康促进的联动机制，由于研究条件的限制，调查对象以中小学生为主，不包括幼儿园和大学的学生，相关内容的调查与实验也主要在中小学展开。

具体的研究方法主要包括：文献资料法、社会调查法、体育测量法、实验法、数理统计法等。

二、研究思路

本书主要从客观现实入手，立足我国的国情和广东省的实际情况，分析各省市青少年体质健康促进工作的有效案例，同时借鉴发达国家的成功经验与做法；运用社会学、管理学、行为学、心理学等学科的理论与方法；采取理论与实证相结合的写作手法，力争在政府政策导引下，通过构建学校、家庭、社区的联动模式改善青少年的体育行为习惯（"知信行"统一），进而探寻提升青少年体质健康水平的有效路径。

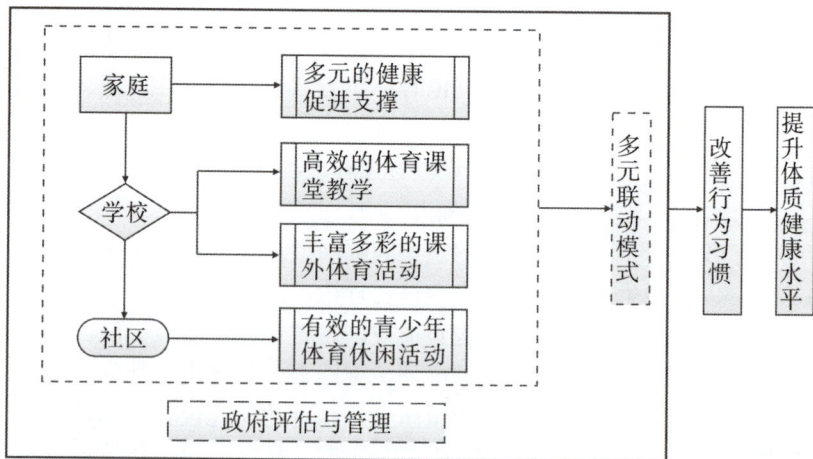

图 1-1 研究思路示意图

第三节　我国青少年体质健康促进现状

一、我国青少年体质健康促进方案

我国于 1999 年 6 月 13 日颁布的《中共中央　国务院关于深化教育改革，全面推进素质教育的决定》中强调："健康体魄是青少年为祖国和人民服务的基本前提，是中华民族旺盛生命力的体现。学校教育要树立健康第一的指导思想，切实加强体育工作"[1]，同时制定和推行《国家学生体质健康标准》（以下简称《国标》），开展"阳光体育运动""冬季长跑活动"等体育锻炼活动。2005 年全国大规模的体质监测结果表明，我国青少年的体质健康出现了 20 年持续下降的状况，这一现象引起党和政府的高度重视和社会各界的广泛关注。

2006 年底，教育部和国家体育总局联合发布的《关于进一步加强学校体育工作，切实提高学生健康素质的意见》中，提出了一些提高学生健康素质的新举措，其中包括初中生毕业升学体育考试成绩要按一定比例记入中考总分，在高中毕业考试中增加体育考试，将体育考试成绩作为高校录取新生的重要参考依据等。[2] 2007 年 4 月 5 日，时任中共中央总书记胡锦涛主持了中共中央政治局常委会，研究提高学生体质和加强学校体育工作的问题。同年，党中央、国务院从贯彻执行党的教育方针，培养中国特色社会主义事业建设者和接班人的高度出发，出台了《意见》，提出"增强青少年体质，促进青少年健康成长是关系国家和民族未来的大事"，并统一部署改进与加强青少年体质健康工作。

2007 年 11 月 6 日，"阳光体育与奥运同行冬季长跑活动"启动，旨在提高学生的身体素质，培养顽强的意志品质。胡锦涛在 2010 年全国教育工作会议上指出，教育的根本目的是培养德智体美全面发展的社会主义建设者和接班人，必须全面贯彻党的教育方针，把促进学生健康成长作为学校一切工作的出发点和落脚点。时任教育部部长袁贵仁在全国推进学校体育工作电视电话会议上提出，从 2013 年起，要全面开展学生体质健康监测，对学生体质健康水平持续 3 年下降的地区和学校，在教育工作评估和评优评先中实行一票否决。在谈及学生体质健康的重要性时，他用了 8 个字来形容：体质不强，何谈栋梁。在袁贵仁看来，学校体育工作关乎每一个孩子的身心健康、一生幸福。因此，必须高度重视学生体质

---

① 中共中央　国务院关于深化教育改革，全面推进素质教育的决定［A/OL］. （1999－06－13）［2016－12－20］. http：//old. moe. gov. cn/publicfiles/business/htmlfiles/moe/moe177/200407/2478. html.

② 教育部　国家体育总局关于进一步加强学校体育工作，切实提高学生健康素质的意见［A/OL］. （2006－12－20）［2016－12－20］. http：//old. moe. gov. cn/publicfiles/business/htmlfiles/moe/moe_942/200612/19106. html.

健康，抓住关键环节，努力提高学校体育工作的实效性。他强调指出，在以后的工作中要做好四方面的努力：一是开足并上好体育课，保证体育课时；二是确保学生每天锻炼一小时；三是全面开展体质健康测试工作；四是切实加强体质测试监督评估工作，保证测试质量。

党的十八大以来，为了孩子们健康成长这个"最大心愿"，从青少年生理健康到心理健康，处处牵动着党和国家领导人的心。在习近平总书记的深切关怀下，有关青少年体质健康促进的政策与措施不断出台并落地，产生了良好效应。习近平总书记作出了"少年强则中国强，体育强则中国强"的时代论断。2018年出席全国教育大会时，他又指出"要树立健康第一的教育理念，开齐开足体育课，帮助学生在体育锻炼中享受乐趣、增强体质、健全人格、锤炼意志"。2020年，他又寄语广大少年儿童："当代中国少年儿童既是实现第一个百年奋斗目标的经历者、见证者，更是实现第二个百年奋斗目标、建设社会主义现代化强国的生力军。希望广大少年儿童刻苦学习知识，坚定理想信念，磨炼坚强意志，锻炼强健体魄，为实现中华民族伟大复兴的中国梦时刻准备着。"

二、上海市青少年体质健康促进工程

为贯彻《上海市中长期教育改革和发展规划纲要（2010—2020年）》确立的"为了每一个学生的终身发展"的核心理念，上海市教委积极实施"学生健康促进工程"。2011年，在广泛调研和征求意见的基础上，上海市教委制定了《上海市学生健康促进工程实施方案（2011—2015年）》。7月4日，市委、市政府召开了上海市学生健康促进大会，由体育、卫生领域知名专家组成的上海市学生健康促进专家指导委员会在会上宣布成立。会议颁布了《中共上海市委 上海市人民政府关于提高青少年身心健康水平实施学生健康促进工程的通知》（沪委发〔2011〕15号），全面部署本市学生健康促进及学校体育卫生工作，启动实施学生健康促进工程。

根据工程的总体目标，工程实施方案拟订了八大行动计划，该方案在2011—2015年逐年推进完成。[①] 内容主要包括学校体育和健康教育课程体系建设行动计划、阳光体育与体教结合工作推进行动计划、学校卫生与医教结合推进行动计划、学生体质健康监测及干预行动计划、学校生命教育及心理健康教育促进行动计划、学校体育与卫生师资队伍建设行动计划、学生健康促进保障体系建设行动计划、学生健康促进与社会联动行动计划。为确保工程的顺利推进，八大行动计划细化为75个项目，并进一步明确项目实施的责任部门、配合部门以及时间节

---

① 上海市教育新闻网. 上海市学生健康促进工程八大计划解读［EB/OL］. （2011 – 08 – 24）［2016 – 12 – 20］. http：//www.shedunews.com/zixun/shanghai/Zonghe/201108/24/5578hum.

点要求。为推进工程的实施，成立了上海市学校体育卫生工作联席会议，下设办公室（设在市教委），负责统筹协调"八大行动计划"的推进工作。学生健康促进工程作为2011—2015年上海市全面保障学生身心健康发展的基础性、全局性的重大工作之一，其基本思路是：明确指导思想，体现本市教育发展的核心理念；立足现状，科学合理设定目标任务；以达到学校体育卫生事业的全面推进，促进学生健康全面发展目标的实现。工程的实施，关系到2011—2015年上海市学校体育卫生事业的发展，工程实施过程中强调课程的基础性作用，发挥"体教结合""医教结合"的传统优势，强化体育卫生事业发展中的保障性工作，坚持发展与保证底线并重，着力落实政府、学校促进学生健康全面发展的基本责任，创新实现途径，服务全体学生，注重学生身心全面健康发展。通过工程的实施建立健全学校体育卫生工作机制，提升基础设施现代化水平；进一步完善社会各方参与的网络和联动机制；基本形成全社会关注学生身心健康的良好氛围；促使学生基本养成良好的体育锻炼习惯和科学文明的生活方式。

三、江苏省青少年体质健康促进行动计划

为深入贯彻《江苏省学生体质健康促进条例》和《中共江苏省委　江苏省人民政府关于加强青少年体育增强青少年体质的意见》（苏发〔2008〕3号），全面提升学生体质健康水平，江苏省在2012年4月出台了《江苏省学生体质健康促进行动计划（2012—2015年）》（以下简称《行动计划》）。《行动计划》共分为指导思想、总体目标、重点任务、职责要求、保障措施五个部分。总体目标是以政府主导、部门合作、社会联动为支撑，以构建学校、村居社区、家庭三位一体的服务体系为主线，以体育锻炼、健康教育、疾病防控和氛围营造为重点，大力实施健康素养提升行动、体育活动推进行动、卫生服务改善行动、心理健康促进行动，进一步提高全社会对学生体质健康促进工作重要性的认识，进一步优化学校、村居社区、家庭的学生体质健康促进工作环境条件，进一步培养学生自觉参加体育锻炼、提高健康素质的主体意识，建立健全学生体质健康促进工作长效机制。到2015年，江苏省学生体质健康各项指标明显改善，体质健康水平进入全国先进行列。同时，《行动计划》从服务体系、课程改革、健康教育、学校卫生、经费保障5个方面提出了具体目标。

《行动计划》提出的重点任务是实施四项行动。一是通过加大学校健康教育工作力度，推进健康促进学校创建工作，实施学生健康素养评价制度，营造良好社会氛围等措施，实施"健康素养提升行动"。二是通过提高学校体育课程实施质量，开展学校阳光体育运动，保证学生体育运动强度，组织课余训练和竞赛活动，提升体育设施的利用率等措施，实施"体育活动推进行动"。三是通过健全学校卫生工作体系，指导学生科学营养膳食，落实学生健康体检制度，加强学生

常见病和传染病防治工作，开展大学生紧急救护培训，做好突发公共卫生事件防控工作等措施，实施"卫生服务改善行动"。四是通过提升学校心理健康教育水平，注重学生心理干预，探索学生心理健康促进模式等措施，实施"心理健康促进行动"。

为认真实施《行动计划》，扎实推进学生体质健康促进工作，江苏省教育厅、江苏省体育局、江苏省卫生厅联合制定了《江苏省学生体质健康促进行动计划实施方案（2012—2015 年)》，该方案就四项行动计划提出了主要的实施措施。为了提升学生的健康素养，中小学按照《江苏省健康促进学校评价标准》（适用于中小学校)，积极开展健康促进学校创建工作。学校把健康教育课纳入教学计划，列入课表，并组织教学。学校结合 3 月 24 日世界防治结核病日、5 月 8 日世界红十字日等卫生日，开展课堂教学、专题讲座、广播电视、健康处方等多种专题健康教育活动，并与家长建立学生健康信息沟通和信息反馈的联系机制。在体育活动推进行动中，严格执行《国家学校体育卫生条件试行基本标准》和《中小学健康教育指导纲要》，开足并上好体育课，体育课堂教学保证适宜的运动负荷，保证中小学生每天在校锻炼时间不少于 1 小时。学校切实加强对体育器材、运动场地的使用与管理，提高体育设施的利用率，确保学生体育运动安全，严防体育运动伤害事件的发生。开展形式多样的、以年级（班级）为单位的娱乐健身的单项比赛，各地各校加强学校体育与健康教育改革与实践，坚持与完善初中升学体育考试制度。在卫生服务改善行动中，构建学校三级卫生网络，并明确各级具体工作职责，建立学校、社区、家庭和地方卫生机构联动机制。学校在当地餐饮服务食品安全监管部门的指导下，推行食堂食品安全监督量化分级管理制度。中小学认真落实《中小学近视眼防控工作方案》和《国家学校体育卫生条件试行基本标准》，加强对学生口腔卫生保健教育，指导学生掌握刷牙和选用牙刷牙膏的正确方法。学校在当地卫生部门的指导和支持下，每年组织一次学生健康体检，建立学生健康档案，及时向家长反馈健康信息。学校为学生提供充足、安全、卫生的饮用水及生活用水等相关卫生设施，学生食堂要达到 B 级及以上标准。按照学生年龄特点，开展心理健康教育，做到有计划、有内容、有教案。开展班主任老师心理健康知识培训，每年至少组织 1 次学生心理健康测评，建立心理健康档案。学校按照不同年龄段学生心理发育特点，每年组织学生家长参加学生心理健康教育与促进的专题讲座。充分利用当地的心理健康教育与促进的资源，开展促进心理健康教育和活动，探索家庭、学校、社会三方合作的心理健康教育模式。

四、广东省青少年体质健康促进的政策与实践

广东省学生体质健康促进工程主要体现在广东省教育厅、广东省发展改革

委、广东省财政厅、广东省体育局联合发布的《广东省学校体育三年行动计划
(2015—2017 年)》(以下简称《三年行动计划》)中。《三年行动计划》在总体
目标中指出，力争全省 100% 的各级各类学校按国家规定开足体育课和落实学生
每天一小时校园体育活动；80% 学校的体育课具有自己的特色和精品；确保全省
学校《国标》测试数据上报率达 98%，《国标》测试优良率：小学 80% 以上，
初中 75% 以上，普通高中及中等职业学校 70% 以上，高校 65% 以上。为达到上
述目标，文件还从提高体育课教学质量、落实每天一小时校园体育活动、加强学
校体育设施基本条件建设、落实《国标》测试制度、健全学校体育工作制度建
设等方面提出了相关任务，并在主要措施中提出了具体、明确的要求，包括：

(1) 开足体育课，确保小学 1 ~ 2 年级每周 4 课时，小学 3 ~ 6 年级和初中每
周 3 课时，高中阶段每周 2 课时。普通高等学校一、二年级本科学生开设不少于
144 学时（专科生不少于 108 学时）的体育必修课，每周安排体育课不少于 2 学
时，每学时不少于 45 分钟。为其他年级学生和研究生开设体育选修课，选修课
成绩计入学生学分。每节体育课学生人数原则上不超过 30 人。

(2) 中小学每节体育课必须安排 5 ~ 8 分钟身体素质练习内容，课的练习密
度达到 50% 以上；不同学段平均心率分别达到以下要求：小学阶段达到 130 ± 5
次/分；初中、高中和大学阶段达到 135 ± 5 次/分（女）、140 ± 10 次/分（男）。
普通高等学校体育课应开设不少于 15 门的体育项目供学生选择，每节体育课须
保证一定的运动强度，其中提高心肺功能的锻炼内容不得少于 30%，要将反映
学生心肺功能的素质锻炼项目作为考试内容，考试分数的权重不得少于 30%。

(3) 积极探索高中阶段学校体育课程结构改革新途径，让学生在校期间能
够掌握 1 ~ 2 项体育锻炼方法和基本技能。

(4) 按照编制标准配齐体育教师。到 2017 年，珠三角地区学校、粤东西北
地区的城镇学校体育教师要达到省或国家的配备标准；粤东西北地区农村学校要
基本配齐体育与健康教师。健全体育与健康教师分级培训制度，省负责培训骨干
教师，地级以上市、县（市、区）负责全员（含兼职）培训。到 2016 年，完成
一轮全省中小学体育与健康教师全员培训工作。珠三角地区 75% 以上中小学校
达到《广东省中小学校体育卫生工作条件基本标准》。非珠三角地区 70% 以上义
务教育阶段学校（扶贫开发重点县、区 60%）达到《广东省义务教育标准化
学校标准》；75% 以上高中阶段学校达到《广东省中小学校体育卫生工作条件基本
标准》。全省 85% 普通高等本科学校和 70% 高等职业学校达到《普通高等学校体
育场馆设施、器材配备目录》（教体艺厅〔2004〕6 号）要求。实施"阳光体育
运动工程"，确保学生每天锻炼一小时。各级各类学校要制定确保落实学生每天
一小时校园体育活动管理具体措施并明确校长为第一责任人。

(5) 中小学校必须在每天组织当天没有体育课的学生进行一小时集体体育
锻炼并将其列入教学计划，严禁挤占学生校园体育活动时间。全面实行大课间体

育活动制度，每天统一安排 30 分钟的大课间体育活动（不含课间休息）；寄宿制学校要建立早操制度。足球项目推广学校中，义务教育阶段学校以足球为主要内容的体育课占体育课总课时 10% 以上；高中阶段学校根据学生运动能力和技术水平开设不同种类的足球选项课，全校不少于 50% 的学生参与足球活动并掌握相应的足球基本知识和技能；普通高校足球专项课开设率达 80% 以上。建立县区级小学联赛、地级市级初中联赛、省级高中联赛、省级高校联赛的四级校园足球联赛制度。

（6）在"创建广东教育强县（市、区）"督导验收中，对上报率未达 100% 的县（市、区）实行一票否决制。学校要将学生《国标》测试情况列入小学生成长记录或素质报告书；初中以上学校列入学生档案，作为学生综合素质评价和学业水平考试的重要指标和内容；高等学校要将其作为学生评优、评先、毕业考核或升学的重要依据。加强数据研究，发挥其对学生健康成长的指导作用。采取与家长联动方式开展健康审美观教育，采用运动、营养、心理等干预措施，使学生养成良好的体育锻炼习惯和健康生活方式。

2019 年 9 月，广东省教育厅会同广东省卫健委等七部门制订了《广东省综合防控儿童青少年近视实施方案》，并成立了"广东省青少年近视防控和视力健康专家指导委员会"。为了促进大中小学生体质健康水平提升，2019 年 11 月，广东省成立了"学生体质健康专家委员会"。同年 12 月，广东省教育厅发布了《广东省加强学校体育美育劳动教育行动计划》，对学校体育工作提出了进一步的要求。

第二章　相关概念及理论构建

第一节　相关概念解析

一、健康

《辞海》对健康概念的表述是："人体各器官系统发育良好、功能正常、体质健壮、精力充沛并具有良好劳动效能的状态。通常用人体测量、体格检查和各种生理指标来衡量。"① 这种提法比"健康就是没有疾病"更完善，但仍然仅仅把人作为生物有机体来看待，没有把人当作社会的人来对待。国内学者对健康也作出了多种解释，张铁民综合了世界卫生组织（WHO）的健康概念内涵，指出："健康是人类的基本需要，是躯体的、心理的、环境的和行为的互相适应和协调的良好状态。"② 赵东耀认为，人类健康的概念是动态发展的，健康是人类永远追求的理想目标，无论是从人类发展的历史角度看，还是从健康与社会发展的互动关系上讲，健康的需求具有无限性的特征，可以讲健康是人类社会发展的终极目标。③ 李明霞对健康的概念进行了简单易懂的定义，认为健康是我们的身体、生理和心理所处的一种完全良好的状态。④ 美国学者奥林斯提出了三维健康模式，从生物、心理和社会三个方面来评价人的生命状态，强调保持这三个方面的完美状态以提高生命质量。⑤ 健康的内涵可以从躯体、心理、社会适应这三个维度得到阐释，三个维度在内涵上不可或缺，并存在着互相依存及影响的辩证关系。因此，需要从多维度、多层次理解健康的含义。从上述的解读中可以看出，对于健康的概念，目前学者们普遍认可的是身体、心理和社会适应的三维健康观。

---

① 辞海编辑委员会. 辞海［M］. 上海：上海辞书出版社，1979.
② 张铁民. 论健康［J］. 中国健康教育，1992（12）：3 – 5.
③ 赵东耀. 论健康需求的无限性与医学责任的有限性［J］. 医学与哲学，2002（5）：23 – 25.
④ 李明霞，周志钦. 论健康概念及其影响因素［J］. 中国健康教育，2012（7）：573 – 575.
⑤ 季浏. 体育与健康［M］. 上海：华东师范大学出版社，2000：5.

1946 年 WHO 在其宪章中提道："健康乃是一种在身体上、心理上和社会上的完美状态，而不仅仅是没有疾病和虚弱的状态。"这一定义，把人的健康从生物学领域扩展到了精神和社会关系（社会相互影响的质量）两个方面的健康状态，将人的身心、家庭和社会生活的健康状态均包括在内。

1978 年 WHO 给健康所下的定义包括 10 个方面的内容：

（1）精力充沛，能从容应付日常生活和工作中的压力而不感到过分紧张。

（2）处事乐观，态度积极，乐于承担责任，事无巨细，不挑剔。

（3）善于休息，睡眠良好。

（4）应变能力强，能适应环境的各种变化。

（5）能够抵抗一般性感冒和传染病。

（6）体重得当，身材均匀，站立时头、肩、臂位置协调。

（7）眼睛明亮，反应敏锐，眼睑不发炎。

（8）牙齿清洁，无空洞，无痛感；牙齿颜色正常，不出血。

（9）头发有光泽，无头屑。

（10）肌肉、皮肤富有弹性，走路轻松有力。

二、体质

我国古代就对体质有过完整的阐述，古汉语中，"质"的含义是"体也、实也、木也""凡物类之本体曰为质"，"体质丰伟"实际上就是指身体实质强健。现代的"增强体质"更完整地体现了汉语中的"体质"本义，即体质是身体的实质。①《实用体质学》将"体质"定义为"人体的质量，是在遗传性和获得性基础上表现出来的人体形态结构、生理功能和心理因素的综合的、相对稳定的特征"②。

医学界的定义以匡调元教授和王琦教授的最具代表性，匡调元教授认为："体质的定义应该是指个体和群体在遗传和环境的影响下，有机体在生长、发育和衰老过程中形成的结构、机能和代谢上相对稳定的特殊状态。"③ 王琦教授认为："体质是个体生命过程中，在先天遗传和后天获得的基础上表现出的形态结构、心理状态和生理机能方面综合的、相对稳定的特质。"④

体育界对体质的定义，当以何仲恺教授的最具有代表性。他在《体质与健康关系的理论与实证研究》一书中将体质定义为："体质即人体的质量，是人体先

---

① 李晋裕，滕子敬，李永亮. 学校体育史［M］. 海口：海南出版社，2000.

② 陈明达. 实用体质学［M］. 北京：北京医科大学中国协和医科大学联合出版社，1993.

③ 匡调元. 人体体质学：理论、应用和发展［M］. 上海：上海中医学院出版社，1991.

④ 王琦. 中医体质学［M］. 北京：中国医药科技出版社，1995.

天遗传的基础上和后天环境的影响下，在生长、发育和衰老的过程中逐渐形成的身、心两方面相对稳定的特质。"① 国内学者对体质概念所作出的解读，可归纳为以下几种观点：第一种观点提出体质是人体的质量，表现人体在各个方面综合性的相对稳定的特征，这也是目前大多数学者普遍认同的定义。第二种观点把体质作为医学名词，主要运用在医疗卫生领域方面的研究，反映在生理、致病因素等范围。第三种观点把体质作为体育领域中的一项研究范围，包括体型、体格、体能等方面。第四种观点指出，体质是人体机体生命活动的基础，是人体的生物因素在遗传和变异中形成的相对平衡状态。②

综上所述，研究者从不同角度、不同学科论证了体质的定义，虽然对体质的定义存在一定的争论，但是归纳起来主要是从人体形态结构、心理因素和生理因素这三个方面进行研究，体质主要表现为这三个方面的综合的、相对稳定的特征。

三、体质健康

从体质和健康的概念看，二者有许多相同点，都对身、心两方面提出了要求。但同样健康的人，体质也可能存在差别，体质是相对稳定不易改变的，而健康的状态是动态的，容易改变的。茅鹏对体质与健康关系的论述代表了一部分人的观点，他认为，体质是生命运动和身体运动的对立统一，自然也是健康和体力的矛盾之一。体质"一分为二"，即健康和体力。体力和健康不能互相替代，各有独立的含义，也不能分别单独代表体质。只有把体力和健康结合起来观察，才能完整地反映体质水平。③ 何仲恺认为体质与健康的关系是：①体质是健康的物质基础，健康是体质的外在表现，二者是紧密联系、不可分割的。②体质是一种"特质"，健康是一种"状态"。③体质是人体维持良好健康状态的能力。④ 如果将体质与健康综合起来进行分析，体质健康也可以简单地理解为：体质是健康的物质基础，没有良好的体质，健康就是无源之水；健康是体质的外在表现，同时也是体质的最终目标和归宿。因此，体质的强弱和健康状况的好坏直接关系到人体的身体形态、运动能力、生理机能和心理状况等方面。

总之，健康是基本人权之一，是生产力，是社会和经济发展的基础。身体上的健康不仅仅是没有疾病和机体器官功能正常，在此基础上，还应具有一种满足生活、工作任务及娱乐需要的良好体质。不但要获得良好的体质健康，还要会驾驭体质健康。积极倡导体质健康对人类发展和社会进步的重要价值和作用，体质与健康这两个概念是从不同的方面及范畴来衡量人的身体状况。

① 何仲恺. 体质与健康关系的理论与实证研究 [M]. 北京：北京体育大学出版社，2009.
② 孙庆祝，容仕霖. 人体体质测量与评价 [M]. 北京：高等教育出版社，2001.
③ 孙飙，李宗汉，王梅. 实用成年人体质测定指南 [M]. 南京：江苏科学技术出版社，1997.
④ 何仲恺. 体质与健康关系的理论与实证研究 [M]. 北京：北京体育大学出版社，2009.

四、体质健康促进

1920 年，温斯洛（Winslow）首次提出健康促进（Health Promotion）的概念，将健康促进理解为开展健康教育和制定健康政策，主张通过开展个人卫生教育和健全社会机构职责应对各种危险因素，以维持和增进健康的生活水准。[1] 1945 年，亨利·E. 西格里斯特（Henry E. Sigerist）将健康促进阐释为医疗环节中的重要步骤，分为"健康促进""疾病预防""疾病恢复"和"身体康健"四步，强调其在疾病治疗中的前期准备作用。[2]

早期的医学或健康科学更多地关注疾病的诊断和治疗，关注卫生教育、疾病预防和健康保护三个方面统一，而对健康促进的认识仅局限于促进治疗的辅助手段。直到 20 世纪 70 年代，研究发现高达 50% 的疾病或死亡因素与"不健康的生活方式有关"[3]。人们开始将健康促进从疾病预防中分开，并置于同等地位，强调针对健康的人群采取积极有益的健康行为，通过改善教育、政策、环境等来获得更健康的生活方式。[4] 随着美国教育与福利部提出正向积极的健康（Positive Health）概念，大家一致认为应把健康教育与政治干预和经济干预结合起来，共同促使行为和环境发生改变，以改善和保护人们的健康。[5]

1978 年，国际初级卫生保健大会通过《阿拉木图宣言》，进一步明确了为保障并增进人们健康而立即行动的必要性。[6] Hancock 在 1986 年发表在《美国健康促进》杂志上的文章，将健康促进的概念正式从学术界引入公众的视野。[7] 奥唐纳（O'Donnell）将健康促进阐释为"帮助人们改变其生活习惯以达到理想健康状态的一门科学与艺术，理想的健康状态应是实现身体、情感、社会适应、精神和智力的平衡"[8]。进入 21 世纪后，有关健康促进的研究进一步强调了其概念的动态变化，并进行了较为系统和全面的总结。作为一种新的策略和工作方法，健

① WINSLOW C E A. The untilled fields of public health [J]. Science, 1920, 51 (1306): 23－33.

② SIGERIST H E. The university at the cross roads [M]. New York: Henry Schuman, 1946.

③ GREEN L W. National policy in the promotion of health [J]. International journal of health education, 1979, 22 (3): 161－168.

④ LALONDE M A. New perspective on the health of canadians: a working document [R]. Ottawa: Government of Canada, 1974: 31－74.

⑤ BATES I J, ALVIN E. Introduction to health education [M]. Mountain View: Mayfield Publishing, 1984.

⑥ NISHTAR S. Community health promotion—a step further [J]. Promotion & education, 2007, 14 (2): 61－66.

⑦ MINKLER M. Health education, health promotion and the open society: a historical perspective [J]. Health education quarterly, 1989, 16 (1): 17－30.

⑧ O'DONNELL. Definition of Health Promotion [J]. American journal of health promotion, 1986, 1 (1): 4－5.

康促进被定义为"应对青少年身心健康问题所追求的一个理想目标"①。

前期的研究成果大多注重健康促进，并没有包含体质的内涵。综合不同阶段对健康促进概念的认识和理解，在参考汪晓赞（2014）对健康促进的解读基础上，本书将体质健康促进定义为"通过相关手段的干预改善身体活动、饮食习惯和心理状态等在内的生活方式，寻求与整个环境的和谐统一，以提升生命质量的整体策略"。

五、联动机制

机制是指各要素之间的结构关系和运行方式。社会学把其内涵表述为，在正视事物各个部分的存在的前提下，协调各个部分之间关系以更好地发挥作用的具体运行方式。

联动是指若干个相关联的事物，一个运动或变化时，其他也跟着运动或变化。联动即"联合行动"之意。社会学中对其内涵的表述为：在正视事物各个部分的存在的前提下，协调各个部分之间关系以更好地发挥作用的具体运行方式。由此，联动机制可理解为，各要素通过一定的联系方式，进行互动交流、相互协调、合作响应、联动协作，以提升系统功效的运行模式。

六、路径

一般来讲，路径是指"通往某一目标的道路"，基本要素包括起点、终点和二者之间的轨迹。其中，起点是初始条件或基础，终点即为预期目标或结果，起点与终点之间的轨迹是具体形态或方式。对于某条路径来说，起点和终点都是既定的，轨迹是不确定的和多样化的，其结果就是路径整体呈现出可选择性和组合性特征。② 通常情况下，路径可以分为基本路径、细分路径和交叉路径。基本路径是贯穿整条路径的主要路径，每条主要路径的方向和结构特征都是独特的；细分路径是基本路径中存在的方向一致但结构特点不同的一组路径，又称为亚路径；交叉路径是指看似可以通向目标，但实际上不可能达到目标的路径。本书以基本路径为主，细分路径和交叉路径为辅的方式来构建体质健康提升路径。

---

① 刘书元. 健康促进与青少年体质三层次说［J］. 体育与科学，2007，28（2）：7-8.

② HAUSNER J，JESSOP B，NIELSEN K. Strategic choice and path - dependency in post - socialism：institutional dynamics in the transformation process［M］. Cheltenham：Edward Elgar Publishing，1995.

第二节　青少年体质健康促进的理论构建

一、社会生态学理论（Social Ecology）

社会生态学理论主要探讨的是人与环境之间交互作用的关系问题。它认为人类行为的发展是个体与环境不断互动的结果，并强调个体行为会受到自然环境和社会环境的影响，而这些受不同维度影响的行为会产生交互作用，彼此影响。社会生态学理论认为个人与环境的互动过程，是在多个维度的环境系统中交互形成的，尤其强调个人行为受到社会环境、自然环境以及自身内在环境等因素的影响。青少年的体质健康状况不仅会受到个人情绪、人格、遗传等因素的影响，同时也会受到地理区位、自然条件和文化、政策、经济等多方面的影响。[①]Gallahue（2006）将社会生态系统归结为不同环境关系的五个向度：

（1）微观系统（Microsystem）：个体与家庭、邻居、学校和同学之间的互动关系。

（2）中观系统（Mesosystem）：各小系统之间的互动关系，如个体、家庭与学校，个体、家庭与邻居，个体、学校与同学的互动关系。

（3）外部系统（Exosystem）：它会影响青少年的生活，间接影响个人的适应，并对微观与中观系统产生影响，比如父母职业、学校与家庭环境、社区服务、大众传媒等。

（4）宏观系统（Macrosystem）：泛指整个社会大环境，包括意识形态、价值观、文明程度等，个体的日常言行都隐含着社会宏观系统的意识形态。

（5）时间系统（Chronosystem）：个体所经历的社会性事件产生的特别影响。

基于社会生态学理论，青少年体质健康促进的实践开展，需要注意审视个体与不同环境之间的动态关系。首先，与青少年关系最为紧密的是家庭。青少年是家庭的一分子，家庭有义务也有责任促进青少年的健康成长；其次，与青少年联系紧密的还有学校与社区。青少年大部分时间在学校与社区中度过，学校与社区是促进青少年健康成长的重要动力源，同时，可以融合家庭共同开展实践活动，以促进青少年的健康成长；最后，包含家庭、学校与社区在内的社会共同体中还包括了医疗机构、商业机构等，我们应重视发挥社会力量，集全社会的共同努力，创建与实施青少年体质健康促进工程。

---

① BANDURA A, WALTERS R H. Social learning and personality development［M］. New York：Holt Rinehart and Winston, 1963.

二、生命历程理论（Life Course）

生命历程理论是当今国际上正在兴起的一门跨学科理论。它侧重研究重大的社会变迁对个人生活和发展的影响与作用。生命历程是指：在人的一生中随着时间变化而出现的，受到文化和社会变迁影响的年龄及角色和生命事件序列。[①] 青少年经历着来自社会、学校、家庭等不同环境的影响，也在不断变换个人角色。个人健康与周围环境之间不断互动，需要通过整体性、持续性的观察才能清楚了解彼此间的抑制与促进作用。[②] 生命历程理论的研究具有"三多"的特点：①多层级分析（Multi-level Analysis），即青少年体质健康研究涉及个人、家庭、学校、社区乃至整个社会不同方面的因素，这些都可能影响到青少年的身心健康；②多重时间的分析（Multi-time Analysis），即在健康促进的研究中，青少年本身处于不同的年龄发展阶段，有各自的特点，更重要的是需要考虑青少年时期的行为习惯以及未来成人期的持续性影响作用；③多生活领域的分析（Multi-life Domain Analysis），即身体活动缺乏和久坐行为增多，是青少年体质健康水平下降最主要的诱因，但是仍需要综合考虑除体育运动之外的膳食营养、健康环境、身心差异等诸多因素，需要进行有机的联系。

本书基于生命历程理论，运用动态的、发展的视角，审视青少年成长到成年的持续性过程，即青少年所处环境对健康的支持将影响他们当前的健康成长，也会对他们成人期的健康和发展产生更深远的影响，甚至将这种影响传递给他们的下一代。从儿童至成人，尤其是 7 ~ 18 岁的快速生长发育期，青少年身心的健康发展和个体的社会化是通过家庭、学校和社区环境共同促成的过程。

三、行为改变理论（Behavior Change）

行为改变理论是一个综合了多种理论，系统研究个体行为改变的跨理论研究模型（Transtheoretical Model）。它认为个体的行为变化是一个连续的过程而非单一事件，并将重点集中在行为改变方面的个体决策能力，而非社会的、生物学的影响力。[③] 行为改变理论描述了人们如何改变一个不良行为和获得一个积极行为的过程。行为改变理论呈现了多元化的水平，包括①个体：个人的知识、态度、

---

① 包蕾萍. 生命历程理论的时间观探析 [J]. 社会学研究, 2005（4）: 124.

② ELDER G H Jr. The life course as developmental theory [J]. Child development, 1998, 69（1）: 1 – 12.

③ GLANZ K, RIMER B K, VISWANATH K. Health behavior and health education: theory, research, and practice [M]. San Francisco: Jossey – bass, 2008.

信念；②人际关系：家庭、朋友、同伴；③社会：社会网络、标准、规范；④制度：准则、政策、非正式结构；⑤公共政策：国家和地区健康实践活动相关的政策。行为改变理论认为人的健康行为改变过程划分为 5 个阶段，分别是：①意向前期（Precontemplation）：没有意图改变自己的健康行为；②意向期（Contemplation）：考虑改变自己的健康行为；③准备期（Preparation）：为自己的健康做一些小的行为改变；④行动期（Action）：积极地行动起来，改变自己的健康行为；⑤维持期（Maintenance）：能够持续这些健康行为的改变。

根据行为改变理论，个体在最初往往意识不到自己的不健康行为，需要外界提供更多有益的信息和方法，帮助他们认识和改变不合理的行为现状。同时，改变个体的健康行为还需要持续地对其进行有效反馈并提供环境支持，尤其在个人行为改变的开始阶段往往不容易坚持而回到以往的不健康行为阶段。遵循这样的理念，青少年健康促进的研究需要外界不同环境对其提供正确的、可操作的引导和支持，并持续性地进行监测与反馈，以帮助青少年形成健康的行为习惯。

四、多重熏陶理论（Multiple Edification）

多重熏陶理论的外部叠加效应模型认为，学生学习和成长的三大环境——学校、家庭和社区——要么互相聚拢，要么相互分离。多重熏陶理论的内部互动效应模型旨在阐明个人与个人之间的人际关系及多种类型的熏陶影响作用是如何发生在家庭、学校和社区之中，又是在何种场合发生这些关系和影响的。同时，这些人际关系和熏陶作用本身既错综复杂，又不可或缺。学校、家庭与社区合作行为的成功与否，学生起着至关重要的作用。[①]

---

① 爱泼斯坦. 大教育：学校、家庭与社区合作体系 ［M］. 曹骏骥，译. 3 版. 哈尔滨：黑龙江教育出版社，2016.

第三章　发达国家青少年体质健康管理的借鉴与启示

文献资料显示，青少年体质健康水平的下滑，并非我国独有的问题，而是全球范围内普遍存在的问题。研究已证明，身体活动不足是青少年体质健康下降的主要因素。在行为理论看来，身体活动又受到诸多因素影响。[①] 他山之石，可以攻玉，借鉴国外经验，可以有效探讨我国青少年体质健康水平的提升路径。整理分析国外青少年体质健康促进研究的宝贵经验，对比国内外青少年体质健康促进研究之间的异同，可以为我国青少年体质健康促进研究与实践提供宝贵经验和建议。

第一节　发达国家青少年体质健康政策支持与运行机制

一、发达国家青少年体质健康政策支持

在 20 世纪 50 年代前，美国青少年身体健康问题并未显现。进入 50 年代后，学者的研究报告引起了政府的关注。1954 年，克诺斯和韦伯等人的健康测试显示，美国儿童的体质水平要远低于欧洲儿童。为此，艾森豪威尔于 1955 年成立"青少年健康总统委员会"（以下简称 PCYF），以促进青少年健康发展。之后，美国健康、体育、娱乐和舞蹈协会（以下简称 AAHPERD）制定了《学生体育及格测验标准》并向全国学校推行。1958 年，美国国会通过了《国防教育法案》，提高了对青少年体质健康的重视程度；1960 年，美国医学协会通过决议要求下属各部门帮助学校开展体育教育活动；1961 年，肯尼迪总统发布《学校青年身体健康总统咨文》，敦促发展体育运动；1963 年，肯尼迪将 PCYF 更名为"体适能总统委员会"（以下简称 PCPF），并聘请医学和体育学专家进行体适能研究；1966 年，约翰逊总统创建了"总统体适能奖励"，后更名为"总统的挑战——青

---

① SMITH A J W, ZWOLINSKY S, PRINGLE A, et. al. The importance of sitting time and physical activity on BMI in hard to reach men [J]. Medicine and science insports and exercise, 2012, 44 (5): S489.

少年体适能奖励计划"，以鼓励青少年参与体育运动；1968 年，PCPF 又更名为"体适能与运动总统委员会"（以下简称 PCPFS），以促进公民健康和全民体育的开展；1972 年，美国国会通过了《第九教育修正案》，学校体育作为教育的一部分受到该法案保护；1973 年，美国国会先后通过了《康复法案》《残疾人全员教育法案》，关注残疾人青少年体育发展；1978 年，美国国会通过了由美国总统奥林匹克委员会提议的《业余体育法》，目的是规范业余体育，为青少年运动员提供法律保护；1979 年，美国发布《健康公民：美国卫生署关于健康促进和疾病防治报告》，开始全面介入包含青少年体育的公民体育与健康。20 世纪末，美国健康与公共事业部（以下简称 HHS）先后推出《最佳健康计划》和《健康公民》系列方案；1994 年，美国国会颁布《目标 2000：教育美国法案》，把制定国家教育标准写入联邦法律；1995 年，美国国家体育运动学会（以下简称 NASPE）研制出学校体育国家标准《走向未来——国家体育标准：内容和评价指南》（K－12），首次提出"一个受过身体教育的人"的概念和标准；1996 年，美国卫生署（以下简称 USPHS）推出《身体活动和健康报告》；1997 年制定了《促进青年人终身体育学校和社区规划指南》，为学校和社区联合推动青少年体育提供了方案；2000 年，HHS 推出最新国民健康促进政策《全民健身计划》，号召通过积极的体育参与提升体质健康水平，同年，该部又先后出台《健康公民计划 2010》和《健康公民 2010 中期回顾》；2008 年，出台了《美国人体育活动指南》；2010 年，颁布了《健康公民计划 2020》，同年，国家疾病控制和预防中心（以下简称 CDCP）研发了《增进身体活动：社区预防服务工作小组的建议报告》，6 月，奥巴马总统将 PCPFS 重新命名为健康、运动与营养总统委员会（以下简称 PCFSN），以强调营养作为健康组成的一个重要元素；2011 年，HHS 联合 CDCP 等机构推出了《促进青少年体育活动的行动指南》，动员全社会共同努力促进青少年的体育参与，并对家庭、社区和学校的职能提出了具体的可行性建议；2012 年 9 月，PCFSN 宣布了新的"总统青少年健身计划"，帮助美国青少年促进健康和终身体育锻炼。经过美国政府半个多世纪的不懈努力，学生体质状况及学校体育工作有了明显进步。自此，美国青少年体质健康政策执行步入了运用健康体适能的理念培养健康生活方式和终身体育健康行为观念的新时期。①

　　加拿大 AHKC 慈善组织是在青少年、儿童身体活动不足，导致青少年、儿童肥胖率逐年增高、体质持续下降、健康潜在隐患突出的历史背景下成立的。该组织以"活力国家、健康儿童"为愿景，以"大力推广运动，让更多的孩子动起来"为目标，以让所有的加拿大青少年、儿童定期定量地参加身体活动为使命。AHKC 以依据科学和尊重事实为研究的出发点，期望通过提供专业化的调查数据

① 杨成伟. 美国青少年体质健康政策的演进及执行路径研究［J］. 西南师范大学学报（自然科学版），2015，40（8）：158－163.

与建议性的指导政策，最大化地促进政府和社会来关注青少年、儿童的身体活动现状，从而实现改善青少年、儿童体质的目的。①

20 世纪，日本政府制定并实施"日本的活力 80 健康计划""健康日本 21"等增强学生体质的方法和措施，全面提升国民的整体素质，创造了人类体质发展的奇迹。其间出台了一系列法律法规，从法律层面保障国民和学生的体质健康。1954 年出台了《学校营养午餐法》；2005 年颁布实施《饮食教育基本法》，启动《"饮食教育"推进基本计划》。1961 年出台了《体育振兴法》，强调中央政府及地方、社会公共团体必须重视青少年的体质健康发展，关注青少年体育，并将有效促进国民素质的整体发展作为该法的主要目的；1964 年出台并实施了《关于增进国民健康和体力对策》，国民参与体育运动的热情高涨；从 1967 年开始对国民体质进行每年一次的调查，并对所采集的数据进行研究分析，及时了解学生体质动态变化情况，引导学校开展体育活动；1972 年出台了《关于普及振兴体育的基本策略》的规定，由此前重视发展体育运动，转移到注重提升全体国民体质健康上来；2000 年出台了以《体育振兴法》为依据的《体育振兴计划》；2005 年根据实施情况修改了法规的发展目标，有效遏制青年学生身体素质下降的趋势，将全面提升学生体质健康水平作为该计划的第一目标。②

二、发达国家青少年体质健康政策运行机制

美国对于青少年体育的管理是典型的"社会管理型"，联邦政府与各个执行主体不是科层制的上下级关系，其政策主体呈现典型的政策网络特征。以联邦政府、教育部、HHS、PCFSN 等为政策制定和执行主体，负责制定大众健康政策和体育活动评价标准；以内政部、农业部、国防部、劳工部、交通部、住宅与城市规划部等为政策执行保障的主体，负责修建与维护公共运动休闲场地设施；以各级学校、国家高中协会联合会（NFSHSA）、国家娱乐和公园联合会（NRPA）、男孩女孩俱乐部、基督教青年会（YMCA）、基督教青年女子会（YWCA）、童子军协会（BSA）等非政府部门以及 206 个全国性体育协会和 102 个全国性学术团体和社会组织组成具体执行部门，落实青少年体育政策方案。这些政策制定主体和执行主体结成相互合作、协同共进的政策网络，为青少年体质健康发展提供支持。例如，美国为实施包含青少年体育的《健康公民 2000 年计划》，由 HHS 联合 51 个州与福利政府机构及 336 个社会团体组成健康公民 2000 年联合体，进行

---

① 张加林，唐炎，胡月英. 加拿大儿童、青少年身体活动评价的经验与启示 [J]. 体育科学，2015，35（9）：90–96.

② 陈莉，胡启林. 21 世纪日本促进学生体质健康的举措及其启示 [J]. 武汉体育学院学报，2013，47（10）：23–27.

相关的体育服务。

美国中小学体育教育管理相对松散，虽然设有教育部，但并没有专门管理全美中小学体育教育的行政组织。只是在州教育局类似于学科委员会的组织中设有1名体育协调员，负责为学校体育教育的开展提供指导性意见，并在州与学校之间的学区组织设教育委员会，决定是否执行上级的教育政策和制定本学区的教育政策。美国大多数州规定学生必须接受某种形式的体育教育，2012年AAHPERD的报告显示，规定小学、初中、高中阶段必须为学生提供体育教育的州分别占84.3%、80.4%和86.3%，但只有35.3%的州对每周或每天体育教育的最低时间有要求，大多数小学每周只有1节体育课，只有26个州（53.1%）要求学生的学业成绩（UPA）应包含体育成绩。2013年，美国各州联合推出聚焦于"21世纪必备技能"的"共同教育州标准"（CCSS），也没有关于体育教育的内容。由此可见，在美国的中小学校中，体育作为一门学科的地位其实不高，青少年体质健康促进政策在学校层面的执行并不理想。随着"不让一个孩子掉队"（No Child Left Behind Act）法案的落实，部分学校削减了体育课程和体育教师职位，学校体育教育有进一步下滑的趋势，这种把青少年体质健康问题推向社会，减少学校对青少年体质健康责任的做法值得商榷。

美国青少年学校体育活动的不足在社会中得到了很好的补充，《促进青年人终身体育学校和社区规划指南》《增进身体活动：社区预防服务工作小组的建议报告》和《促进青少年体育活动的行动指南》等政策方案为动员全社会共同努力促进青少年的体育参与提供了可行性方案和政策保障。美国非政府公共机构、非营利的和企业的体育休闲服务组织，成为美国青少年体质健康政策执行的最重要的主体。在这些社会组织的体育活动中，仅1995年，5~17岁青少年中的有效参与者达4 837.4万人次，其中约45%的青少年参加了机构赞助的体育活动，30%的青少年参加了地方政府部门组织的体育活动。①

加拿大AHKC慈善组织在2005—2014年连续发布了10份报告，这些基于综合调查与统计分析的报告不仅为加拿大贡献了重要的资料，也为加拿大政府提供了决策依据。在慈善组织成立与运营的过程中，既有政府机构的支持，也有非政府组织的帮助，同时还有企业的赞助和个体的捐助。也正是在政府、非政府组织、企业、个体等共同参与下，AHKC形成了合作与自营并轨的方式。在AHKC的合作伙伴里，有发挥主要作用的战略合作伙伴，有提供资金支持的市场投资伙伴，有负责报告发布和信息传播的网络合作伙伴，还有保证报告内容的实效性和可信度的调研合作伙伴。组成4大合作伙伴的机构或个体分布在社会的各行各业中，有基金会、高校、医院、研究所、企业、网络运营商等等。4大合作伙伴既

---

① 杨成伟. 美国青少年体质健康政策的演进及执行路径研究 [J]. 西南师范大学学报（自然科学版），2015，40（8）：158-163.

各司其职，又分工协作，从而实现了 AHKC 慈善组织动态运营的良性化和报告发布的持续化。

从 AHKC 慈善组织机构与其合作伙伴的分工便可看出，它是一个涉及体育学、医学、心理学、社会学等多学科交叉、多部门合作的领域，单独依靠某一学科或独立部门都很难完成，而此问题应是在评价指标体系构建完成后进行分工，进而协作展开相应的数据收集、统计分析和综合评定等一系列实际操作化工作，最终将学生身体活动状况以报告的形式呈现。加拿大 AHKC 慈善组织定期向社会发布报告，逐步获得更多的社会关注，并引导更多社会力量参与到学生身体活动与健康促进的行动中来。[①]

19 世纪中期，日本在西方资本主义国家的炮火下被迫走向开国之路，开国后的日本开始全方面效仿西方。随着西方文明的渗透，日本人意识到锁国政策带来的日本与西方各国的差距，尤其是日本人在身高、体重等体格指标和力量、耐力等体力指标方面不如西方人，这不仅使日本人在心理上产生自卑感，还使他们意识到在未来军事作战方面的危机感。日本为了步入近代国家并跻身世界强国的行列，把提高国民体质健康状况视为一个重要的标志，开始从青少年、儿童着手并把重点放在军队和学校，来实施改善国民体质的政策。其标志性的举措是 1878 年以培养体育教师和研究体育与健康为目的的东京体操传习所的开设，以及从 1888 年开始实施的每年一次的学生体格体力检测，这说明日本开始利用近代的教育手段和方法来改善青少年、儿童的体质健康状况。但由于当时受到资本主义和军国主义的严重影响，"日本学校体育作为军事教育的基础，成为国家（天皇）培养国民的一种手段"，这也造成日本青少年、儿童的体质健康状况没有得到实质性的改善和提高，这种状况一直持续到 1945 年第二次世界大战结束。

1945 年，第二次世界大战结束，日本学校体育以此为契机开始了全面的改革。从 1947 年制定《学校体育指导要领》开始，大约十年进行一次修订。到 2008 年 3 月的第 7 次修订，日本学校体育大致经历了新体育时期（1945—1958）、系统主义时期（1958—1968）、体力主义时期（1968—1977）、快乐体育时期（1977—1989）、新学力观时期（1989—1998）、生存能力时期（1998 至今）。自 1945 年以后，日本学生在身高和体重等体格发育方面取得了显著的效果。20 世纪 60 年代日本经济已经从战后废墟上迅速崛起，成为仅次于美国的世界第二大经济大国。1964 年东京奥运会的成绩显示出日本青少年的体力不仅低于世界各国青少年的体力水平，而且还低于日本战前的体力水平，这些因素促使日本政府研究制定了"增强国民身体健康和体力对策"，并成立了相应的增强国民健康和体力的机构，还把东京奥运会开幕式的日子 10 月 10 日定为每年的"体

---

① 张加林，唐炎，胡月英. 加拿大儿童、青少年身体活动评价的经验与启示［J］. 体育科学，2015，35（9）：90 - 96.

育节"。要增强国民身体健康和体力,首先要从学校体育开始,而要振兴学校体育就必须改革学校教育中重视智育轻视体育的倾向。于是,1968 年至 1970 年期间,文部科学省先后公布了《小学要领》《初中要领》和《高中要领》,旨在全面增强国民身体健康和体力。并且还在《学习指导要领》总则中专门描述和强调了体育的作用,还把此前"活动能力"的说法都改为"体力"。同时要求学校不仅在体育课时间里提高学生体力,还要在特别活动时间里对此予以充分指导,由此出现了"课间体育"一词。上述举措的确使青少年、儿童的体力得到了提高,但该时期学校体育过于强调提高体力的做法也带来了一些负面的影响,如出现了学生"喜欢体育但讨厌体育课"的现象。为了改变学校体育专门打造学生体力的做法,同时伴随"宽松教育""愉快教育""终身教育"观点的提出,1971 年日本开始出现了"终身体育"的观点。随着 1977 年《学习指导要领》的公布,终身体育得到重视,快乐体育思想也应运而生,这就使日本学校体育开始从"体力主义"向"快乐体育"过渡。伴随着"快乐体育"的开展,日本青少年、儿童的体力指标自 1975 年至 1985 年期间呈平稳发展趋势,而自 1985 年开始呈下降趋势。针对日本青少年、儿童体力持续下降的状况,日本政府不得不重新审视以往的做法并采取相应的措施。为此,在 2007 年度的日本中央教育审议会中提出了把此前的"制止儿童体力下降"的目标改为"提高儿童体力"。可见,战后的日本在增强青少年、儿童体质健康方面做了很大的努力。为了满足学生的运动兴趣,使学生向更高水平的运动技能和记录挑战,大部分学校还开设了运动部。日本文部科学省也非常重视和支持运动部的活动,如在指导人员的派遣、经费保障和设施设备方面都给予很大的支持。体育俱乐部和运动部的开展保证了每个学生都有参加和接受单项运动技能训练的机会,日本学校对学生每天从事运动的时间没有严格的要求。体育俱乐部和运动部的开展,为学生提供了接受单项运动技术训练和向高水平运动技能挑战的机会,这也使得大多数日本人都在一项运动中具备了相当的水平。

为了制止学生体力下降的趋势,进一步改善学生的体质健康状况,日本文部科学省于 2008 年 1 月对《学习指导要领》进行再次修订,此次修订更加重视发挥学校体育为终身健康服务、为生活服务、为社会服务的功能,在体育教学内容方面强调要根据学生各发育阶段特点制定相互衔接的教学内容。在体育教学目标方面,小学阶段侧重终身热爱体育基础的培养,同时谋求保持和增进健康、提高体力,形成愉快明朗的生活态度。初中阶段侧重终身热爱运动的素质和能力的培养,同时培养保持和增进健康的能力和提高体力,形成明朗丰富的生活态度。日本学校体育虽然经历了数次的改革,但是始终没有把体育列入升学考试科目,这是值得我们思考的问题。[1]

---

[1] 尚大鹏. 日本青少年儿童体质健康状况的历史变化 [J]. 体育教学, 2011 (7): 51-53.

第二节 青少年体质健康促进的国际经验剖析及启示

一、青少年体质健康促进的国际经验剖析

伴随社会文明前进的脚步，健康已成为全人类共同关注的话题，人们越来越深刻地认识到健康是第一财富，也是实现理想的基础。青少年的身心健康是民族旺盛生命力的体现，是社会文明进步的标志，是国家综合实力的重要体现，是关系到国家发展和民族未来的大事，国内外的政府职能部门和科研院所对此逐步展开一系列探索性实践活动。青少年体质健康促进的有效开展可以预防慢性疾病的发生，改善生命质量，尤其是有利于促进成年时期健康生活方式的养成。[1]

早在 1979 年，欧美发达国家就已经开始了青少年健康促进行动计划的实践性探索，其焦点主要集中于促进青少年在身体、心理和社会适应等多方面获得最适宜的发展，包括健康教育、体育运动、卫生服务、心理健康、膳食营养和家庭、社区参与等多个维度。许多国家的科研院所提出了理念先进、切实可行的青少年健康促进行动计划，并通过全国性或区域性的实验干预研究，将获得的显著成果由相关部门向社会推广普及，取得了十分显著的社会效益。

（一）总统挑战杯（The President's Challenge Cup）——鼓励学生积极参与体育活动

"总统挑战杯"是一项旨在增强青少年身体活动水平、降低肥胖发生率、促进健康生活方式养成的体适能奖励计划。[2] 该计划由美国总统体适能、运动与营养委员会（The President's Council Fitness, Sports & Nutrition）于 1966 年创建，经过数十年的发展，在美国形成了巨大的影响力，有效地改善了美国青少年、儿童由于身体活动减少而导致的健康问题。

该计划主要包括四个部分：①健康体适能测试，即对参与健康体适能全部 5 个项目测试（屈膝起身、折返跑、耐久跑/走、引体向上直角俯卧撑/曲臂悬垂和坐位体前屈）的学生，根据累计得分进行排名分别给予总统体适能奖、国家体适能奖和体适能参与奖（2013 年以后采用新的总统青年体能项目）。②体适能测试，即通过有氧体适能、肌肉力量、柔韧性和身体成分 4 个测试项目，促进学生基本体能水平的发展和了解他们的身体状况。③积极生活方式奖，即鼓励学生及

---

① LAMARRE M, PRATT M. Physical activity and health promotion [J]. Promotion & education，2006，13（2）：145 – 152.

② Our mission & vision [EB/OL]. (2018 – 08 – 16) [2020 – 06 – 22]. http：//www. hhs. gov/about – pcfcn/our – mission – and – vision/index. html.

其家长在日常生活中积极地参与体育活动，形成良好的饮食习惯，并督促他们每天完成既定的目标。④总统冠军挑战项目，即奖励能够达到较高身体活动水平和体适能水平的学生，以激发学生主动参与运动的积极性。

"总统挑战杯"的四个部分都具有渐进递增的难度设计，有的州将其列入体育课程的一部分，以帮助青少年健康成长，已有不少研究验证了"总统挑战杯"在提高学生身体活动水平方面的有效性。研究结果表明，通过实施该行动计划，学生能够达到每天活动 12 000 步的基本身体活动水平要求。① 而那些没有达到身体活动水平要求，或看电视、打游戏超出所建议时间范围的儿童，其肥胖发生率可能高出正常者 3~4 倍。此外，莱拉尼（Leilani）等人在学生肥胖率高达 33% 的美国南部农村进行实验，结果显示，"总统挑战杯"行动计划对学生的超重和肥胖状况都有着明显的改善作用。除了身体活动水平方面的效应外，罗伯特·J. 温菲尔德（Robert J. Wingfield）的研究结果显示，通过实施该行动计划，女生的 BMI（Body Mass Index，身体质量指数）与学习成绩具有较强的相关性，但超重和肥胖的青少年女生更容易出现情绪问题，且表现出较低的自我效能。这一研究从某种程度上反映出"总统挑战杯"行动计划可能比较强调鼓励学生积极参与体育活动，而忽视了社会情感因素对学生健康发展的影响。因此，在运用该行动计划时，还需要从心理健康和社会适应等方面对学生进行更为全面的关注。

（二）动起来（Let's Move!）——致力于儿童肥胖问题的解决

"动起来"计划是由前美国第一夫人米歇尔·奥巴马于 2010 年发起并创立，旨在解决美国青少年、儿童持续增长的肥胖问题，帮助其健康快乐地成长。该计划主要包括创设健康的童年、增加身体活动水平、配备健康的学校饮食、供应健康和实惠的食品以及赋予父母监护人更大权利五个方面。该计划强调学校、家长、社区、医院等都有义务共同参与到降低儿童肥胖率的工作之中。其中，身体活动部分主要包括：①丰富校园路跑项目（100 英里俱乐部、早锻炼等课外体育活动）。②能耗 60 分钟项目。③总统青年体能项目（主要包括个人评估、专业发展和体能奖励）。该计划设计了较为全面的课内外体育活动内容，并运用美国 FITNESSGRAM 系统进行有氧能力、肌肉力量、肌肉耐力、柔韧性和身体成分等方面的评价，同时依据健康体适能标准（Healthy Fitness Zone），按照学生参加日常身体活动所获得的积分给予奖励。

该计划将评价和奖励有机地结合起来，有助于弱化学生与学生之间的互相比较，关注学生自身体能发展的进步幅度，进而帮助学生追求个人健康目标的达成。该计划一方面通过促进健康高风险人群身体活动的增加和饮食质量的提升来有效地控制体重；另一方面则通过向社会积极宣传父母的活动行为对子女健康成

① VINCENT S D, PANGRAZI R. An examination of the activity patterns of elementary school children [J]. Pediatric exercise science, 2002（14）：432－441.

长的影响，倡议父母们更多地注意自己的健康行为，使全社会共同行动起来，关注青少年的健康问题。

（三）5 - 2 - 1 - 0 计划（5 - 2 - 1 - 0 Plan）——倡导身体活动和健康饮食

"5 - 2 - 1 - 0 计划"是一项针对青少年、儿童肥胖问题，倡导身体活动和健康饮食，最终形成积极生活方式的健康促进项目。最早发源于美国缅因州的波特兰市（Portland，Maine），后来发展到 71 个实验基地，进而影响到了全美国。该计划中的"5 - 2 - 1 - 0"分别代表学生每天需要吃 5 种以上的水果和蔬菜，每天看电视或使用电脑的时间不能超过 2 小时，每天进行至少 1 小时中等强度以上的体育锻炼，以及不喝苏打水和含糖饮料。有学者将其改造为"5 - 2 - 1 - 0 + 10"，即增加保证儿童每天 10 小时的睡眠，并对能够连续坚持 21 天的学生给予奖励。该计划主要从运动和饮食两个方面提出对肥胖的干预，具有极强的可操作性，且简单实用，得到了大多数教师和学生的积极评价。已有研究表明，"5 - 2 - 1 - 0 计划"的多元化干预策略可以有效地影响青少年的健康行为，并进一步加深青少年对肥胖风险因素的认识，从而达到抑制肥胖发生的作用。同时，维多利亚·罗杰斯（Victoriaw Rogers）等人通过调查发现，对"5 - 2 - 1 - 0 计划"表示认可的家长从最初的 10% 增加到了 47%，而每天吃 5 种以上水果和蔬菜的儿童从18% 增加到了 26%。由于该计划的可操作性和有效性，研究者们还因地制宜地发展出了"5 - 2 - 1 - 0 学校计划"（5 - 2 - 1 - 0 Go to School）、"5 - 2 - 1 - 0 每日计划"（5 - 2 - 1 - 0 Every Day）、"5 - 2 - 1 - 0 健康小英雄"（5 - 2 - 1 - 0 Be A Healthy Hero）、"5 - 2 - 1 - 0 向前进"（5 - 2 - 1 - 0 Steps UI Steps Up）、"5 - 2 - 1 - 0 动起来"（5 - 2 - 1 - 0 Let's Go!）等多种形式的行动计划。

（四）健康公民计划（Healthy People）——提高居民的健康水平

"健康公民计划"是一项由美国卫生和社会服务部主导，与各地方政府、社区和民间专业组织合作开展的全国性健康促进计划，旨在不断提高居民的健康水平。美国于 1979 年首次发布的《健康公民报告（Surgeon General's Report)》，被认为是健康公民计划的开端。1990 年，美国颁布并实施了《健康公民 2000》，且每十年更新一次，目前已进入《健康公民 2020》的实施阶段，主要包含四大目标：①提高生命质量和预防伤残发生。②改善健康的公平性，提高所有人的健康。③创建良好的社会生存环境，促进所有人享有健康。④提升生命各个阶段的生活质量及改善健康行为。该计划将 1 200 多个研究主题分布在了 42 个热点领域里，相比于《健康公民 2010》，专门新增了"青少年健康"这个热点领域。对于青少年、儿童身体活动的指导，除了每天 60 分钟的有氧运动以外，还专门增加了每周 3 天的肌肉力量和剧烈有氧运动的练习目标。

"健康公民计划"作为政府部门直接推动的持续性健康促进项目，经过 30 余年的发展，在美国产生了深远的影响。理查德·里格尔曼（Richard Riegelman）的研究提出，除了影响个人健康行为的因素之外，"健康公民计划"通过共同关注健康和疾病的诸多社会学因素，使个人、家庭、社区乃至全社会能够按照循序渐进的步骤，生活得更加安全、健康与长寿。

（五）为动而生（Designed to Move）——创造积极的运动体验

"为动而生"是由美国运动医学会（ACSM）、体育科学与体育教育国际理事会（ICSSPE）、美国耐克公司（NIKE）等共同开发、设计与实施的青少年体育健康促进行动计划。主要针对当前青少年身体活动量大幅减少，肥胖发生率显著升高的难题，通过新颖、科学的锻炼方法，为青少年创造积极的运动体验，努力使运动融入青少年的日常生活，从而引导青少年养成积极健康的生活方式。该创新计划主要通过政府机构、社会团体、公司和个人等方面共同倡议和实施，使体育活动逐渐成为青少年生活中不可或缺的组成部分。2013 年，由中国耐克体育公益部、国内某高校组成的"Designed to Move"中国项目组，在我国率先开展了青少年"为动而生"的实践探索。通过引入国际先进的体育活动理念、实践模式和新颖的体育活动内容（包括曼联少儿足球、欢乐长跑、洛杉矶滑板、SPARK 体育课程和周末亲子活动）来鼓励和吸引学生主动参与到体育运动中，使运动成为教育的有机组成部分，让青少年成为享受运动，实现人生潜能的新一代。

（六）健康改造计划（Shape It Up）——预防肥胖

"健康改造计划"是由美国新泽西地平线蓝十字蓝盾保险公司（Horizon Blue Cross Blue Shield of New Jersey）和罗格斯大学欧内斯特·马里奥药学院（Runge Ernest Mario School of Pharmacy）共同开发与实施的健康促进行动计划。该计划旨在抗击儿童肥胖发生，并通过宣传超重和肥胖的危险性和参与运动的重要性、提供日常身体活动的实施建议、讲授养成健康饮食习惯的方法来提升青少年的健康。同时，该计划创设的"肥胖干预工作坊（Obesity Intervention Workshops）"，主要是对学生的相关问题进行咨询和解答，帮助学生了解健康知识。另外，该计划还开设并鼓励家长参与其健康互动课程，使学生和家长成为健康生活方式的倡导者。目前，美国已有 257 所公立学校的 89 000 名学生参与其中。

"健康改造计划"是一项以健康教育为特色的健康促进项目，同时也是高校与企业合作开展青少年健康促进计划的典范，实现科研、资金、政策等多方面要素的充分整合，保障了该计划具有较强的可操作性。塞拉（Saira）等人的研究结果表明，参与"健康改造计划"的小学生在饮食和运动方面的知识和态度都有明显的改善。[①]

（七）塑造全新的你（Camp NEW You）——家庭健康促进项目

"塑造全新的你"是由美国西弗吉尼亚大学设计并发起的一项基于家庭的健

---

① JAN S, BELLMAN C, BARONE J, et. al. Shape it up: a school - based education program to promote healthy eating and exercise developed by a health plan in collaboration［J］. Journal of managed care pharmacy, 2009, 15（5）: 403 - 413.

康促进项目。该项目横跨健康教育、运动心理、医疗保健和营养卫生等多个学科，并通过为青少年创造良好的家庭环境氛围，促进其进行身体活动，减少久坐行为，形成健康饮食习惯，最终帮助青少年及其父母正确认识并形成积极的生活方式。该项目主要通过封闭式的夏令营活动，让学生参与身体活动和控制饮食，帮助学生养成并保持健康的生活方式。同时，邀请父母在每个周末参与夏令营活动，帮助学生和父母共同提高对积极生活方式的认识，从而建立健康促进的家庭支持环境。①

值得一提的是，除了夏令营活动以外，该项目还对青少年和家长进行持续一年时间的实践指导和监控，以促进家庭积极生活方式的最终形成。已有的研究结果表明，参加该项目学生的 BMI 指数显著降低，学生参与学校体育课程的兴趣也得到增强。②

（八）运动是良医（Exercise Is Medicine）——全球健康提倡行动计划

"运动是良医"是由美国运动医学会（ACSM）设计开发的一项旨在提高公众健康，降低医疗开支的可持续性全球健康倡议行动计划。③

该计划着力打造的"运动是有效医疗手段的理念——身体活动水平"成为医生诊疗时所关注的重要的健康生命体征，并形成广泛的社会认知。该计划专门针对 6~17 岁的青少年、儿童，提出了需要完成的运动计划或身体活动的最低目标要求，即每周进行 150 分钟中等强度以上的身体活动④。

作为一个全球性的倡议行动计划，主要通过与个人、组织和国家的积极联系来促进全球公共健康，以提高身体活动水平和预防慢性疾病的发生。⑤

体育流行病学早已证实有规律的身体活动对于健康的促进作用远胜于药物，同时它也是最积极、最经济的健康促进方式。"运动是良医"开创性地提出将身体活动作为评价和预防疾病的一种治疗模式，极大地提高了人们对于身体活动重要性的认识。目前，除美国之外，已相继建立了"运动是良医"澳大利亚项目组、中国项目组和加拿大项目组，其影响范围正在逐渐扩大。

（九）体育振兴基本计划——关注青少年健康问题

1990 年，日本在保健体育审议答辩会上首次提出了健康促进的概念。⑥ 进入 21 世纪以后，由于竞技体育水平和国民体质双双下降，日本政府推出了《体育

---

① Camp NEW You of West Virginia University［EB/OL］.（2011 - 03 - 02）［2020 - 05 - 02］. http：//www. campnewyou. org/pid = 1.

② ELLIOTT E，BULGER S. 2008 - 09 CNY program evaluation report［R］. Camp NEW You，2009.

③ What is exercise is medicine［EB/OL］.（2020 - 05 - 02）［2020 - 05 - 02］. https：//www. exerciseismedicine. org/spport_page. php/about - eim.

④ Physical activity facts［R］. Indianapolis：Exercise is Medicine，2013.

⑤ Action and promotion guide［Z］. Indianapolis：Exercise is Medicine，2013.

⑥ 尹小俭，王树明，季浏. 日本儿童青少年的健康研究课题及健康促进［J］. 现代预防医学，2009（7）：1320 - 1323.

振兴基本计划》，旨在通过发展学校和社区的联动机制，为青少年、儿童提供良好的体育锻炼环境。通过提高体育教师的指导能力、加强学校体育工作、改善和充实学校体育俱乐部等方式，增进学生的运动参与度，防止青少年、儿童肥胖的发生，进而促进学生的健康成长。该计划提出了促进青少年、儿童发展的三项主要措施：①促进青少年、儿童运动能力发展的策略；②全球范围内的体育环境准备策略；③提高日本国际体育竞技能力，激励青少年、儿童参加体育活动兴趣的策略。① 《体育振兴基本计划》明确规定了2001—2010年日本体育发展的总体目标和具体内容，有效推进了终身体育、竞技体育和学校体育之间的相互协调并对青少年、儿童的健康问题给予了极大的关注。针对实施过程中存在的问题，2006年新版《体育振兴基本计划》将"抑制儿童体力下降趋势、提高其体力的策略"列为首要策略，并希望通过在各都道府县开展国民体育运动，使民众进一步认识到儿童体力发展的重要性。

（十）欧洲健康促进学校网络计划（European Network of Health Promoting）——健康促进学校网络体系

"欧洲健康促进学校网络计划"（ENHPS）是欧洲共同体、WHO欧洲区办公室和欧洲委员会于1991年率先发起实施的健康促进学校网络计划。② 该计划联合欧洲数百所学校形成了健康促进学校网络体系，以创建促进青少年健康的学校支持环境。此外，该计划还设立了欧洲、国家、地方和学校四个层面的目标体系，并提出健康促进学校网络计划实施过程中需要关注的十项原则，分别是：学校支持环境、民主、平等、行动能力、课程、教师培训、效果评估、合作、社区以及可持续性。③ 健康促进学校网络计划特别强调推行和传播健康促进学校的概念，督促教育和卫生部门开展深入的合作、确保整个欧洲地区都能得到财政和技术的支持、推进高效的协调机制保证项目的实施等，使欧洲每个青少年都有机会在健康促进学校中受益。1997年，在希腊召开了第一届欧洲健康促进学校网络计划大会，多达43个国家的375人参加了此次大会。④ 此次会议引起了社会的极大关注，此后，WHO的两项决议《地区健康促进学校发展纲领：行动框架》和《世界卫生组织学校卫生创举：协助学校成为健康促进学校》相继颁布，进一步推动了健康促进学校计划在世界各国的广泛开展。

---

① 日本体育振兴计划 ［Z/OL］. （2006 – 03 – 01）［2020 – 05 – 02］. http：//www. mext. go. jp/a menu/sports/plan/06031014. htm.

② RASMUSSEN V B, RIVETT D. The European network of health promoting schools：the alliance of education and health ［J］. Health education, 1999, 100 （2）：61 – 67.

③ BURGHER M S, RASMUSSEN V B, RIVETT D. The European network of health promoting schools：the alliance of education and health ［R］. Strasbourg：Council of Europe, WHO European Region, European Commission, 2006.

④ The Health Promoting School：an Investment in Education, Health and Democracy ［R］. Thessaloniki – Halkidiki：First Conference of the European Network of Health Promoting Schools, 1997.

近 20 年来，欧洲健康促进学校网络计划已显现出在政策、制度和方法等方面的积极作用，其主要原因在于欧洲、国家、地区和学校各个层面的充分合作，形成了有效的支持网络。①

（十一）　培养终身体育习惯——青少年体育新战略

2012 年 1 月，英国发布《青少年体育新战略》，希望通过新战略的实施鼓励更多的英国青少年将体育作为自己终身的生活习惯，该项目由国家层面出资拨款帮助英国青少年、儿童参与体育活动和养成终身体育习惯。该项目依托伦敦奥运会遗产计划而提出，主要措施包括为学校竞技体育创造长久的遗产、加强学校与社区体育俱乐部之间的联系、增加资金投入、放宽投资准入等。②

（十二）　传递的足球（Instituto Bola Pra Frente）——通过足球增加身体活动

"传递的足球"是由巴西世界冠军球员尤尔金霍于 2000 年在里约热内卢创立的，旨在通过足球魅力文化吸引并帮助学生发挥其运动潜能，促进 6～17 岁低收入家庭的孩子实现健康的社会化成长，为更多青少年、儿童提供平等生存和发展的机会。至今，已有超过 4 200 名学生从该项目中受益。③

"传递的足球"以足球作为媒介和手段，不仅注重增加身体活动量，更强调将运动和身体游戏融入日常课程中，让孩子们每天都有进步和发展的机会。该项目对不同发展阶段的学生有不同的侧重点，如通过足球使学生掌握体育知识和运动技能，建立自我认同感，获得成功体验等等。除此之外，该项目还将合作教育、社交能力教育整合到运动中，关注学生的全面发展。通过足球使学生感受和体验运动的乐趣，培养其对生活的乐观态度，并透过足球把积极的能量和对社会正确的认知传递给学生。已有研究表明，在"传递的足球"项目中，88% 的学生取得中等或中等偏上（优秀或良好）的成绩。尤其可贵的是，80% 的学生每年的缺席次数少于 6 次，并且辍学率只有 0.5%，而周边孩子的平均辍学率高达 42%。④

①　JENSENB B, SIMOVSKAV. Models of health promoting schools in Europe［R］. Copenhagen：WHO Regional Office for Europe, 2002.

②　Creating a sporting habit for life：a new youth sport strategy［Z/OL］.（2012 - 01 - 12）［2020 - 05 - 02］. https：//assets. publishing. service. gov. uk/government/uploads/system/uploads/attachment － data/file/78318/creating a sporting habit for life. Pdf.

③　No Rio：na busca porum placar social justo［EB/OL］.（2012 - 07 - 11）［2020 - 05 - 02］. http：//redeglobo. globocom/esporte － cidadania/noticia/2012/11/instituto － bola － pra － frente － no － rio － na － busca － por － um － placar － social － justo. html.

④　Instituto Bola pra Frente［EB/OL］.（2013 － 12 － 19）［2020 － 05 － 02］. http：//www. bolaprafrente. org. br/inicio. asp.

二、发达国家青少年、儿童体质健康管理借鉴与启示

（一）加强对青少年、儿童体质健康工作的立法

法律具有较高的稳定性，一般在较长时间内保持不变，且具有一定的强制效力。而政策具有较大的灵活性，往往随着形势的变化而调整。发达国家重视青少年、儿童体质健康的立法，注重通过法律保障青少年、儿童体质健康相关工作的贯彻和落实。比较而言，我国在青少年、儿童体质健康促进方面的政策意见和办法很多，尽管这些政策也具有一定的约束力，但是就其效力而言仍有一定的局限性。今后，我国应加强对青少年、儿童体质健康的立法工作，从民族振兴与国家安全的角度切实保障青少年、儿童体质健康工作的落实。

（二）非政府组织的积极参与

作为联合国系统内卫生问题的指导和协调机构，WHO 主要领导全球卫生事务并提供服务，对于全球健康促进的整体发展起着至关重要的作用。自 1986 年以来，至今已召开了九届 WHO 国际健康促进大会，先后审议并通过了《渥太华宪章》《雅加达宣言》《曼谷宪章》《赫尔辛基宣言》等诸多具有里程碑意义的决议和章程，肩负了保障全球健康权利、维护政策公平的责任，积极进行各国或各地区间的协调与沟通，见证和推动了健康促进的不断发展与完善。国际健康促进与教育联盟（IUHPE）则是唯一一个非政府性的全球健康促进工作者专业发展联盟，至今已召开了 21 届 IUHPE 国际健康促进与健康教育大会。该组织主要通过主办权威期刊和创设体育行动计划，有力地推动了健康促进策略及项目的发展。在国外青少年健康促进的历史发展进程中，活跃着大量像 WHO、IUHPE 这样的非政府组织。从理论创新到实验求证，推动了青少年体质健康促进的发展。

在我国，体质健康促进工作的推进则带有鲜明的行政色彩，多以教育、卫生或体育等部门的纲领性文件来引领和推动全国各地区健康促进的开展。与国外相比，我国非政府组织在青少年健康促进发展中起到的作用存在着局限性，有必要利用已有的学术组织，建立和发展一些与健康促进相关的非政府组织，以自下而上的方式推进青少年体质健康促进理论与实践的深入研究，开辟一条民间组织与政府机构相结合的发展之路。

（三）健康促进对象的全覆盖

国外青少年体质健康促进计划的大规模实施，往往得益于与政府组织的紧密合作，与中小学校的充分对接，并将体质健康促进理念和行动计划渗透到学生的日常活动中。比如，美国"总统挑战杯"行动计划与青少年的体育课程交叉在一起，由体育教师鼓励学生参与到项目的测试与挑战之中。美国的《健康公民2020》，更是面向全体国民的健康促进计划，同时也针对青少年、儿童设置了具

体详细的实施指导建议和评价指标。日本"体育振兴基本计划"、美国"动起来"等也都是基于国家层面，全面推进健康促进计划实施的典型范例，尽可能多地覆盖到全国的中小学生。从这个意义上来讲，"全国亿万学生阳光体育运动"是我国一项覆盖全国青少年的体质健康促进行动计划，要求各地、区、县、乡镇中小学严格执行每天1小时的课外体育锻炼，并进行逐级考评。

需要注意的是，即便没有政府的行政干预，许多国家提出的体质健康促进行动计划从设计之初，其对象也都是面向全体青少年、儿童或其他国民。由此可见，健康促进的实施与推广，往往具有覆盖面广、开展时间持久的特性，同时也折射出体质健康促进方案设计的科学性和严谨性的重要地位。

（四）完善落实促进社区青少年体育发展政策

《国务院关于加强和改进社区服务工作的意见》确定了一系列推进社区服务工作的政策措施，在实施的过程中，应加强监督检查，确保落实到位。现在学生是200天在学校，165天在社区。我们应该更多地反思体育部门在校园之外做了什么。社区里面有没有单独为青少年设计的健身器材？要组织专家专门设计针对青少年的运动器材、运动项目。需要制定具体实施细则或执行措施，有关方面要尽快研究制定，并支持推动地方政府出台具体指导意见，确立适合本地发展实际和需求的社区服务发展模式。同时，要进一步拓展思路，借鉴国内外成功经验，研究制定一些更加灵活和有效的扶持政策，如政府明确对提供低偿或无偿社区服务的非营利组织给予一定的财政补助，以政府贴息的形式为社区体育建设提供信贷支持，在公共服务采购中允许民间组织参与等等。充分发挥行政机制、市场机制、志愿机制在社区青少年体育服务中的作用，坚持基层群众自治制度，鼓励社区志愿者参与社区青少年体育管理和服务。在社区青少年体育建设基础较好、群众需求旺盛的城市，推动政策试点，以探索经验，适时推广。

（五）加强家庭、学校和社会的协同作用

青少年体质健康工作是一个系统工程，需要政府、家庭、学校、社区、青少年的共同参与。美国的中、小学会对学生家长进行定期的培训，指导家长和孩子怎样进行体育互动。中学、大学、职业队队员和球迷的互动形式更多，球迷和球队的感情很深，青少年在成长过程中受这种环境的影响，运动逐渐成为他们业余生活重要的一部分。我国由于受"学而优则仕"和"重文轻武"的传统思想束缚，在青少年体质健康工作中家长很无奈、学校很无力、社会组织难以渗透。发达国家为促进全社会共同关注青少年体质健康工作，倡导开展全国性的提高体力的宣传活动；培养和激发学生参加身体活动的内生动力；为学生在社区参加体育活动创造环境等给我们提供了可借鉴的经验。我国应在政府指导下，有效地发挥学校、家庭、社区的作用，提升青少年体育参与的责任意识和积极性，促进"五位一体"联动机制健康发展。

第四章 广东省青少年体质健康现状分析

第一节 数据来源与获取方式

一、数据来源

本章主要以广东省青少年体质健康为研究对象，着重对广东省2014—2016年上报至全国学生体质健康标准数据管理中心的在校中小学生体质健康测试数据进行梳理分析，并以广东省专职体育教研员为调查对象。数据主要来源于广东省教育厅学生体质健康标准信息中心，笔者对符合研究需要的数据进行了筛选，以确保数据的真实性。

二、数据的获取方式

（一）文献资料法

通过中国知网、广州图书馆、广州体育学院图书馆和引擎网站等渠道进行文献收集和检索工作。根据研究需要，查阅了中共中央、国务院及各部委的相关文件，以及《社会学研究方法》《社会研究的统计应用》《体育科学研究方法》等著作，还有以青少年或学生体质健康为主要研究内容的中文体育类核心期刊，以寻找有效的理论与方法支撑。

（二）问卷调查法

1. 制定目的

主要通过调查全省专职体育教研员对"学校教育因素、社会因素、家庭因素、个人因素"这四个维度中的具体因素对学生体质健康状况影响的认可程度，以及对提升学生体质健康具体措施的相关建议，并对被调查者的作答进行统计学（帕累托分析法）分析，针对认可度较高的因素，制定出提升青少年体质健康水平的具体路径。

2. 调查对象的选择

作为体育与健康学科中坚力量的体育教研员，不仅是该学科教研的主要带头人，同时也是学校体育改革与发展的引领者，对学生体质健康现状及体育教育过程中存在的问题有着深刻的感性认识和理性思考，在中小学体育教育中扮演着非常重要的角色。为此，本章主要以广东省专职体育教研员为调查对象。

3. 问卷的效度和信度

（1）效度。

效度是指能够测到该测验所欲测者的心理或行为特质到何种程度，效度越高说明该测验所反映被测者的心理或行为的程度就越高。

本章主要采用专家效度检验法，对相关领域专家发放效度调查表，根据专家给出的修改建议，得出最终的调查问卷。共计向 11 位相关领域专家发放了效度调查表，专家从 3 个部分、8 个方面进行评价。在问卷的内容和结构设计上有 8 位以上专家认为该问卷设计合理，有 1 位专家认为社会发展因素不合理，其他因素没有出现不合理或非常不合理的判断，总体来看，认为问卷设计合理的占 80% 以上，因此，可判定问卷具有较高的效度，满足研究的需要，专家的效度检验结果见表 4 - 1。

表 4 - 1　问卷效度检验情况

		非常合理	合理	基本合理	不合理	非常不合理
第一部分	基本情况	3	6	2		
第二部分	学校教育因素	2	8	1		
	家庭因素	2	7	2		
	个人因素	1	9	1		
	社会发展因素	1	8		1	
	提升措施	2	6	3		
第三部分	内容设计	3	6	2		
	结构设计	2	6	3		

（2）信度。

信度是指测验结果的稳定性或一致性。信度越高说明测验所得到结果的一致性就越高，稳定性就越强。

本章采用重测信度法，第一次测试 15 天后，再次对广州市 13 名体育教研员进行同样问卷内容的调查，将回收到的问卷与第一次所填写问卷进行双变量相关分析，SPSS 操作过程为：分析（A）→相关（C）→双变量（E）。相关系数为

0.83，大于0.8，表明该问卷的信度高，稳定性强。

（3）问卷的发放与回收。

以电子邮件和微信为主要工具，向各市体育教研员发放问卷。共发放61份，回收50份，回收率为82.0%，其中有效问卷47份，有效回收率为77.0%。

（三）访谈法

主要采用半结构式访谈。首先，针对访谈对象制定访谈提纲，访谈对象为各学校体育领域相关专家及广东省各级体育教研员。访谈形式以面对面为主，以电话、微信访谈为辅，目的是了解专家对当前广东省中小学生体质健康状况的看法，听取专家学者对学生体质健康促进工作的意见和建议，探讨影响中小学生体质健康主要因素，尤其是影响程度高的因素。同时，就本书所提出的青少年体质健康的干预措施征求了专家的意见，以使本研究更具科学性和可操作性。

（四）数理统计法

首先建立数据库，使用 Microsoft Excel 建立原始数据库；其次是针对本研究所得的数据，用 Microsoft Excel 软件做出趋势图；最后针对问卷所得到的数据采用帕累托分析法，它可以根据调查问卷的信息准确而有针对性地找出问题产生的根源，把握问题的关键。

第二节　研究结果与分析

一、7~18 岁广东省中小学生体质健康的现状及变化趋势

本部分主要选取广东省 2014—2016 年 7~18 岁中小学生的体质健康测试数据作为分析对象，以 2014 年全国学生体质健康指标作为参照对象，分析研究广东省中小学生的体质健康现状以及变化趋势，以《国标》为主要参考依据。本部分主要从身体形态、身体机能、身体素质三大方面进行深入分析，所选取的身体形态指标为：身高、体重、BMI；身体机能指标为：肺活量；身体素质指标为：50 米跑、50 米×8 往返跑、800 米跑、1 000 米跑、引体向上、一分钟仰卧起坐、坐位体前屈。根据统计出的数据，用 Microsoft Excel 软件做出趋势图。

（一）身体形态状况

身体形态是《国标》评定学生体质健康水平的主要内容之一，其主要指标是身高、体重以及 BMI。身高和体重是反映生长发育和营养状况的重要指标，BMI 反映人体体重与身高的关系，且与身体成分密切相关，是判断人体胖瘦程度和评价营养状况的常用指标，也是目前医学界使用最多的胖瘦衡量指标。

表4-2 2014—2016年7~18岁中小学生身高均值

（单位：cm）

年龄（岁）	男生							女生						
	14城	15城	16城	14乡	15乡	16乡	全国	14城	15城	16城	14乡	15乡	16乡	全国
7	119.8	120.3	120.5	117.8	118.6	119.0	126.6	119.1	119.5	119.8	117.2	117.7	118.3	125.1
8	124.4	125.3	125.4	122.8	123.8	123.9	132.0	123.6	124.3	124.6	122.1	122.7	123.1	130.5
9	130.3	130.9	131.2	128.7	129.0	129.3	137.2	129.6	130.1	130.5	128.2	128.4	128.7	136.3
10	135.6	136.0	136.2	134.1	134.3	134.3	142.1	135.2	135.7	135.9	133.8	134.0	134.1	142.6
11	141.6	142.1	142.1	140.2	140.5	140.4	148.1	141.8	142.4	142.5	140.3	140.6	140.6	149.3
12	147.4	147.9	148.1	145.8	145.9	146.2	154.5	147.4	148.2	148.5	145.9	146.0	146.3	153.7
13	155.9	156.1	156.3	154.3	154.5	155.0	161.4	153.7	153.9	154.1	152.1	152.2	152.8	157.0
14	160.4	161.0	161.1	159.0	159.1	159.3	166.5	156.1	156.2	156.5	154.7	155.1	155.3	158.7
15	164.4	164.8	164.9	163.2	163.1	163.5	169.4	157.5	157.8	158.0	156.7	156.7	157.2	159.4
16	168.7	169.0	169.1	168.9	168.7	169.1	171.4	158.9	159.0	158.5	159.4	159.4	160.2	159.8
17	169.5	169.5	169.6	169.4	169.2	168.9	172.1	159.1	159.1	159.2	159.4	159.3	159.8	159.8
18	170.0	169.7	169.9	169.9	169.4	169.1	172.0	159.3	159.4	159.4	159.6	159.8	159.9	159.4

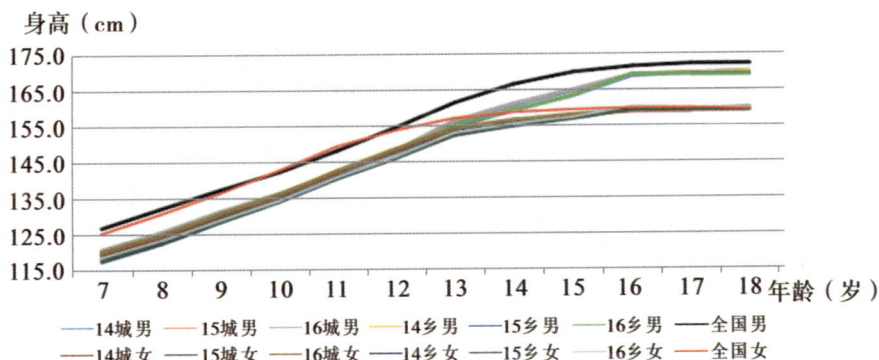

图4-1 2014—2016年7~18岁中小学生身高变化趋势

由表4-2和图4-1可知，广东省2014—2016年7~18岁中小学生身高整体呈上升趋势，且城市男女生的身高要高于乡村，乡村男女生的身高增长速度要快于城市。通过与2014年全国男女学生平均身高进行对比可知，这一阶段广东省中小学生的身高与全国平均水平仍然存在较大的差距，小学和初中差距较为明显，高中阶段差距在慢慢缩小，这一阶段女生的身高与全国接近同一水平，甚至有超过全国平均水平的趋势。

表 4 - 3　2014—2016 年 7 ~ 18 岁中小学生体重均值

（单位：kg）

年龄（岁）	男生							女生						
	14 城	15 城	16 城	14 乡	15 乡	16 乡	全国	14 城	15 城	16 城	14 乡	15 乡	16 乡	全国
7	22.5	22.8	22.7	21.5	21.8	22.1	26.6	21.8	21.9	22.0	21.0	21.1	21.4	24.7
8	24.7	25.2	25.2	23.5	23.9	24.2	29.9	23.8	24.1	24.3	23.0	23.2	23.4	27.6
9	27.8	28.3	28.4	26.5	26.6	27.1	33.6	26.8	27.1	27.3	25.7	25.8	26.2	31.3
10	31.1	31.5	31.6	29.5	29.5	29.8	37.2	30.0	30.3	30.5	28.7	28.7	29.1	35.5
11	35.0	35.6	35.6	33.2	33.3	33.7	41.9	34.1	34.6	34.7	32.7	32.7	33.0	40.6
12	39.0	39.5	39.7	36.9	36.9	37.4	46.6	38.2	38.7	38.9	36.3	36.3	36.9	44.5
13	45.5	45.8	45.9	44.5	44.6	44.7	52.0	42.9	43.3	43.6	42.2	42.1	42.7	48.0
14	48.9	49.4	49.5	48.1	48.0	48.1	56.2	45.3	45.7	46.0	44.5	44.7	44.7	50.4
15	52.4	52.7	52.5	51.4	51.2	51.0	59.5	47.2	47.5	47.7	46.5	46.4	46.7	51.6
16	56.1	57.1	56.9	56.5	56.5	56.1	61.5	48.9	49.0	48.9	48.0	48.5	49.3	52.7
17	57.4	58.0	58.2	57.5	57.6	57.3	63.3	48.8	49.4	49.5	48.6	48.9	49.7	53.0
18	58.5	58.7	58.8	58.0	58.2	57.6	63.5	49.3	49.5	49.6	49.2	49.4	50.4	52.6

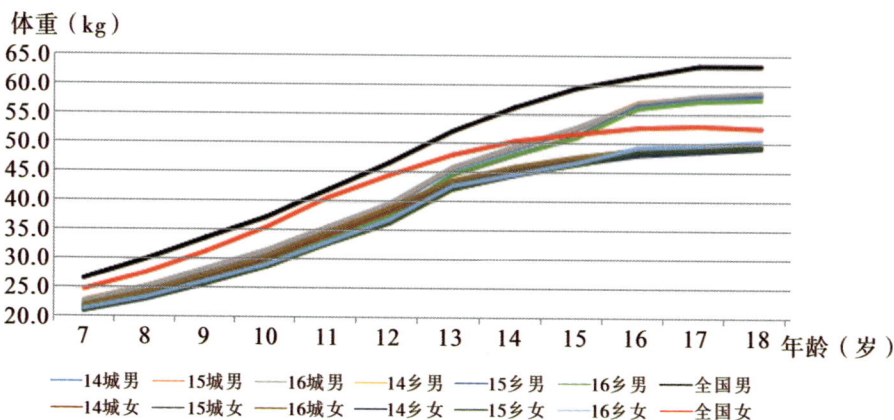

图 4 - 2　2014—2016 年 7 ~ 18 岁中小学生体重变化趋势

由表 4 - 3 和图 4 - 2 可知，广东省 2014—2016 年 7 ~ 18 岁中小学生体重同样呈上升趋势，男生要好于女生，整体上城市好于乡村，但高中阶段的乡村女生要好于城市女生。通过与 2014 年全国男女学生平均体重进行对比可知，这一阶段广东省中小学生的体重与全国平均水平相比仍然存在较大的差距，但也在逐渐向全国平均水平靠近。

表 4 - 4　2014—2016 年 7 ~ 18 岁中小学生 BMI 均值

（单位：kg/m²）

年龄（岁）	男生							女生						
	14 城	15 城	16 城	14 乡	15 乡	16 乡	全国	14 城	15 城	16 城	14 乡	15 乡	16 乡	全国
7	16.1	16.3	15.1	15.4	15.6	15.8	16.6	15.6	15.6	15.7	15.0	15.1	15.3	15.4
8	16.5	15.8	15.8	15.7	15.9	16.1	17.6	15.9	15.1	15.2	15.3	15.5	15.6	16.2
9	16.4	16.6	16.7	15.6	15.6	15.9	17.7	15.8	15.9	16.1	16.1	16.1	15.4	16.5
10	17.3	17.5	16.6	16.4	16.4	16.6	18.6	16.7	16.6	16.9	15.9	15.9	16.2	17.8
11	17.5	17.8	17.8	16.6	16.7	16.9	19.0	17.1	17.3	17.4	16.4	16.4	16.5	18.5
12	17.7	18.0	18.0	16.8	17.6	17.8	19.4	17.4	17.6	17.7	17.3	17.3	17.6	18.5
13	19.0	19.1	19.1	18.5	18.6	18.6	20.0	17.9	18.0	18.1	18.3	18.3	18.6	19.2
14	18.8	19.0	19.0	19.2	19.2	19.2	20.1	18.4	18.5	18.6	18.6	18.6	19.0	20.2
15	19.4	19.5	19.6	19.0	19.0	18.9	20.5	18.9	19.0	19.1	19.4	18.6	18.7	20.6
16	20.0	19.7	19.6	19.5	20.2	19.3	21.2	19.5	19.6	19.6	19.7	19.4	19.4	20.3
17	19.8	20.0	20.1	20.0	19.9	19.5	21.1	19.4	19.5	19.6	19.9	19.3	19.1	20.4
18	20.2	20.2	20.3	20.0	20.1	19.9	21.2	19.6	19.7	19.8	19.7	19.0	19.4	21.0

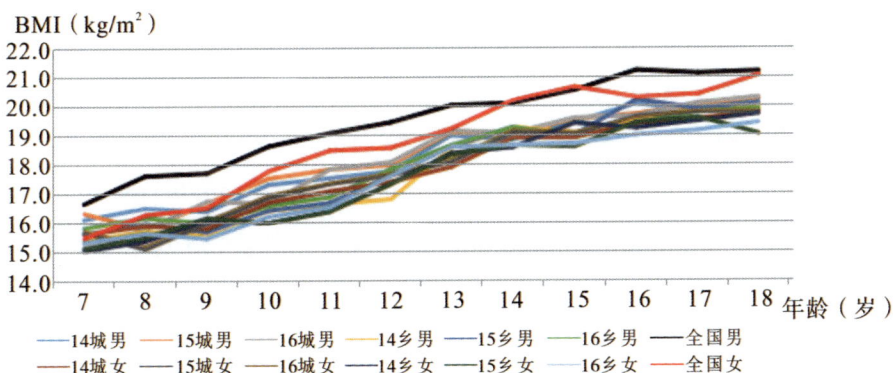

图 4 - 3　2014—2016 年 7 ~ 18 岁中小学生 BMI 变化趋势

由表 4 - 4 和图 4 - 3 可知，广东省 2014—2016 年 7 ~ 18 岁中小学生 BMI 整体呈上升趋势，与 2014 年全国男女学生平均 BMI 进行对比，低于全国平均水平。《国标》将 BMI 分为四个等级（正常、低体重、超重、肥胖），查询评分表可知，广东省 2014—2016 年 7 ~ 18 岁中小学生 BMI 均处于正常水平。由此可见，这一阶段广东省 7 ~ 18 岁中小学生的身高、体重等发育水平继续提高，并且与全国的差距也在逐渐缩小。

（二）身体机能状况

肺活量指的是在不限时间的情况下，一次最大吸气后再尽最大能力所呼出的气体量，代表肺一次最大的机能活动量，是反映人体生长发育水平和体质健康状况的重要机能指标之一。为此，《国标》也将肺活量定为评价身体机能状况的主要指标之一。

表 4-5　2014—2016 年 7～18 岁中小学生肺活量均值

（单位：mL）

年龄（岁）	男生							女生						
	14 城	15 城	16 城	14 乡	15 乡	16 乡	全国	14 城	15 城	16 城	14 乡	15 乡	16 乡	全国
7	1 216.8	1 228.5	1 246.3	1 288.7	1 299.3	1 296.9	1 150.3	1 140.7	1 143.3	1 168.3	1 191.5	1 194.6	1 202.4	1 037.4
8	1 376.2	1 396.9	1 422.6	1 446.9	1 472.3	1 470.3	1 329.9	1 280.9	1 294.1	1 327.3	1 335.3	1 345.6	1 356.7	1 184.7
9	1 595.5	1 620.3	1 649.3	1 673.3	1 694.5	1 690.2	1 530.7	1 476.4	1 490.9	1 532.8	1 532.9	1 540.7	1 551.5	1 358.6
10	1 792.7	1 823.1	1 848.3	1 864.3	1 896.6	1 887.1	1 734.4	1 656.9	1 677.9	1 717.0	1 698.6	1 719.0	1 730.2	1 564.4
11	2 042.7	2 084.1	2 104.1	2 121.1	2 157.9	2 156.3	1 969.1	1 897.5	1 922.2	1 957.7	1 939.5	1 959.3	1 976.4	1 783.0
12	2 261.7	2 312.4	2 344.3	2 331.7	2 375.2	2 382.7	2 272.6	2 091.8	2 123.0	2 172.5	2 132.3	2 157.8	2 181.3	1 976.2
13	2 698.0	2 743.2	2 762.7	2 746.1	2 820.9	2 828.2	2 667.5	2 316.9	2 341.3	2 367.1	2 347.9	2 388.1	2 408.6	2 132.8
14	2 962.4	3 015.8	3 031.7	2 993.0	3 047.7	3 081.8	3 045.1	2 470.2	2 497.5	2 514.7	2 471.8	2 527.0	2 547.7	2 261.7
15	3 240.0	3 291.9	3 318.4	3 267.3	3 331.0	3 369.0	3 309.2	2 603.7	2 637.3	2 661.8	2 647.4	2 689.2	2 697.1	2 345.0
16	3 461.2	3 512.9	3 495.8	3 636.5	3 571.5	3 595.7	3 575.7	2 573.9	2 602.4	2 596.9	2 685.5	2 651.2	2 718.2	2 423.7
17	3 545.7	3 597.1	3 587.9	3 710.5	3 614.8	3 666.6	3 726.8	2 607.4	2 646.1	2 641.1	2 726.2	2 679.1	2 731.2	2 450.7
18	3 650.1	3 679.1	3 694.1	3 786.3	3 716.8	3 759.2	3 772.3	2 675.6	2 716.1	2 703.4	2 795.0	2 773.4	2 808.5	2 431.3

由表 4-5 和图 4-4 可知，广东省 2014—2016 年 7～18 岁中小学生肺活量水平同样呈上升趋势，乡村好于城市，整体上升幅度相对较小。与 2014 年全国水平进行对比，略高于全国平均水平。通过对照《国标》中的评价等级可知，广东省 2014—2016 年 7～18 岁城乡男生的肺活量平均只能达到及格水平，整体上进一步缩小了与良好水平的差距，但距离优秀水平还存在较大的差距。女生整体水平要好于男生，城乡均能达到良好水平，同时也进一步缩小了与优秀水平的差距。由此可见，广东省 2014—2016 年来中小学生身体机能状况虽有好转趋势，但情况依然不容乐观，身体机能亟待进一步提高。

肺活量（mL）

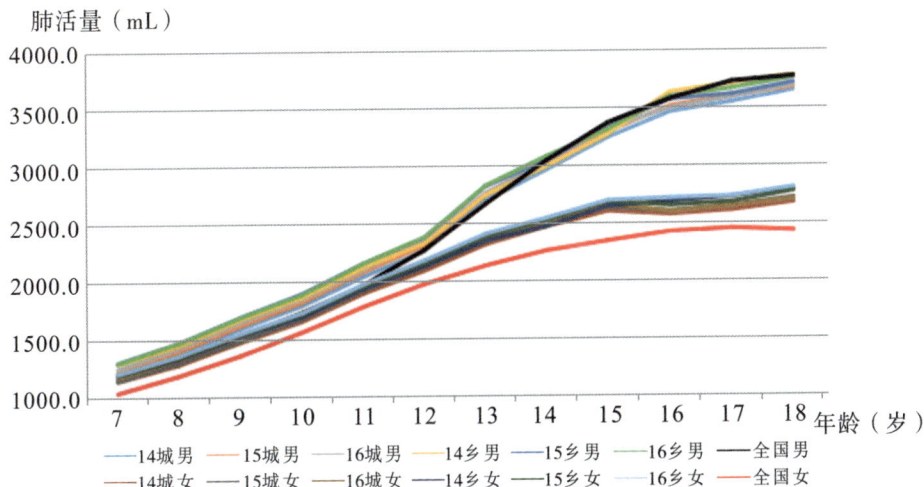

图 4 - 4 2014—2016 年 7 ~ 18 岁中小学生肺活量变化趋势

（三）身体素质状况

身体素质通常指人体的基本活动能力，是人体各器官系统的机能在肌肉工作状态时的反映。2014 年全国学生体质健康调研结果显示，目前中小学生速度、柔韧、力量、耐力等身体素质继续呈现稳中向好的趋势。这里主要选取的分析指标为：50 米跑、坐位体前屈、跳绳、立定跳远、50 米 × 8 往返跑、800 米跑以及 1 000 米跑。

（单位：s）

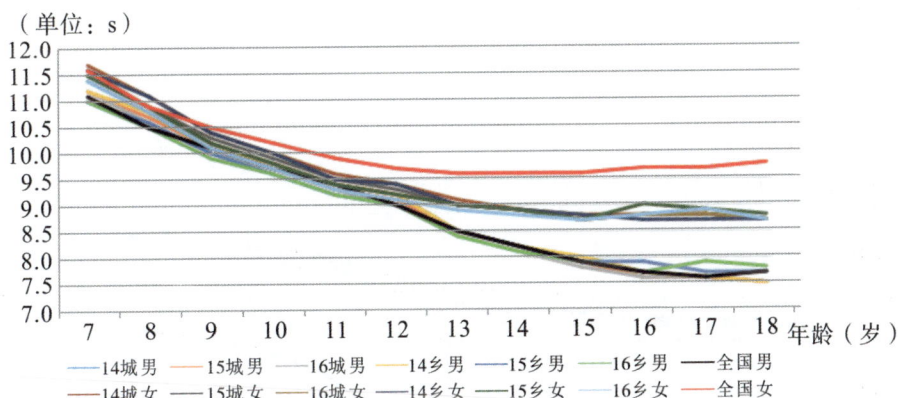

图 4 - 5 2014—2016 年 7 ~ 18 岁中小学生 50 米跑成绩变化趋势

由图 4 - 5 可知，广东省 2014—2016 年 7 ~ 18 岁中小学生 50 米跑成绩整体呈上升趋势，小学阶段乡村要好于城市，中学阶段城市整体水平略好于乡村。与 2014 年全国平均水平进行对比，男生整体上与全国水平无较大差距，除 2014 年女生小学低年级阶段略低于全国平均水平以外，其余学段城乡女生整体上均好于全国水平。通过对照《国标》中的评价等级可知，广东省 2014—2016 年 7～18 岁城乡男生 50 米跑的成绩均处于及格中上水平，距离良好水平差距较小，但与优秀水平仍存在较大的差距，城乡女生除小学一年级能达到良好水平以外，其余学段均处于及格水平，男生整体等级与女生相同。由此可见，这一阶段广东省中小学生速度素质也呈好转趋势，但仍需进一步加强。

表 4 - 6　2014—2016 年 7～18 岁中小学生坐位体前屈成绩均值

（单位：cm）

年龄（岁）	男生							女生						
	14 城	15 城	16 城	14 乡	15 乡	16 乡	全国	14 城	15 城	16 城	14 乡	15 乡	16 乡	全国
7	8.8	9.4	9.6	10.1	10.7	10.8	6.2	10.0	10.7	11.0	11.1	11.8	11.8	10.2
8	9.0	9.4	9.7	10.3	10.8	11.0	6.0	10.3	10.9	11.2	11.2	12.0	12.1	10.3
9	9.0	9.3	9.6	10.4	10.9	11.0	5.3	10.3	11.0	11.3	11.3	12.1	12.2	9.7
10	8.8	9.1	9.4	10.3	10.9	11.0	4.6	10.3	10.9	11.2	11.4	12.2	12.3	9.5
11	8.8	9.1	9.4	10.1	11.0	11.1	4.4	10.5	11.1	11.3	11.6	12.3	12.5	9.5
12	8.9	9.1	9.5	10.2	11.0	11.1	4.3	10.7	11.3	11.6	11.7	12.5	12.6	9.5
13	9.0	9.2	9.4	10.2	10.0	10.3	5.9	11.6	12.2	12.5	12.2	12.6	12.8	10.7
14	10.0	10.2	10.4	11.0	11.3	11.3	7.2	12.4	13.0	13.3	12.7	13.4	13.6	11.5
15	11.3	11.5	11.7	12.5	12.6	12.8	9.2	13.4	13.9	14.1	13.9	14.2	14.4	12.6
16	12.1	12.1	12.1	12.8	12.7	12.0	10.1	14.1	14.5	14.8	14.1	14.6	14.9	13.2
17	12.5	12.7	12.6	12.7	13.1	12.9	10.6	14.4	14.9	15.0	14.1	14.9	14.8	13.4
18	13.1	13.3	13.5	13.4	13.6	13.8	11.0	14.7	15.1	15.4	15.2	15.6	15.3	13.6

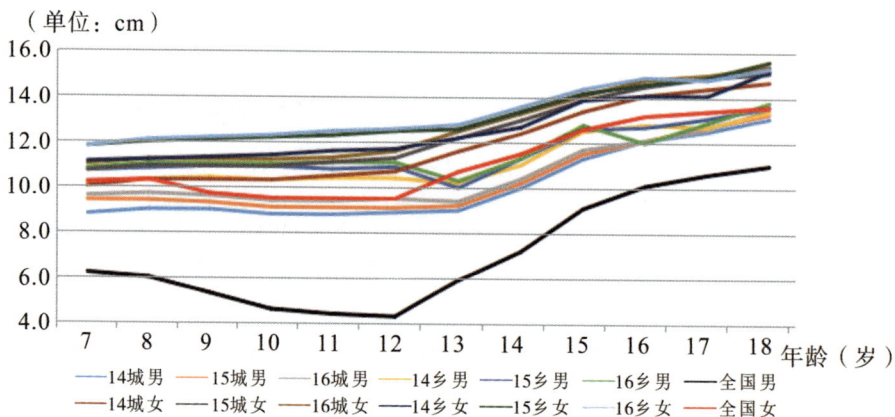

图 4 - 6　2014—2016 年 7～18 岁中小学生坐位体前屈成绩变化趋势

由表 4 – 6 和图 4 – 6 可知，广东省 2014—2016 年 7 ~ 18 岁中小学生坐位体前屈的成绩整体呈上升趋势，乡村好于城市，女生好于男生。与 2014 年全国平均水平进行对比，整体上要好于全国水平。通过对照《国标》中的评价等级可知，广东省 2014—2016 年城市男生小学阶段整体上处于及格水平，乡村男生整体上处于良好水平，中学阶段城乡男生均处于及格水平。2014—2016 年城乡女生整体上处于及格水平，离良好水平仍存在一定差距。

表 4 – 7　2014—2016 年 9 ~ 12 岁中小学男生仰卧起坐成绩均值

（单位：次）

年龄（岁）	男生					
	14 城	15 城	16 城	14 乡	15 乡	16 乡
9	31.5	32.3	33.0	33.5	34.6	34.9
10	32.8	33.7	34.5	34.6	35.6	36.1
11	34.5	35.4	35.9	36.1	37.1	37.6
12	36.1	36.9	37.6	37.2	38.4	38.7

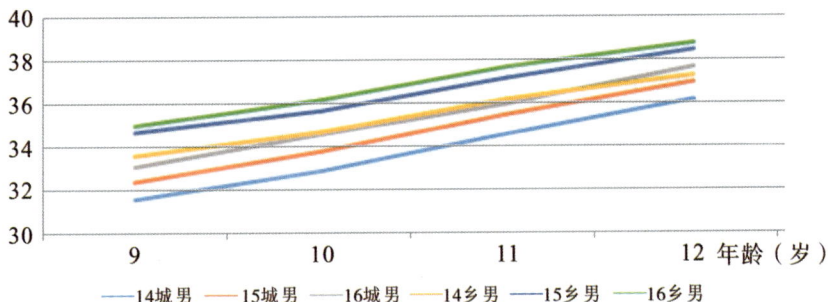

图 4 – 7　2014—2016 年 9 ~ 12 岁中小学男生仰卧起坐成绩变化趋势

遵循青少年、儿童生长发育规律，一、二年级学生不进行力量素质的测试。表 4 – 7 和图 4 – 7 表明，广东省 2014—2016 年 9 ~ 12 岁男生一分钟仰卧起坐成绩整体呈上升趋势，乡村好于城市。对比《国标》可知，整体处于及格偏上水平，距离优秀水平仍然存在较大差距。由表 4 – 8 和图 4 – 8 可以看出，13 ~ 18 岁城乡男生引体向上成绩整体呈下降趋势，乡村整体水平好于城市。对比《国标》可知，城市整体处于及格水平，乡村初中阶段能达到良好水平，高中阶段就只达到了及格水平。可见，男生的力量素质不容乐观。

表4-8 2014—2016年13～18岁中小学男生引体向上成绩均值

（单位：次）

年龄（岁）	男生					
	14城	15城	16城	14乡	15乡	16乡
13	7.3	7.1	7.2	9.1	8.8	9.0
14	8.4	8.2	8.3	10.2	10.0	10.0
15	9.6	9.6	9.7	11.4	11.0	11.1
16	9.6	9.2	9.3	11.0	10.3	10.1
17	10.0	9.9	9.8	11.6	10.8	10.4
18	10.8	10.7	10.6	12.3	11.6	11.2

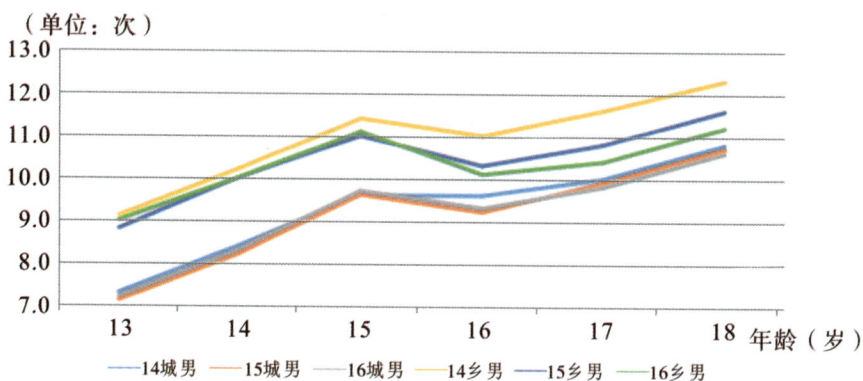

图4-8 2014—2016年13～18岁中小学男生引体向上成绩变化趋势

表4-9 2014—2016年9～18岁中小学女生仰卧起坐成绩均值

（单位：次）

年龄（岁）	女生					
	14城	15城	16城	14乡	15乡	16乡
9	30.8	31.5	32.4	33.1	34.1	34.5
10	32.1	32.9	33.8	34.0	35.1	35.6
11	33.7	34.5	35.2	35.5	36.6	37.0
12	35.0	35.7	36.6	36.5	37.5	38.0
13	33.8	34.6	35.4	35.2	35.9	36.6
14	35.4	36.3	37.1	36.3	37.3	37.8
15	37.5	38.6	39.5	37.9	38.7	39.3
16	36.5	37.1	37.4	36.7	36.9	35.7

（续上表）

年龄	女生					
（岁）	14 城	15 城	16 城	14 乡	15 乡	16 乡
17	36.6	37.2	37.9	36.6	36.9	36.7
18	38.5	38.0	38.7	37.9	37.5	38.5

（单位：次）

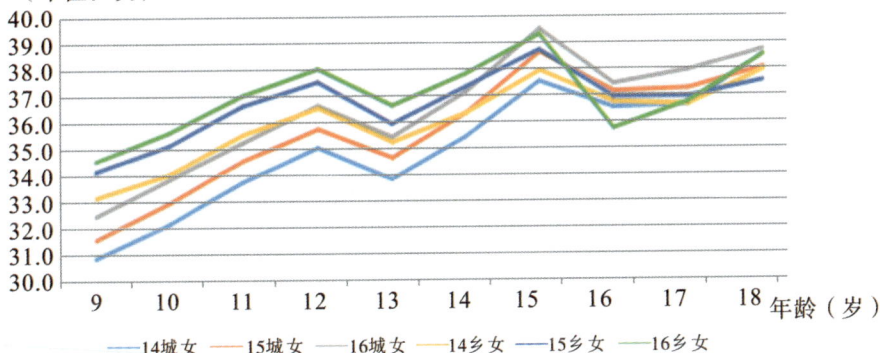

图 4 - 9　2014—2016 年 9～18 岁中小学女生仰卧起坐成绩变化趋势

　　表 4 - 9 和图 4 - 9 表明，广东省 2014—2016 年 9～18 岁中小学城乡女生仰卧起坐成绩整体呈上升趋势，乡村好于城市。对比《国标》可知，广东省整体上均处于及格水平，其中初三和高一年级的成绩最好，但距离良好水平尚有一定的差距，高中阶段水平略低于初中水平，这也与体育中考存在较大的关联。由此可以看出，女生的仰卧起坐成绩需要进一步提高。

表 4 - 10　2014—2016 年 7～12 岁小学生跳绳成绩均值

（单位：次）

年龄	男生						女生					
（岁）	14 城	15 城	16 城	14 乡	15 乡	16 乡	14 城	15 城	16 城	14 乡	15 乡	16 乡
7	61.0	65.6	68.3	71.8	76.5	77.5	63.6	68.3	70.9	73.7	78.8	80.0
8	72.9	77.3	80.0	79.7	84.8	86.5	76.5	81.2	83.2	82.6	88.1	89.4
9	84.2	87.4	90.4	90.4	94.7	96.6	88.4	91.8	94.0	93.8	98.8	100.3
10	92.0	95.5	98.5	98.0	103.1	104.4	96.4	100.0	102.4	101.4	107.2	108.0
11	101.3	104.7	106.8	106.4	112.0	113.9	105.6	109.1	110.5	110.2	115.6	117.2
12	107.6	111.5	113.9	112.7	118.3	120.2	111.8	115.8	117.5	116.4	122.1	123.3

（单位：次）

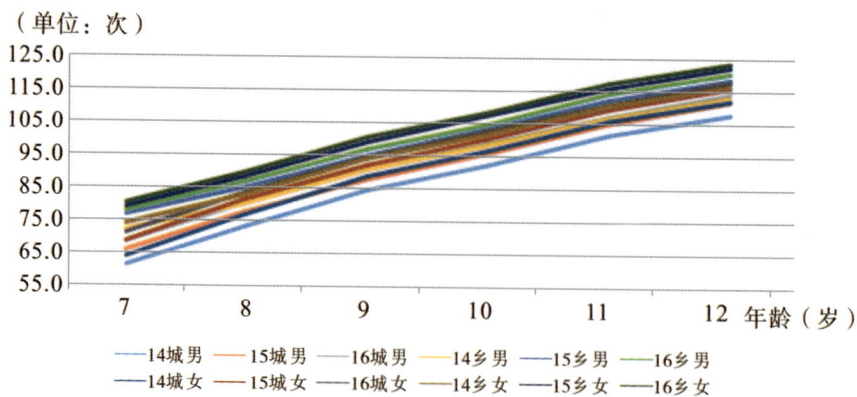

图 4-10 2014—2016 年 7~12 岁小学生跳绳成绩变化趋势

由于 2014 年全国学生体质健康调研未进行跳绳指标的测试，为此本节只对广东省 2014—2016 年 7~12 岁小学生跳绳成绩进行纵向对比，并参照《国标》对跳绳水平进行等级分析。由表 4-10 和图 4-10 可知，广东省 2014—2016 年 7~12 岁男女小学生跳绳水平呈上升趋势，乡村水平好于城市，女生水平好于男生。通过对照《国标》中的评价等级可知，两者均处于及格水平，这一阶段距离良好水平的差距在不断地缩小，但与优秀水平仍然存在较大的差距。

表 4-11 2014—2016 年 13~18 岁中学生立定跳远成绩均值

（单位：cm）

年龄（岁）	男生							女生						
	14 城	15 城	16 城	14 乡	15 乡	16 乡	全国	14 城	15 城	16 城	14 乡	15 乡	16 乡	全国
13	191.7	191.8	192.3	194.3	196.4	196.8	185.6	171.0	170.8	171.0	173.5	174.9	175.6	156.7
14	204.3	204.8	204.2	205.6	206.7	207.7	198.9	175.1	175.3	175.4	176.4	178.7	180.1	159.5
15	217.3	217.7	217.1	218.0	219.5	219.3	212.2	179.7	180.0	180.4	181.0	183.9	186.1	164.5
16	227.1	227.2	226.5	229.6	228.2	224.8	219.9	178.6	178.3	177.2	181.6	180.2	182.8	166.0
17	229.3	230.1	229.4	233.0	230.5	229.8	224.2	178.5	179.2	178.3	180.5	178.8	183.7	166.5
18	233.4	233.0	233.2	235.2	231.4	230.9	225.8	180.5	181.1	180.8	182.3	182.5	182.9	166.2

（单位：cm）

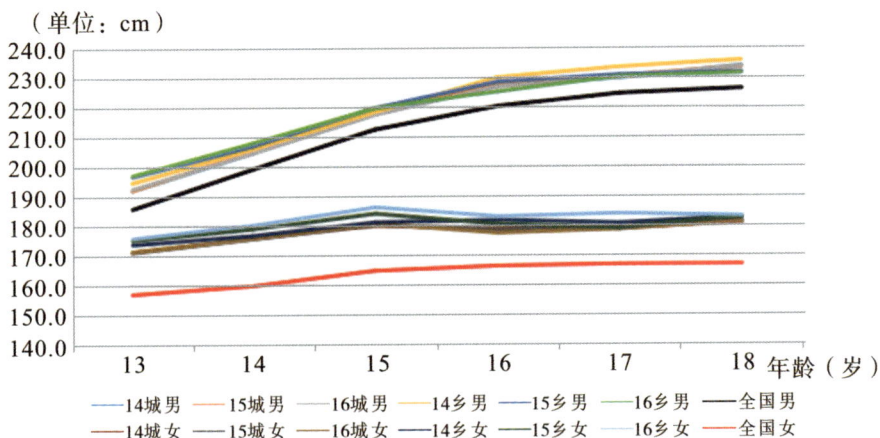

图 4 - 11　2014—2016 年 13 ~ 18 岁中学生立定跳远成绩变化趋势

　　表 4 - 11 和图 4 - 11 表明，广东省 2014—2016 年 13 ~ 18 岁中学生立定跳远成绩整体上不容乐观，乡村略好于城市。初中阶段城乡男生成绩有上升的趋势，但上升幅度相对较小；高中阶段城乡男生成绩呈下降趋势，女生成绩呈上升趋势，但上升幅度也相对较小。与 2014 年全国平均水平进行对比，城乡男女生的成绩均高于全国水平。通过对照《国标》中的评价等级可知，广东省 2014—2016 年 13 ~ 18 岁中学男生除初一男生能达到良好水平以外，其余年级均处于及格水平，从评价等级来看女生水平要好于男生，均处于良好水平。

表 4 - 12　2014—2016 年 11 ~ 18 岁中小学生耐力跑成绩均值

（单位：s）

年龄（岁）	男生							女生						
	14 城	15 城	16 城	14 乡	15 乡	16 乡	全国	14 城	15 城	16 城	14 乡	15 乡	16 乡	全国
11	112	111	111	110	109	109	117	114	113	113	112	112	111	121
12	109	107	107	107	106	105	114	111	110	109	110	109	108	120
13	277	276	274	279	270	276	300	251	249	247	247	245	243	266
14	264	262	261	261	260	257	281	245	242	241	244	242	240	261
15	251	247	247	250	248	246	269	238	234	233	238	235	235	257
16	249	248	247	240	248	246	265	243	241	240	239	241	239	260
17	249	249	248	242	248	248	264	246	244	243	240	246	242	261
18	245	244	244	242	242	244	263	242	243	242	239	241	240	261

（单位：s）

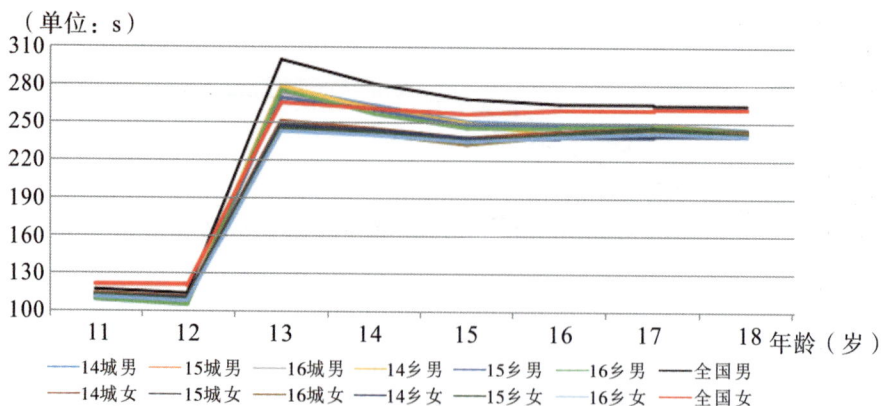

图 4 - 12 2014—2016 年 11 ~ 18 岁中小学生耐力跑成绩变化趋势

由表 4 - 12 和图 4 - 12 可知，2014—2016 年 11 ~ 18 岁中小学生耐力跑成绩呈上升趋势，但上升幅度相对较小。与 2014 年全国平均水平进行对比，整体上高于全国水平。通过对照《国标》中的评价等级可知，2014—2016 年 11 ~ 18 岁中小学男生耐力跑成绩整体上处在及格水平，就目前情况来看距离良好水平的差距较小；女生成绩要略好于男生，城乡男女生耐力跑成绩离优秀水平仍存在较大差距。

表 4 - 13 2014—2016 年广东省中小学各个学段城乡体质健康整体评定等级

（单位:%）

	优		良		及格		不及格	
	城市	乡村	城市	乡村	城市	乡村	城市	乡村
2014 年小学总体	8.28	10.92	33.45	38.84	54.37	48.15	3.90	2.09
2015 年小学总体	10.35	14.20	38.56	45.56	47.35	38.43	3.74	1.81
2016 年小学总体	11.81	15.19	40.91	47.66	44.21	35.44	3.07	1.71
2014 年初中总体	11.88	14.39	40.82	44.16	44.42	39.93	2.88	1.53
2015 年初中总体	14.25	16.33	42.73	45.97	39.85	36.00	3.18	1.71
2016 年初中总体	15.32	17.55	43.71	48.65	37.88	32.17	3.08	1.63
2014 年高中总体	5.27	7.30	33.32	40.01	57.86	50.56	3.56	2.14
2015 年高中总体	5.98	6.39	34.41	33.23	55.00	56.69	4.60	3.69
2016 年高中总体	6.53	5.32	34.51	35.92	53.81	55.11	5.14	3.64

由表 4 - 13 可以看出，2014—2016 年广东省中小学各个学段城乡体质健康优秀率、良好率、及格率整体呈上升趋势，不及格率呈下降趋势。其中，高中阶段的优秀率、良好率、及格率远低于小学和初中阶段，相反不及格率却高于小学和初中阶段。由此可见，体育中考和高考的学习压力对于学生体质健康有一定的反向影响。

数据显示，2014—2016 年，广东省 7～18 岁中小学生体质健康状况整体呈好转趋势，但下降势头并未得到根本性的扭转。身体形态整体发育状况良好，BMI处于正常水平，与全国平均水平差距在逐渐缩小；身体机能状况有所好转，但上升幅度较小，肺活量整体水平略高于全国平均水平，但距离《国标》中的优秀水平仍然存在较大的差距；目前身体素质状况也存在好转的趋势，其中男生速度素质整体上与全国水平基本持平，女生速度素质整体上高于全国水平，但距离《国标》中的优秀水平也存在较大的差距。柔韧素质整体上好于全国水平，但距离《国标》中的良好水平尚有一定的差距。力量素质整体上呈上升的趋势，但距离《国标》中的良好水平也有一定的差距。耐力素质略高于全国平均水平，整体上处于《国标》中的及格水平，但与良好和优秀水平存在较大的差距。从评定的等级可以看出，优秀率、良好率、及格率均呈现上升趋势，不及格率呈下降趋势。但这并不意味着学生体质健康的状况得到了根本性的转变，这就从客观上要求我们深入分析影响学生体质健康的因素，并在此基础上采取有效的措施，探寻具体的提升路径，从而进一步提升学生的体质健康水平。

二、影响广东省中小学生体质健康状况因素的帕累托分析

通过查阅大量文献可知，目前影响学生体质健康的因素主要分为"学校、家庭、个人和社区"这几个维度。为明确这些维度中具体有哪些因素对学生体质健康影响程度较深，特制定调查问卷对广东省体育教研员进行调查，并采用帕累托分析法对相关数据进行分析，从而得出影响程度较深的因素。帕累托图中的折线表示累计频率（也称帕累托曲线），通常以累计百分比将影响因素分为三类：占 0%～80% 为 A 类因素，也就是主要因素；80%～90% 为 B 类因素，是次要因素；90%～100% 为 C 类因素，即一般因素。帕累托图中，因 A 类因素占问题的 80%，若此类因素解决，那么该因素所影响的问题也就得到了相应的解决。

（一）学校因素

学校是系统传承知识与文化的场所，也是青少年接受体育教育的重要平台，学校体育有效影响着青少年的体魄与意志。青少年体质健康问题不仅影响着家庭幸福和社会和谐，还关乎着民族的未来。然而，目前我国的学校体育开展状况却不容乐观，学生日益增长的体育需求与有限的体育教育资源之间的矛盾、学校体育开展的效果不佳、学生体质持续 20 年下降等问题仍然困扰着当今的学校体育

教育。本部分通过查阅相关文献，归纳整理出 15 种可能影响学生体质健康的因素，结合专家给出的建议，通过删减和归纳得出了最后的 9 种影响因素。经数据处理得出学校体育教育影响因素频数统计（见表 4 – 14）、学校体育教育影响因素的帕累托分析（见图 4 – 13）。结果表明，A 类因素主要包括：学校体育伤害事故责任归属的界定、体育课与课外体育活动关联度、学校领导对学校体育重视程度、体育课开课率、学校体育社团组织及竞赛体系、学校的升学率。B 类因素为：体育场地设施。C 类因素包括：学校体育相关政策落实情况、体育师资情况。

表 4 – 14　学校体育教育影响因素频数统计

影响因素	编号	选中频数（个）	占回答数比例（%）	累计百分比（%）
学校体育伤害事故责任归属的界定	A	44	15.5	15.5
体育课与课外体育活动关联度	B	42	14.8	30.3
学校领导对学校体育重视程度	C	40	14.1	44.4
体育课开课率	D	30	10.6	55.0
学校体育社团组织及竞赛体系	E	29	10.2	65.2
学校的升学率	F	28	9.9	75.1
体育场地设施	G	27	9.5	84.6
学校体育相关政策落实情况	H	23	8.1	92.7
体育师资情况	I	20	7.1	100.0
合计		283	100.0	

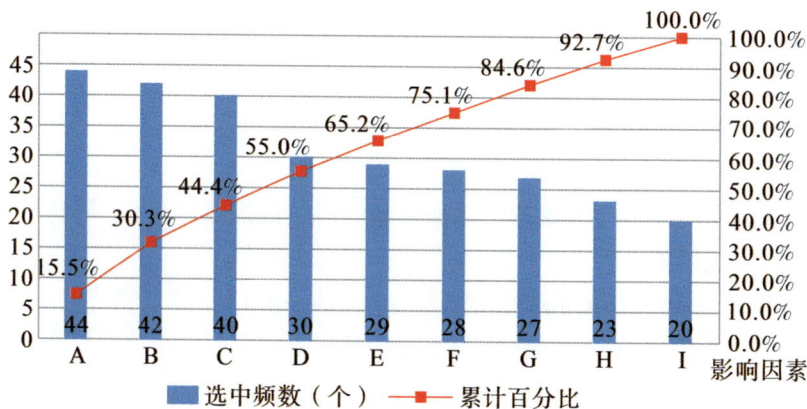

图 4 – 13　学校体育教育影响因素的帕累托分析

（二）家庭因素

现代社会竞争日益激烈，一个人不仅需要广博的知识，还需要有强健的体魄才能获得更高的成就。青少年健康成长的重要环境之一就是家庭，它对人一生的发展起着不可替代的作用。本章针对家庭中具体的影响因素，通过咨询专家进行筛选之后，总结出 7 种具体影响因素，并采用帕累托分析法，得出影响程度最高的因素，结果见表 4–15 和图 4–14。从帕累托曲线图中可以看出，影响学生体质健康的具体家庭因素，A 类主要有：家长指导孩子进行体育锻炼的能力、家庭参与社区体育活动的情况、家长参与学校体育活动的次数、家庭成员的锻炼习惯、家长对于体质健康标准知晓度。B 类主要有：父母的职业类型和文化水平。C 类主要有：家庭经济收入水平。

表 4–15　家庭影响因素频数统计

影响因素	编号	选中频数（个）	占回答数比例（％）	累计百分比（％）
家长指导孩子进行体育锻炼的能力	A	42	16.5	16.5
家庭参与社区体育活动的情况	B	40	15.7	32.2
家长参与学校体育活动的次数	C	39	15.3	47.5
家庭成员的锻炼习惯	D	38	14.9	62.4
家长对于体质健康标准知晓度	E	36	14.1	76.5
父母的职业类型和文化水平	F	34	13.3	89.8
家庭经济收入水平	G	26	10.2	100.0
合计		255	100.0	

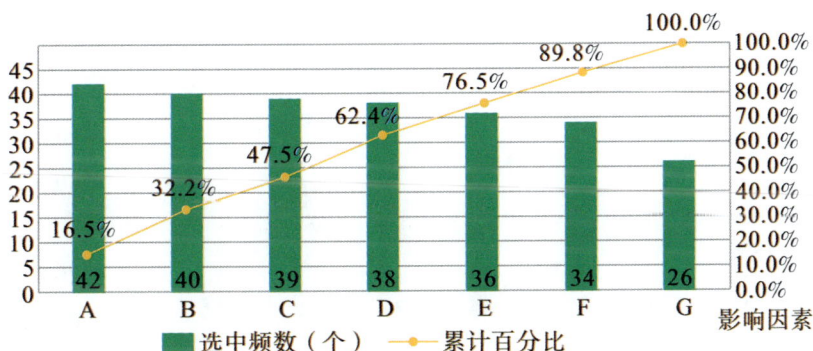

图 4–14　家庭影响因素的帕累托分析

（三）个人因素

随着综合国力的不断增强，人们的收入水平和生活质量得到了较大的改善。青少年享受着富裕美好生活的同时，体质健康状况也出现了较大的问题。受独生子女政策的影响，大部分家庭都只有一个孩子，孩子的任何事情都是由家长安排的，很多孩子养成了懒惰、怕吃苦、没有恒心、以自我为中心的性格。正是这些不良的性格，导致了他们缺乏主动参与锻炼的意识，使他们不想锻炼、不去锻炼、不懂锻炼，甚至是对自己的体质健康状况一无所知。为了提高中小学生的体质健康，就必须解决个人因素中具体影响因素的问题。通过查阅文献总结筛选出8个具体因素，采用帕累托法进行分析，结果见表4-16和图4-15，A类因素为：科学的锻炼习惯、参与体育运动的自觉性、参与体育运动的计划性、每日上网或玩手机的时间、良好的人际关系、睡眠状况；B类因素为：饮食习惯；C类因素为：学习压力。

表4-16　个人影响因素频数统计

影响因素	编号	选中频数（个）	占回答数比例（%）	累计百分比（%）
科学的锻炼习惯	A	43	15.0	15.0
参与体育运动的自觉性	B	41	14.3	29.3
参与体育运动的计划性	C	39	13.6	42.9
每日上网或玩手机的时间	D	35	12.2	55.1
良好的人际关系	E	34	11.8	66.9
睡眠状况	F	32	11.1	78.0
饮食习惯	G	32	11.1	89.1
学习压力	H	31	10.8	100.0
合计		287	100.0	

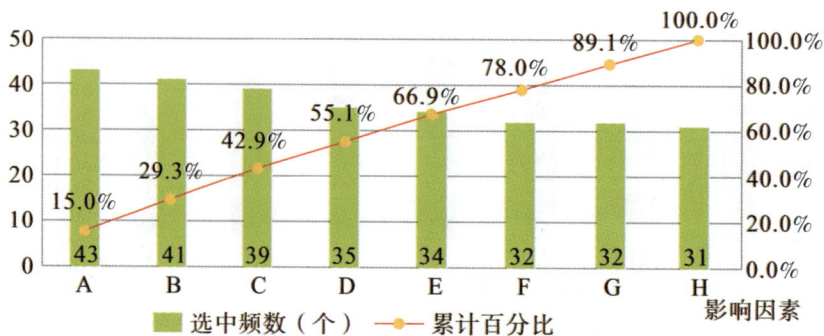

图4-15　个人影响因素的帕累托分析

（四）社区因素

社区因素的复杂性造成了学生体质健康影响因素的多样性和复杂性，分析结果见表4-17和图4-16。A类因素为：社会体育场馆对学生的开放程度、社区组织青少年体育活动的能力、社区体育指导员指导频率、社区周边健身场所的覆盖率、社区体育锻炼的氛围；B类因素为：青少年体育活动竞赛体系；C类因素为：体育管理制度。

表4-17 社区影响因素频数统计

影响因素	编号	选中频数（个）	占回答数比例（％）	累计百分比（％）
社会体育场馆对学生的开放程度	A	44	17.0	17.0
社区组织青少年体育活动的能力	B	41	15.8	32.8
社区体育指导员指导频率	C	39	15.1	47.9
社区周边健身场所的覆盖率	D	36	13.9	61.8
社区体育锻炼的氛围	E	34	13.1	74.9
青少年体育活动竞赛体系	F	33	12.7	87.6
体育管理制度	G	32	12.4	100.0
合计		259	100.0	

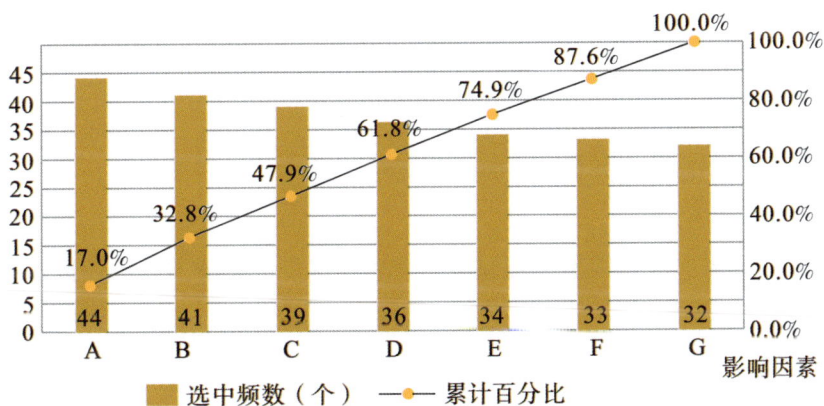

图4-16 社区影响因素的帕累托分析

（五）具体提升措施的帕累托分析

通过查阅文献，归纳整理出 11 种提升学生体质健康水平的具体措施，针对这些措施，采用帕累托法进行分析，分析结果见表 4 - 18 和图 4 - 17，其中影响程度较深的 A 类具体措施有：

（1）搭建家庭、学校、社区三方共同参与的体质健康大数据平台，目的是反映学生体质健康状况及变化趋势。

（2）将课堂教学内容作为课外体育活动的主要内容，保障课堂所学的运动技能获得充分练习与提高。

（3）进一步完善学校、社区体育竞赛体系，加强体育健身场地建设，学校、社区体育健身场地对青少年开放力度需进一步加强。

（4）对课外体育活动练习的内容定期进行竞赛展示，让学生学习到的运动技能获得更多的展示机会，促进其运动技能的提高。

（5）学校体育伤害事故责任归属仍需进一步明确，教育行政部门需纳入责任主体范围之内，为校方减压，积极引入社会保险机制，学校、社会、家庭三方共同承担学校体育伤害事故责任。

（6）学校要建立学生体质健康状况公示制度，完善学生体质健康监测体系，赋予家长和社会监督的权利。

（7）建立"体育家庭作业"制度，学校、社区、家庭协同配合共同保障该制度的实施，使学生在校外也能积极投入到体育锻炼中去。

（8）以生为本，制定学校、社区、家庭共同参与个性化的运动处方，使运动更加科学有效。

B 类主要有：进一步加强教育行政部门在人、财、物等方面的投入，积极引导社会和个人资本对学校体育的投入。

C 类主要有：

（1）对学生在课内外体育锻炼中获得的运动技能进行等级评价，提高学生参与体育锻炼的积极性。

（2）校方需加强对学生体质健康的管理和宣传，使体质健康评价标准更加透明化。

表4－18　提升学生体质健康状况具体措施频数统计表

具体措施	编号	选中频数（个）	占回答数比例（％）	累计百分比（％）
搭建家庭、学校、社区三方共同参与的体质健康大数据平台，目的是反映学生体质健康状况及变化趋势	A	44	10.3	10.3
将课堂教学内容作为课外体育活动的主要内容，保障课堂所学的运动技能获得充分练习与提高	B	43	10.0	20.3
进一步完善学校、社区体育竞赛体系，加强体育健身场地建设，学校、社区体育健身场地对青少年开放力度需进一步加强	C	43	10.0	30.3
对课外体育活动练习的内容定期进行竞赛展示，让学生学习到的运动技能获得更多的展示机会，促进其运动技能的提高	D	42	9.8	40.1
学校体育伤害事故责任归属仍需进一步明确，教育行政部门需纳入责任主体范围之内，为校方减压，积极引入社会保险机制，学校、社会、家庭三方共同承担学校体育伤害事故责任	E	42	9.8	49.9
学校要建立学生体质健康状况公示制度，完善学生体质健康监测体系，赋予家长和社会监督的权利	F	41	9.6	59.5
建立"体育家庭作业"制度，学校、社区、家庭协同配合共同保障该制度的实施，使学生在校外也能积极投入到体育锻炼中去	G	40	9.3	68.8
以生为本，制定学校、社区、家庭共同参与个性化的运动处方，使运动更加科学有效	H	36	8.4	77.2
进一步加强教育行政部门在人、财、物等方面的投入，积极引导社会和个人资本对学校体育的投入	I	33	7.7	84.9
对学生在课内外体育锻炼中获得的运动技能进行等级评价，提高学生参与体育锻炼的积极性	J	32	7.5	92.4
校方需加强对学生体质健康的管理和宣传，使体质健康评价标准更加透明化	K	32	7.5	100.0
合计		428	100.0	

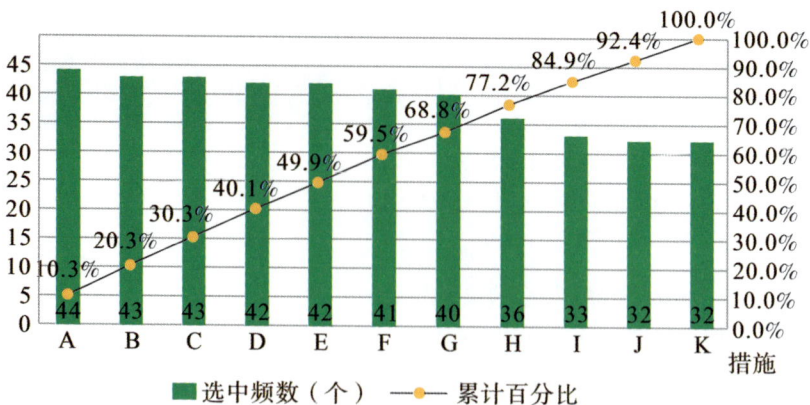

图 4 - 17　提升学生体质健康状况具体措施的帕累托分析

结　语

由分析可知，目前广东省 7 ~ 18 岁中小学生体质健康状况整体呈好转趋势，但下降势头并未得到根本性的扭转。

（1）身体形态整体发育状况良好，BMI 均处于正常水平，与全国平均水平差距在逐渐缩小。

（2）身体机能状况有所好转，但上升幅度较小，肺活量整体水平略高于全国水平，但与《国标》中的优秀水平仍然存在较大的差距。

（3）身体素质状况存在好转的趋势，其中男生速度素质与全国水平基本持平，女生速度素质高于全国水平，但与《国标》中的优秀水平也存在较大的差距。从整体情况来看，男女生的柔韧素质和力量素质均好于全国水平，但与《国标》中的良好水平尚有一定的差距。耐力素质略高于全国水平，处于《国标》中的及格水平，但与良好和优秀水平差距仍然较大。

（4）从《国标》评定等级中可以看出，广东省最近几年的学生体质健康工作取得了较好的成绩，学生体质健康的优秀率、良好率、及格率均呈现了上升的趋势，不及格率得到了一定遏制，逐渐呈下降趋势。

（5）通过对学校、家庭、个人、社区这个四个维度的分析发现，影响广东省中小学生体质健康的主要因素有：

①学校体育伤害事故责任归属的界定、体育课与课外体育活动关联度、学校领导对学校体育重视程度、体育课开课率、学校体育社团组织及竞赛体系、学校的升学率等是影响中小学生体质健康的主要学校因素。

②家长指导孩子进行体育锻炼的能力、家庭参与社区体育活动的情况、家长参与学校体育活动的次数、家庭成员的锻炼习惯和家长对于体质健康标准知晓度

等是影响中小学生体质健康的主要家庭因素。

③科学的锻炼习惯、参与体育运动的自觉性、参与体育运动的计划性、每日上网或玩手机的时间、良好的人际关系、睡眠状况等是影响中小学生体质健康的主要个人因素。

④社会体育场馆对学生的开放程度、社区组织青少年体育活动的能力、社区体育指导员指导频率、社区周边健身场所的覆盖率、社区体育锻炼的氛围等是影响中小学生体质健康的主要社区因素。

第五章　广东省青少年体育锻炼"知信行"模式的建立

第一节　概　述

一、"知信行"模式的内涵

"知信行"（Knowledge Attitude Practice，KAP）干预模式简称"知信行"模式，是英国人科斯特于20世纪60年代提出的行为改变理论。[①] 它是改变人类健康相关行为的模式之一，也是一种行为干预理论，它将人类行为的改变分为获取知识、产生信念及形成行为三个连续环节。知（知识和认知）是基础，信（信念和态度）是动力，行（行为）是目标，而信念在认知和行为之间起到的是中介作用。人们对现实一般采取积极的态度，对知识进行学习，形成一定的信念和态度，从而支配人的行为。

将"知信行"作为一种理论运用到体育锻炼行为中的研究文献较少。本章利用"知信行"模式，对学生体育锻炼行为的过程进行讨论，针对过程中不同的影响因素进行干预，使学生的思想发生转变，形成长期的锻炼动机，并能够长期稳定地参与体育锻炼，本章的重点是建立和完善体育锻炼行为促进的"知信行"模式路径图。

二、调查对象与研究方法

（一）研究对象

本章的研究对象为中小学生体育锻炼知识、态度和行为。以广州市、潮州

---

① 汝骅，学校健康教育"知信行模式"理论与实践［M］. 北京：中国轻工业出版社，2011.

市、佛山市顺德区三地的小学、初中、高中共 30 所学校的 3 116 名学生为调查对
象，由于顺德区是此次课题实验的中心区，因此选取调查对象的样本相对较多。
调查对象的基本情况如下：

表 5 - 1　调查对象基本情况统计表

项目		潮州市	广州市	佛山市顺德区	合计
性别	男	452 (14.5)	430 (13.8)	753 (24.2)	1 635 (52.5)
	女	406 (13.0)	436 (14.0)	639 (20.5)	1 481 (47.5)
年级	四年级	98 (3.1)	94 (3.0)	170 (5.5)	362 (11.6)
	五年级	86 (2.8)	83 (2.7)	176 (5.6)	345 (11.1)
	六年级	88 (2.8)	86 (2.8)	178 (5.7)	352 (11.3)
	初一	98 (3.1)	106 (3.4)	149 (4.8)	353 (11.3)
	初二	101 (3.2)	114 (3.7)	133 (4.3)	348 (11.2)
	初三	94 (3.0)	106 (3.4)	156 (5.0)	356 (11.4)
	高一	71 (2.3)	70 (2.2)	111 (3.6)	252 (8.1)
	高二	101 (3.2)	92 (3.0)	150 (4.8)	343 (11.0)
	高三	121 (3.9)	115 (3.7)	169 (5.4)	405 (13.0)
是否独生子女	是	244 (7.8)	227 (7.3)	402 (12.9)	873 (28.0)
	不是	614 (19.7)	639 (20.5)	990 (31.8)	2 243 (72.0)
家庭居住地	城市	446 (14.3)	304 (9.8)	560 (18.0)	1 310 (42.1)
	县城	44 (1.4)	81 (2.6)	180 (5.8)	305 (9.8)
	乡镇	171 (5.5)	285 (9.1)	405 (13.0)	861 (27.6)
	农村	197 (6.3)	196 (6.3)	247 (7.9)	640 (20.5)
健康状况	良好	586 (18.8)	647 (20.8)	1 140 (36.6)	2 373 (76.2)
	一般	241 (7.7)	196 (6.3)	229 (7.3)	666 (21.3)
	较差	27 (0.9)	21 (0.7)	17 (0.5)	65 (2.1)
	很差	4 (0.1)	2 (0.1)	6 (0.2)	12 (0.4)

注：青少年人数 = 3 116。括号外单位为人，括号内单位为%。

（二）研究方法

1. 文献资料法

通过阅读关于体育锻炼行为方面的期刊论文、专著、会议报告等，了解目前
体育锻炼行为研究的现状和发展趋势，对研究相对薄弱的环节进行重点思考和探

讨，以期对中小学生参与体育锻炼，并能够坚持体育锻炼起到一定的促进作用。文献查阅途径主要有图书馆查找有关的纸质文献；利用互联网查阅相关电子文献资料，如中国期刊网数据库、万方数据库、优阅外文电子书库、PubMed 运动医学外文数据库等。

2. 问卷调查法

（1）问卷的设计。

问卷的主要内容包括体育锻炼知识、体育锻炼态度、体育锻炼行为，主要了解学生参与体育锻炼的兴趣、态度和行为，探析中小学生体育锻炼行为的现状以及体育锻炼知识、态度和行为之间的关系。问卷还包括影响中小学生体育锻炼行为的因素，意在通过这些因素找出促进体育锻炼行为的对策与方法，建立完整的"知信行"模式路径图。

（2）问卷效度检验。

通过相关领域专家对问卷进行修改和效度检验，审阅问卷的问题设计是否具有代表性，然后根据专家意见对问卷进行修订，得出最终的调查问卷。专家效度检验结果如表 5 - 2。

表 5 - 2　问卷总体效度专家检验结果统计

	专家人数	非常有效	有效	基本有效	不太有效	完全无效
结构	9	5	2	1	1	0
内容		5	1	2	1	0

由表 5 - 2 数据可知，专家对问卷总体结构以及内容的效度评价为基本有效及以上的均达到 88.9%。根据问卷效度检验的标准和要求，可知该问卷效度较好，可以用来进行调查研究。

（3）问卷的发放与回收。

主要采用分层抽样与随机抽样相结合的方法，抽取广州市、潮州市、佛山市顺德区的小学、初中、高中共 30 所学校的 79 个班级进行问卷发放，各市的学校分布也包含了市区、城镇和农村，共计发放问卷 3 450 份，回收 3 152 份，有效问卷 3 116 份，回收率 91.4%，有效回收率为 90.3%。问卷由调查员当场发放，学生填写后当场收回。

（4）问卷信度检验。

本次问卷由体育锻炼知识、体育锻炼态度、体育锻炼行为和体育锻炼影响因素四部分组成，对于自编量表"体育锻炼态度"和"影响锻炼因素"的内部一致性检验结果如表 5 - 3、5 - 4 所示。根据学者 DeVellis 的观点，α 系数值介于 0.65 至 0.70 间可以接受，0.70 至 0.80 间相当好，0.80 至 0.90 之间非常好。[①]

---

① 吴明隆. 问卷统计分析实务：SPSS 操作与应用 [M]. 重庆：重庆大学出版社，2010：237.

体育态度量表和影响锻炼因素量表的 α 系数分别为 0.855 和 0.928，标准化的内部一致性 α 系数值分别为 0.862 和 0.928，由此可知本次问卷中所采用的量表可靠性非常好，问卷数据具有可靠性。对于问卷的整体信度则采用重测法，问卷回收两周后，再次向广东顺德德胜学校发放问卷，对两次问卷的数据结果进行相关性分析，相关系数达到 0.91，显著性检验值 $p < 0.01$，证明问卷具有较高的信度，可以用来进行分析。

表 5 - 3　体育态度量表可靠性统计

α 系数	基于标准化项的 α 系数	项数
0.855	0.862	8

表 5 - 4　影响锻炼因素量表可靠性统计

α 系数	基于标准化项的 α 系数	项数
0.928	0.928	15

3. 数理统计法

首先运用 Excel 2007 录入数据，同时对数据中的体育锻炼知识、体育锻炼态度和体育锻炼行为以及影响体育锻炼的因素等多项结果进行数据处理，计算最终得分；其次运用 SPSS 17.0 软件包进行相关分析，探讨体育锻炼知识、态度和行为之间的相关性；最后再进行回归分析得出体育锻炼知识、态度对体育锻炼行为的影响情况，即对体育锻炼行为预测作用的大小。

第二节　广东省青少年体育锻炼"知信行"现状分析

一、青少年体育锻炼知识掌握的现状

所谓知，即知识（Knowledge），是指以概念、判断、推理、假说以及预见等思维形式和范畴体系表现出来的常识性、科学性的认识。[①] 本章所说的体育锻炼知识是指学生对体育锻炼这个特殊体的认识。问卷关于体育锻炼知识的内容共包含 8 个题目，分别记为 A1 ~ A8。题目来源于体育与健康课程对体育锻炼的一些常识性介绍，每道题目答对计 1 分，答错计 0 分，最后所得总分之和为该学生的体育锻炼知识得分，理论上最低得分 0 分，最高得分 8 分，其结果见表 5 - 5。

---

① 金炳华等. 马克思主义哲学大辞典［M］. 上海：上海辞书出版社，2003.

表5-5 体育锻炼知识现状分析统计表

项目得分		0	1	2	3	4	5	6	7	8	合计
性别	男	10 (0.6)	37 (2.3)	75 (4.6)	114 (7.0)	138 (8.4)	243 (14.9)	338 (20.7)	416 (25.4)	264 (16.1)	1635 (52.5)
	女	8 (0.5)	26 (1.8)	56 (3.8)	88 (5.9)	100 (6.8)	157 (10.6)	306 (20.7)	429 (29.0)	311 (21.0)	1481 (47.5)
年级	四	1 (0.3)	13 (3.6)	30 (8.3)	55 (15.2)	41 (11.3)	74 (20.4)	84 (23.2)	47 (13.0)	17 (4.7)	362 (11.6)
	五	9 (2.6)	18 (5.2)	46 (13.3)	55 (15.9)	61 (17.7)	63 (18.3)	51 (14.8)	34 (9.9)	8 (2.3)	345 (11.1)
	六	1 (0.3)	12 (3.4)	27 (7.7)	39 (11.1)	54 (15.3)	74 (21.0)	77 (21.9)	55 (15.6)	13 (3.7)	352 (11.3)
	初一	4 (1.1)	7 (2.0)	11 (3.1)	26 (7.4)	54 (15.3)	98 (27.8)	119 (33.7)	30 (8.5)	4 (1.1)	353 (11.3)
	初二	0 (0)	8 (2.3)	10 (2.9)	17 (4.9)	47 (13.5)	101 (29.0)	112 (32.2)	53 (15.2)	0 (0)	348 (11.2)
	初三	2 (0.6)	4 (1.1)	7 (2.0)	10 (2.8)	15 (4.2)	67 (18.8)	134 (37.6)	117 (32.9)	0 (0)	356 (11.4)
	高一	4 (1.6)	2 (0.8)	8 (3.2)	11 (4.4)	20 (7.9)	49 (19.4)	74 (29.4)	84 (33.3)	0 (0)	252 (8.1)
	高二	3 (0.9)	4 (1.2)	12 (3.5)	9 (2.6)	20 (5.8)	56 (16.3)	125 (36.4)	112 (32.7)	2 (0.6)	343 (11.0)
	高三	7 (1.7)	3 (0.7)	5 (1.2)	9 (2.2)	33 (8.1)	61 (15.1)	145 (35.8)	141 (34.8)	1 (0.2)	405 (13.0)

注：青少年人数=3 116。括号外单位为人，括号内单位为%。

表5-5显示，在体育锻炼知识层面的得分上，女生的高分率（6分及以上）稍大于男生，初中生高分率大于小学和高中的学生；同时女生的低分率（小于3分）要小于男生，初中生的低分率要小于小学生和高中生。测试结果发现，仍然存在0分的学生，且男生要多于女生，小学要多于初中和高中。通过表5-5可以看出，体育知识总得分最高为8分，最低为0分，平均分5.86分。从统计结果来看，女生的知识掌握程度要比男生好，初中生的知识掌握程度要比小学生和高中生好，整体正确率比较乐观。说明学生对体育锻炼知识的掌握情况良好，大部分学生能够了解和掌握体育锻炼的相关知识，以及如何进行科学的体育锻炼。但依然有少部分学生得0分或者1分，说明存在"一无所知"的情况，即不能够正确认识和理解体育锻炼的相关知识以及体育锻炼的方法。

表5－6 体育锻炼知识描述统计量表

	人数	极小值	极大值	和	均值	标准差
体育知识	3 116	0	8	18 262	5.86	1.842
有效人数（列表状态）	3 116					

二、青少年体育锻炼态度现状

所谓信，即态度（Attitude）。态度在学术界的定义多种多样，人们广泛接受的要数弗里德曼（Freedman）的定义。他认为"态度是个体对某一特定事物、观念或他人稳固的认知、情感和行为倾向三个成分组成的心理倾向"[①]。

体育锻炼态度是指人们对体育锻炼行为所持有的一种消极或者积极的稳定的心理倾向。关于体育锻炼态度的统计分析，本章利用自编体育锻炼态度量表测试，量表共8个条目，分别记为B1～B8，每个条目分别根据调查者的不同感受程度，从完全同意到完全不同意进行五级评分，依次记为5、4、3、2、1，个别反向题经过处理之后计算得分，每位调查者的最终态度得分为8个题目得分之和。具体见表5－7和表5－8。

表5－7 体育锻炼态度描述统计量表

	人数	极小值	极大值	和	均值	众数	标准差
体育态度	3 116	8	40	98 646	31.66	40	6.314
有效人数（列表状态）	3 116						

表5－8显示，在所有的调查者中，能够认识到体育锻炼的价值，理解体育锻炼所带来的作用和意义的，即对体育锻炼抱有积极态度的人占据大多数。在五级评分中，无论是不同性别，还是不同年级，选择等级4和5的人数都远远大于选择其他等级的。这也充分说明虽然不同性别和不同年级的学生对体育知识的理解有所差别，但总体的认识观和价值观还是比较接近。而且通过表5－7可以看出，在所有的8道题目中，得到最高分40分的人数比例最大，说明大多数人对这些体育价值的描述持强烈赞同意见。也有少数的学生选择了等级1和2，即不赞同这些观点，说明还有少部分学生没能认识到体育锻炼的重要性，有可能是因为这些观点本身没有全面细致的概括体育锻炼的价值和意义，也不能排除有极少数的学生确实觉得体育锻炼对人的健康或者生活没有太大作用。总的来看，目前大多数学生对体育锻炼持积极态度，能够理解和意识到体育锻炼对身体健康的益

---

① 弗里德曼，西尔斯，卡尔史密斯. 社会心理学［M］. 高地，高佳，等译. 哈尔滨：黑龙江人民出版社，1984.

处。不容忽视的问题是，依然还有学生不能很好地认识到体育锻炼对身体健康的重要意义，不能正确认识体育锻炼的价值，对体育锻炼持消极态度，即存在"知而不信""无知无信"的情况。

表5-8 体育锻炼态度现状统计表

（单位：人）

		B1					B2					B3					B4				
		1	2	3	4	5	1	2	3	4	5	1	2	3	4	5	1	2	3	4	5
性别	男	30	109	130	312	1 054	40	134	188	402	871	179	321	384	326	425	76	135	286	443	695
	女	32	52	117	298	982	28	98	173	404	778	114	266	365	332	404	48	108	274	452	599
年级	四	11	30	38	76	207	14	41	51	103	153	34	97	79	63	89	22	50	76	92	122
	五	15	38	56	82	154	12	56	60	74	143	35	94	94	63	59	28	59	83	86	89
	六	10	39	23	71	209	12	55	40	89	156	38	59	94	91	70	23	34	77	115	103
	初一	12	19	37	53	232	14	29	44	86	180	39	65	69	93	87	16	32	77	93	135
	初二	4	10	21	72	241	5	11	38	89	205	28	52	90	75	103	7	16	52	113	160
	初三	1	6	17	71	261	0	9	38	93	216	25	46	73	82	130	8	11	56	104	177
	高一	2	3	23	53	171	2	7	31	62	150	14	29	68	63	78	6	10	47	70	119
	高二	2	11	15	61	254	2	11	26	102	202	20	62	88	58	115	4	15	48	97	179
	高三	5	5	17	71	307	7	13	33	108	244	60	83	94	70	98	10	16	44	125	210
合计		62	161	247	610	2 036	68	232	361	806	1 649	293	587	749	658	829	124	243	560	895	1 294

		B5					B6					B7					B8				
		1	2	3	4	5	1	2	3	4	5	1	2	3	4	5	1	2	3	4	5
性别	男	57	141	273	413	751	80	189	405	417	544	51	97	199	455	833	64	137	261	468	705
	女	54	129	273	387	638	71	197	404	395	414	45	67	208	463	698	55	144	300	479	503
年级	四	26	54	74	83	125	26	61	120	83	72	17	34	55	91	165	27	47	70	97	121
	五	20	62	61	91	111	53	69	97	83	43	25	31	52	97	140	34	53	61	99	98
	六	22	46	71	96	117	21	59	89	110	73	23	19	44	103	163	22	46	73	111	94
	初一	19	29	68	87	150	22	37	94	97	103	13	22	40	99	179	11	32	58	132	120
	初二	3	22	57	88	178	9	38	82	79	140	4	13	33	112	186	4	21	57	95	171
	初三	1	13	45	100	197	3	35	96	93	147	0	13	37	99	207	1	25	50	117	163
	高一	3	15	53	56	125	0	30	76	63	83	4	9	40	86	113	6	24	59	73	90
	高二	4	11	51	84	193	8	29	85	87	134	4	14	44	104	177	4	21	55	102	161
	高三	13	18	66	115	193	7	28	90	117	163	6	9	62	127	201	4	12	78	121	190
合计		111	270	546	800	1 389	151	386	809	812	958	96	164	407	918	1 531	119	281	561	947	1 208

三、青少年体育锻炼行为现状分析

本章对体育锻炼行为的描述主要是从每周锻炼的次数、每次锻炼的时间和每次锻炼的强度三个方面进行测量。在统计分析中，根据体育锻炼的频率多少、时间长短和强度高低以4、3、2、1四个等级进行计分。体育锻炼行为的表示按运动训练学中运动负荷的计算公式表达，即运动负荷量＝体育锻炼的频率×每次锻炼的时间×每次锻炼的强度。本章对体育锻炼行为三个方面的现状进行了描述性统计分析，结果显示，中小学生每周体育锻炼次数在1~2次、3~5次、5次以上的人数分别为1 195人（38.4%）、1 142人（36.6%）、589人（18.9%）；而每周不进行体育锻炼的人只有6.1%。

在锻炼时间上，中小学生每次锻炼时间在31~60分钟的比例最大，为40.2%，但依然还有9.4%的学生每次的锻炼时间小于15分钟，如果这部分学生的锻炼强度再不提高的话，就难以达到教育行政部门所规定的锻炼时间和强度的要求。在锻炼程度上，每次锻炼程度为中等出汗的人数最多，为1 432人（46.0%）。其次是大量出汗的人数，为865（27.8%），还有8.6%的学生表示，每次锻炼根本没有出汗。

表5-9　体育锻炼行为现状统计表

行为描述		频数（个）	百分比（%）
每周锻炼的次数	0 次	190	6.1
	1~2 次	1 195	38.4
	3~5 次	1 142	36.6
	5 次以上	589	18.9
每次锻炼的时间	少于 15 分钟	294	9.4
	15~30 分钟	986	31.6
	31~60 分钟	1 254	40.2
	60 分钟以上	582	18.7
每次锻炼的强度	无感觉，不出汗	269	8.6
	微微出汗	550	17.7
	中等出汗	1 432	46.0
	大量出汗	865	27.8

注：青少年人数＝3 116。

通过对学生体育锻炼行为的整体状况分析，我们不难发现，现在依然有一部分学生没有达到教育行政部门所要求的锻炼时间标准和强度水平，甚至还有部分学生每周根本不进行课外体育锻炼，即存在"信而不行"的状况。这是由于学生的自我锻炼意识不够，还是缺乏体育锻炼的兴趣？抑或是有其他的客观因素，尚待进一步研究。

（一）不同性别的学生体育锻炼行为的现状

通过对调查对象的性别与体育锻炼行为的统计学分析可知，无论是锻炼时间，还是锻炼强度均存在一定的差距。

表 5 - 10　性别与体育锻炼行为现状统计表

项目		男生	女生
每周锻炼的次数	0 次	109 (6.7)	81 (5.5)
	1~2 次	615 (37.6)	580 (39.2)
	3~5 次	581 (35.5)	561 (37.9)
	5 次以上	330 (20.2)	259 (17.5)
每次锻炼的时间	少于 15 分钟	122 (7.5)	172 (11.6)
	15~30 分钟	516 (31.6)	470 (31.7)
	31~60 分钟	667 (40.8)	587 (39.6)
	60 分钟以上	330 (20.2)	252 (17.0)
每次锻炼的强度	无感觉，不出汗	149 (9.1)	120 (8.1)
	微微出汗	293 (17.9)	257 (17.4)
	中等出汗	694 (42.4)	738 (49.8)
	大量出汗	499 (30.5)	366 (24.7)

注：青少年人数 = 3 116，男生人数 = 1 635，女生人数 = 1 481。括号外单位为人，括号内单位为%。

表 5 - 10 显示，男女学生每周体育锻炼 1~2 次的人数占比最多，其中男生为 37.6%，女生为 39.2%；每周不参加体育锻炼的男生比例（6.7%）要比女生（5.5%）稍高；而在每周参加 3~5 次体育锻炼的人数比例上，女生要比男生稍高；每周参加 5 次以上体育锻炼的男生人数明显比女生多，分别占各自性别的 20.2% 和 17.5%。这说明相对于女生而言，男生更喜欢参加体育锻炼，锻炼的次数也相对偏多。

每次体育锻炼的时间少于 15 分钟的人数中，女生（11.6%）比例要比男生（7.5%）多；每次锻炼时间为 15~30 分钟的人数中，女生（31.7%）比例与男生（31.6%）较为接近，而锻炼时间在 30 分钟以上的，男生比例为 61.0%，女生为 56.6%，说明男生每次锻炼的时间要比女生长。

锻炼的强度上，每次锻炼强度为无感觉和微微出汗的人数当中，男女比例相差不大；中等出汗的人数当中，女生（49.8%）比例高于男生（42.4%）；在大量出汗的人数当中，男生（30.5%）比例要大于女生（24.7%）。数据表明，在锻炼的强度上，女生较倾向于中小强度的锻炼，以达到出汗的目的，而男生比女生更倾向于大强度的锻炼，更喜欢大量出汗的快感。

（二）不同年级的学生体育锻炼行为的现状

表5-11数据显示，除体育课外，四年级、五年级、六年级、初一、初二、初三、高一、高二、高三年级的学生在每周锻炼的次数方面差异较大，每周没有参与体育锻炼的人数比例分别为7.2%、13.0%、11.1%、4.8%、3.2%、1.7%、5.6%、2.6%、5.7%。总体上，五、六年级学生的比例要明显高于其他年级学生的比例；九个年级中，学生每周锻炼的次数达到3次或以上的，比例最高的是高三年级（67.9%）；相反小学阶段的学生每周锻炼次数超过3次的人数比例比较低，可能是小学阶段的学生自主能力比较差，掌握体育知识相对较少，对体育锻炼的认识不足，体育意识不强，忽视了体育锻炼重要性的缘故。

每次锻炼的时间上，少于15分钟的学生人数比例较小，所有年级均没有超过20%；除五年级（42.3%）比例最大的是每次锻炼15~30分钟外，其余八个年级比例最大的均为每次锻炼31~60分钟；每次锻炼的时间超过60分钟的学生占比也比较低，除初二（25.3%）、初三（27.5%）和高二（25.4%）超过20%外，其余均低于20%。

在锻炼的强度上，九个年级中占比最多的锻炼强度都是中等出汗，比例分别为四年级（41.4%）、五年级（44.3%）、六年级（40.9%）、初一（43.9%）、初二（47.4%）、初三（55.1%）、高一（44.8%）、高二（47.8%）、高三（47.4%），其中初三年级超过了50%；而锻炼程度为无感觉的学生也占据了一定的比例，说明在这些学生中，依然还有一部分学生每次的运动量和运动强度比较低，或者说基本上没有参加体育锻炼。

表5-11　年级与体育锻炼行为现状统计表

锻炼情况		四年级	五年级	六年级	初一	初二	初三	高一	高二	高三
每周锻炼次数	0次	26 (7.2)	45 (13.0)	39 (11.1)	17 (4.8)	11 (3.2)	6 (1.7)	14 (5.6)	9 (2.6)	23 (5.7)
	1~2次	149 (41.2)	147 (42.6)	154 (43.8)	153 (43.3)	147 (42.2)	111 (31.2)	106 (42.1)	121 (35.3)	107 (26.4)
	3~5次	118 (32.6)	110 (31.9)	115 (32.6)	125 (35.5)	129 (37.1)	156 (43.8)	86 (34.1)	144 (42.0)	159 (39.3)
	5次以上	69 (19.0)	43 (12.5)	44 (12.5)	58 (16.4)	61 (17.5)	83 (23.3)	46 (18.2)	69 (20.1)	116 (28.6)

（续上表）

锻炼情况		四年级	五年级	六年级	初一	初二	初三	高一	高二	高三
每次锻炼时间	少于15分钟	32 (8.8)	57 (16.5)	39 (11.1)	37 (10.5)	21 (6.0)	14 (4.0)	24 (9.5)	19 (5.5)	51 (12.6)
	15~30分钟	130 (35.9)	146 (42.3)	127 (36.1)	113 (32.0)	103 (29.6)	98 (27.5)	712 (28.2)	75 (21.9)	123 (30.4)
	31~60分钟	134 (37.1)	103 (29.9)	138 (39.2)	159 (45.0)	136 (39.1)	146 (41.0)	121 (48.0)	162 (47.2)	155 (38.2)
	60分钟以上	66 (18.2)	39 (11.3)	48 (13.6)	44 (12.5)	88 (25.3)	98 (27.5)	36 (14.3)	87 (25.4)	76 (18.8)
每次锻炼程度	无感觉	39 (10.8)	61 (17.7)	56 (15.9)	22 (6.2)	19 (5.5)	13 (3.6)	15 (6.0)	9 (2.7)	35 (8.6)
	微微出汗	85 (23.5)	77 (22.3)	63 (17.9)	84 (23.8)	45 (12.9)	37 (9.6)	51 (20.2)	44 (12.8)	67 (16.6)
	中等出汗	150 (41.4)	153 (44.3)	144 (40.9)	155 (43.9)	165 (47.4)	196 (55.1)	113 (44.8)	164 (47.8)	192 (47.4)
	大量出汗	88 (24.3)	54 (15.7)	89 (25.3)	92 (26.1)	119 (34.2)	113 (31.7)	73 (29.0)	126 (36.7)	111 (27.4)

注：青少年人数 = 3 116。括号外单位为人，括号内单位为%。

第三节　体育锻炼"知信行"模式图的提出与建立

一、体育锻炼"知信行"模式预测路径图的提出与研究假设

体育锻炼知识是指青少年对体育锻炼这个特殊体的科学认识。一般情况下，掌握知识的多少能够决定个人的价值观和思想意识。同样，体育锻炼知识的理解和掌握程度，对形成体育锻炼意识也具有重要作用。体育锻炼态度是指人们对体育锻炼行为所持有的一种消极的或者积极的稳定的心理倾向，如果一个人对体育锻炼的认识越积极，就越有可能形成积极的体育锻炼态度。体育锻炼行为是体育锻炼知识和体育锻炼态度最终反映，积极的体育锻炼态度很大程度上能决定一个人最终的行为走向，对体育锻炼知识的理解程度越高，形成锻炼欲望越强，就越能激发学生主动参与体育锻炼的积极性。

鉴于此，本章结合心理学知、情、意、行的心理过程，提出体育锻炼"知信行"相互关系的预测路径图，即体育锻炼行为来源于对体育锻炼知识的认识和态

度的改变，因此提出如下假设，假设一：体育锻炼知识能够正向影响体育锻炼态度；假设二：体育锻炼态度能够正向影响体育锻炼行为；假设三：体育锻炼知识能够正向影响体育锻炼行为；假设四：体育锻炼知识能够通过体育锻炼态度的中介作用，正向影响体育锻炼行为。概念假设模型如图5-1所示。

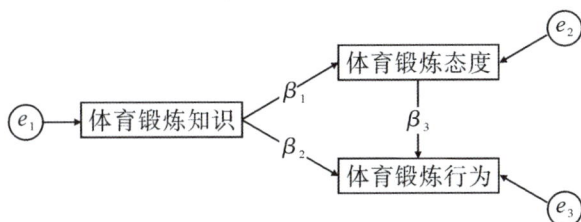

图5-1　体育锻炼"知信行"模式预测路径图

图中β_1、β_2、β_3分别为相邻两个变量之间的预测值，即路径系数值，箭头代表预测作用方向；e_1、e_2、e_3分别为三个变量对应的误差变量，鉴于目前所学知识程度和统计难度，暂时忽略误差变量的影响作用。

二、体育锻炼"知信行"的相关分析

上文提出了体育锻炼"知信行"模式预测路径图，要验证这个预测路径图，首先必须要证明这个路径图中的各个因素之间具有相关性。对此，本章对体育锻炼知识、态度和行为进行了相关分析，见表5-12。

表5-12　体育锻炼"知信行"相关性统计表

		体育知识	锻炼态度	锻炼行为
体育知识	Pearson 相关性	1	0.603[**]	0.497[**]
	显著性（双侧）		0.000	0.000
	n	3 116	3 116	3 116
锻炼态度	Pearson 相关性	0.603[**]	1	0.660[**]
	显著性（双侧）	0.000		0.000
	n	3 116	3 116	3 116
锻炼行为	Pearson 相关性	0.497[**]	0.660[**]	1
	显著性（双侧）	0.000	0.000	
	n	3 116	3 116	3 116

注：[**]表示在0.01水平（双侧）上显著相关。

根据相关性分析中相关系数 r 值的要求，即 $|r| \geq 0.7$ 为高度相关，$0.4 \leq |r| < 0.7$ 为中度相关，$|r| < 0.4$ 为低度相关，若样本量 n 足够大（大于500），即使 r 值很小，也一样可以得出具有显著性的结论。[①] 表 5 - 12 显示体育锻炼知识与体育锻炼态度、体育锻炼行为具有显著性正相关，相关系数 r 分别为 0.603、0.497，显著性检验值 p 均小于 0.01；体育锻炼态度与体育锻炼行为也具有显著性正相关，系数 r 为 0.660，显著性 $p < 0.01$。以上数据表明，可以初步确立体育锻炼知识、态度和行为间的相关关系。

三、体育锻炼"知信行"的回归分析

回归分析是探讨自变量对一个因变量的影响程度，其中的自变量也称为预测变量，因变量又称校标变量，其主要目的在于对校标变量的描述、解释和预测。[②] 采用回归分析对体育锻炼知识、态度与行为进行分析，验证这三者间的预测关系。体育锻炼知识、态度和行为的预测作用主要包含两个方面：一是体育锻炼知识对体育锻炼态度的预测，二是体育锻炼知识和体育锻炼态度对体育锻炼行为的预测。因此，此部分需要建立两个回归模型，体育锻炼知识与体育锻炼态度回归分析结果如下：

表 5 - 13 为体育锻炼知识和态度回归分析模型表，表中 R 表示预测变量体育锻炼知识与校标变量体育锻炼态度的相关系数 0.603，这与表 5 - 12 中二者的相关系数相同，R 方表示决定性系数为 0.363，表示预测变量体育锻炼知识共可解释校标变量体育锻炼态度 36.3% 的变异量。

表 5 - 13   回归模型汇总

模型	R	R 方	调整 R 方	标准估计的误差	更改统计量				
					R 方更改	F 更改	$df1$	$df2$	Sig. F 更改
1	0.603[a]	0.363	0.363	5.039	0.363	1 775.686	1	3 114	0.000

注：a 预测变量：（常量），体育知识。

回归模型的方差分析如表 5 - 14 所示，变异量显著性检验的 F 值为 1 775.686，显著性检验值 $p = 0.000 < 0.01$，表明回归模型的整体解释变异量达到显著水平。

① 权德庆. 体育统计学［M］. 北京：人民体育出版社，2011.
② 吴明隆. 问卷统计分析实务：SPSS 操作与应用［M］. 重庆：重庆大学出版社，2010.

表 5 - 14　方差分析（Anova^b）

模型	平方和	df	均方	F	Sig.
回归	45 092.719	1	45 092.719	1 775.686	0.000^a
残差	79 078.597	3 114	23.395		
总计	124 171.316	3 115			

注：a 预测变量：（常量），体育知识。

b 因变量：锻炼态度。

表 5 - 15　回归系数检验^a

模型		非标准化系数		标准系数	t	Sig.
		B	标准误差	β		
1	（常量）	19.555	0.301		64.951	0.000
	体育知识	2.065	0.049	0.603	42.139	0.000

注：a 因变量：锻炼态度。

表 5 - 15 为回归模型的回归系数及其显著性检验结果。从表中我们可看出，体育锻炼知识与体育锻炼态度的标准回归系数 $\beta_1 = 0.603$，其显著性检验值 $p = 0.000 < 0.01$，说明回归系数具有显著性。吴明隆认为，标准化回归系数（β）的绝对值越大，表示该预测变量对校标变量的影响越大，其解释校标变量的变异量也会越大。[1] 依据表 5 - 13、5 - 14、5 - 15，可以初步确立体育锻炼知识和体育锻炼态度之间的预测作用路径图，如图 5 - 2 所示：

体育锻炼知识 ——0.603—→ 体育锻炼态度

图 5 - 2　体育锻炼知识、态度路径图

第二个回归模型，体育锻炼知识、态度对体育锻炼行为预测作用的回归分析，其结果如表 5 - 16 所示：

表 5 - 16　回归模型汇总

模型	R	R 方	调整 R 方	标准估计的误差	更改统计量				
					R 方更改	F 更改	df1	df2	Sig. F 更改
1	0.672^a	0.451	0.451	1.546	0.451	1 278.980	2	3 113	0.000

注：a 预测变量：（常量），锻炼态度，体育知识。

---

① 吴明隆. 问卷统计分析实务：SPSS 操作与应用 [M]. 重庆：重庆大学出版社，2010.

表5-16为体育锻炼知识、态度和体育锻炼行为的回归分析模型表，表中 R 表示两个预测变量体育锻炼知识和体育锻炼态度与校标变量体育锻炼行为的相关系数为0.672，R 方表示决定性系数为0.451，表示两个预测变量共可解释校标变量体育锻炼行为45.1%的变异量。

表5-17　方差分析（Anova[b]）

模型	平方和	df	均方	F	Sig.
回归	6 110.240	2	3 055.120	1 278.980	0.000[a]
残差	7 436.074	3 113	2.3895		
总计	13 546.314	3 115			

注：a预测变量：（常量），锻炼态度，体育知识。
b因变量：锻炼行为。

回归模型的方差分析如表5-17所示，变异量显著性检验的 F 值为1 278.980，显著性检验值 $p = 0.000 < 0.01$，说明回归模型的整体解释变异量达到显著水平。

表5-18　回归系数检验[a]

模型	非标准化系数		标准系数	t	Sig.
	B	标准误差	β		
（常量）	1.342	0.142		9.468	0.000
体育知识	0.177	0.019	0.157	9.408	0.000
锻炼态度	0.187	0.005	0.566	33.987	0.000

注：a因变量：锻炼行为。

表5-18为回归模型的回归系数及其显著性检验。从表中我们可看出，体育锻炼知识、态度与体育锻炼行为的标准回归系数分别为0.157、0.566，其显著性检验值 $p = 0.000 < 0.01$，说明回归系数具有显著性。依据表5-17、5-18，可以初步确立体育锻炼知识、体育锻炼态度与体育锻炼行为之间的预测作用路径图，如图5-3所示。

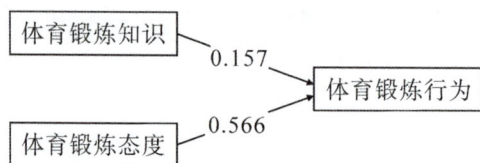

图5-3　体育锻炼知识、态度与体育锻炼行为路径图

四、体育锻炼"知信行"模式路径图的初步建立

根据图 5-2、图 5-3 以及回归分析结果，可以得出体育锻炼知信行的路径分析图（如图 5-4 所示）。通过该图可以看出，体育锻炼知识可以直接影响体育锻炼态度和体育锻炼行为，体育锻炼态度也可以直接影响体育锻炼行为，体育锻炼知识还可以通过体育锻炼态度的中介作用影响体育锻炼行为，同时也证明此前所提出的假设路径图基本成立，体育锻炼知信行之间的预测关系也存在。

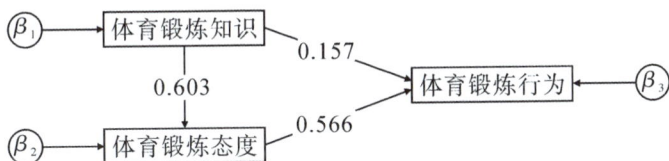

图 5-4　体育锻炼知信行模式初步路径图

在路径图中，预测变量对校标变量的预测效果一般包括直接效果和间接效果。以图 5-4 为例，体育锻炼知识对体育锻炼行为的预测总效果 = 直接效果（β_2）+ 间接效果（$\beta_1 \times \beta_3$）= 0.157 + 0.603 × 0.566 = 0.498；体育锻炼知识对体育锻炼行为的预测效果 $\beta_2 = 0.157$；体育锻炼知识对体育锻炼态度的预测效果 $\beta_1 = 0.603$；体育锻炼态度对体育锻炼行为的预测效果 $\beta_3 = 0.566$。体育锻炼知识、态度对体育锻炼行为有着非常显著的正向相关关系，可以正向预测体育锻炼行为，而体育锻炼知识同时还对体育锻炼态度具有正向预测作用。换言之，我们可以根据一个人对体育锻炼知识的掌握情况和体育锻炼的态度来大概判断他的体育锻炼行为发生情况。

第四节　体育锻炼"知信行"影响因素分析

一、体育锻炼"知信行"影响因素概述

所谓因素就是决定事物成败的原因或条件，影响因素就是能够以间接或无形的方式作用或改变事物发展趋势的原因或条件。前文中的研究结果表明，不同性别和不同年级学生的锻炼次数、时间和强度具有一定的差异，这其中必然有很多外在条件的影响。结合前人研究，本章将影响学生参与体育锻炼的 15 个指标进行聚类分析，划分为四类因素，分别是学校因素、家庭因素、社会因素和个人因

素，15 个指标分别记为 C1～C15。在统计分析中，每个影响因素的得分根据四级评分法，由相应的影响指标得分相加而成。为了给各个指标有效的归类，对 15 个指标和 4 个因素进行相关分析，结果如表 5-19 所示。

表 5-19　影响因素的相关性统计表

		C1	C2	C3	C4	C5	C6	C7	C8	C9	C10	C11	C12	C13	C14	C15
学校因素	Pearson 相关	0.843**	0.876**	0.834**	0.831**	0.532**	0.604**	0.501**	0.433**	0.579**	0.644**	0.670**	0.533**	0.616**	0.695**	0.339**
	显著性	0.000	0.000	0.000	0.000	0.000	0.000	0.000	0.000	0.000	0.000	0.000	0.000	0.000	0.000	0.000
家庭因素	Pearson 相关	0.486**	0.549**	0.548**	0.503**	0.276**	0.842**	0.891**	0.813**	0.562**	0.585**	0.561**	0.530**	0.547**	0.547**	0.290**
	显著性	0.000	0.000	0.000	0.000	0.000	0.000	0.000	0.000	0.000	0.000	0.000	0.000	0.000	0.000	0.000
社会因素	Pearson 相关	0.581**	0.646**	0.661**	0.629**	0.343**	0.593**	0.566**	0.559**	0.830**	0.851**	0.827**	0.811**	0.687**	0.687**	0.373**
	显著性	0.000	0.000	0.000	0.000	0.000	0.000	0.000	0.000	0.000	0.000	0.000	0.000	0.000	0.000	0.000
个人因素	Pearson 相关	0.588**	0.583**	0.596**	0.580**	0.411**	0.532**	0.488**	0.486**	0.581**	0.622**	0.667**	0.607**	0.842**	0.833**	0.666**
	显著性	0.000	0.000	0.000	0.000	0.000	0.000	0.000	0.000	0.000	0.000	0.000	0.000	0.000	0.000	0.000

注：** 表示在 0.01 水平（双侧）上显著相关。

　　根据相关性分析中 Pearson 相关系数 r 值的要求，结合显著性检验的 p 值要求，将 15 个指标归类为 4 个因素。学校因素包括：C1 学校有充足的体育锻炼场所、C2 经常组织各类体育比赛、C3 体育教师提供锻炼指导、C4 趣味性的体育课、C5 学习任务重 5 个指标，在分析中我们分别命名为学校空间、学校竞赛、教育指导、教学实践、教学管理。家庭因素包含：C6 父母支持、C7 父母参加体育锻炼、C8 父母为我买运动装备 3 个指标，在分析中分别命名为家长支持、家长榜样、家庭经济。社会因素包含：C9 小区组织比赛、C10 小区体育设施充足、C11 朋友和同学的影响、C12 媒体宣传到位 4 个指标，在分析中我们分别命名为社区竞赛、社区空间、锻炼榜样、社区宣传；个人因素包含：C13 自身运动技术好、C14 时间充足、C15 害怕受伤 3 个指标，分析时分别命名为体育技能、锻炼时间、价值取向。

二、不同影响因素与体育锻炼"知信行"的相关分析

为了验证不同影响因素在体育锻炼"知信行"的不同方面具体有多大的影响力度，我们对不同因素与体育锻炼"知信行"分别进行相关分析和回归分析。

表 5 - 20 体育锻炼"知信行"与不同影响因素的相关性

		学校因素	家庭因素	社会因素	个人因素
体育锻炼知识	Pearson 相关性	0.290**	0.227**	0.157**	0.232**
	显著性（双侧）	0.000	0.000	0.000	0.000
体育锻炼态度	Pearson 相关性	0.295**	0.303**	0.218**	0.238*
	显著性（双侧）	0.000	0.000	0.000	0.000
体育锻炼行为	Pearson 相关性	0.175**	0.146**	0.100**	0.133**
	显著性（双侧）	0.000	0.000	0.000	0.000

注：** 表示在 0.01 水平（双侧）上显著相关。$n = 3\,116$。

根据相关性分析中相关系数的要求，结合显著性 p 值检验，可以得出学校因素、家庭因素、社会因素、个人因素与体育锻炼知识、态度和行为均具有显著性正相关。学校因素对体育锻炼知识和体育锻炼行为影响最大，相关系数分别为 0.290、0.175，对体育锻炼态度影响最大的是家庭因素，相关系数为 0.303，显著性检验 p 值均小于 0.01，具有显著性意义。影响体育锻炼知识的第二大因素是个人因素，相关系数为 0.232；排在第二位对体育锻炼态度影响因素是学校因素，相关系数为 0.295，排在第二位对体育锻炼行为的影响因素是家庭因素，相关系数为 0.146，显著性检验 p 值也均小于 0.01，具有显著性意义。

三、不同影响因素与体育锻炼"知信行"的回归分析

本章对不同因素与体育锻炼"知信行"相关要素进行了回归分析，结果如表 5 - 21 所示。

表 5 - 21 不同因素与体育锻炼知识回归模型汇总

模型	R	R 方	调整 R 方	标准估计的误差
1	0.330[a]	0.109	0.107	1.741

注：a 预测变量：（常量），个人因素、家庭因素、学校因素、社会因素。

表 5 - 21 为不同因素与体育锻炼知识的回归分析，其中，R 表示四个预测变量个人因素、家庭因素、学校因素和社会因素与校标变量体育锻炼知识的相关系数，为 0.330，R 方表示决定性系数，为 0.109，表明四个预测变量共可解释校标变量体育锻炼知识 10.9% 的变异量。

表 5 - 22　不同因素与体育锻炼知识方差分析（Anova[b]）

模型		平方和	df	均方	F	Sig.
	回归	1 148.199	4	287.050	94.746	0.000[a]
1	残差	9 425.353	3 111	3.030		
	总计	10 573.552	3 115			

注：a 预测变量：（常量）、个人因素、家庭因素、学校因素、社会因素。
b 因变量：体育锻炼知识。

回归模型的方差分析如表 5 - 22 所示，变异量显著性检验的 F 值为 94.746，显著性检验 $p < 0.01$，说明回归模型的整体解释变异量达到显著水平。

表 5 - 23　不同因素与体育锻炼知识回归系数[a]

模型	影响因素	非标准化系数		标准系数	t	Sig.
		B	标准误差	β		
	（常量）	3.772	0.122		30.994	0.000
	学校因素	0.132	0.012	0.301	11.194	0.000
1	家庭因素	0.097	0.016	0.142	5.994	0.000
	社会因素	0.129	0.015	0.251	8.337	0.000
	个人因素	0.089	0.020	0.123	4.499	0.008

注：a 因变量：体育锻炼知识。

表 5 - 23 为回归模型的回归系数及其显著性检验。从表中我们可看出，学校、家庭、社会、个人因素与体育锻炼知识的回归系数检验值 p 均小于 0.01，具有显著性意义，具有回归关系，从而可建立相关路径图。

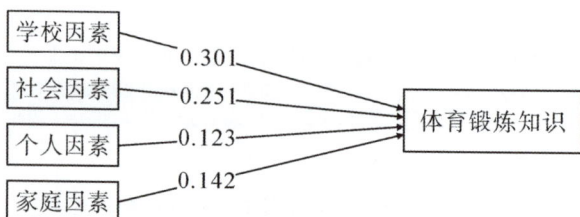

图 5 - 5　不同影响因素与体育锻炼知识路径图

表 5 - 24　不同因素与体育锻炼态度模型汇总

模型	R	R 方	调整 R 方	标准估计的误差
1	0.343[a]	0.118	0.117	5.934

注：a 预测变量：（常量）、个人因素、家庭因素、学校因素、社会因素。

　　表 5 - 24 为不同因素与体育锻炼态度的回归分析模型表。表中 R 表示四个预测变量个人因素、家庭因素、学校因素和社会因素与校标变量体育锻炼态度的相关系数，为 0.343，R 方表示决定性系数，为 0.118，表示四个预测变量共可解释校标变量体育锻炼态度 11.8% 的变异量。

表 5 - 25　不同因素与体育锻炼态度（Anova[b]）

模型		平方和	df	均方	F	Sig.
1	回归	14 614.329	4	3 653.582	103.748	0.000[a]
	残差	109 556.987	3 111	35.213		
	总计	124 171.316	3 115			

注：a 预测变量：（常量）、个人因素、家庭因素、学校因素、社会因素。
　　b 因变量：体育锻炼态度。

　　回归模型的方差分析如表 5 - 25 所示，变异量显著性检验的 F 值为 103.748，显著性检验值 $p = 0.000 < 0.01$，达到显著性意义，说明回归模型的整体解释变异量达到显著水平。

表 5 - 26　不同因素与体育锻炼态度系数[a]

模型	影响因素	非标准化系数		标准系数	t	Sig.
		B	标准误差	β		
1	（常量）	23.867	0.415		57.516	0.000
	学校因素	0.334	0.040	0.222	8.292	0.000
	家庭因素	0.551	0.055	0.235	9.993	0.000
	社会因素	0.238	0.053	0.135	4.515	0.000
	个人因素	0.108	0.068	0.043	1.592	0.111

注：a 因变量：体育锻炼态度。

　　表 5 - 26 为回归模型的回归系数及其显著性检验。从表中我们可看出，学校、家庭、社会因素与体育锻炼态度的标准回归系数显著性检验值 p 均小于 0.01，具有回归关系。而个人因素回归系数不具有显著性（$p = 0.111 > 0.05$），说明个人因素与体育锻炼态度不具有回归关系，故在建立回归模型分析时可舍去这个因素，从而建立如下路径图：

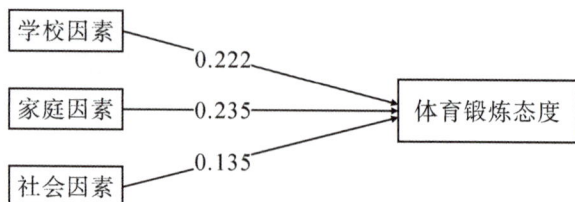

图 5 - 6　不同影响因素与体育锻炼态度路径图

表 5 - 27　不同因素与体育锻炼行为模型汇总

模型	R	R 方	调整 R 方	标准估计的误差
1	0.197[a]	0.039	0.038	2.046

注：a 预测变量：（常量）、个人因素、家庭因素、学校因素、社会因素。

表 5 - 27 为不同因素与体育锻炼行为的回归分析模型表，其中 R 表示四个预测变量个人因素、家庭因素、学校因素和社会因素与校标变量体育锻炼行为的相关系数，为 0.197，R 方表示决定性系数，为 0.039，表示四个预测变量共可解释校标变量体育锻炼行为 3.9% 的变异量。

回归模型的方差分析如表 5 - 28 所示，变异量显著性检验的 F 值为 31.443，显著性检验的 $p = 0.000 < 0.01$，说明回归模型的整体解释变异量达到显著水平。

表 5 - 28　不同因素与体育锻炼行为（Anova[b]）

模型		平方和	df	均方	F	Sig.
	回归	526.377	4	131.594	31.443	0.000[a]
1	残差	13 019.937	3 111	4.185		
	总计	13 546.314	3 115			

注：a 预测变量：（常量）、个人因素、家庭因素、学校因素、社会因素。
b 因变量：体育锻炼行为。

表 5 - 29　不同因素与体育锻炼行为系数[a]

模型	影响因素	非标准化系数		标准系数	t	Sig.
		B	标准误差	β		
	（常量）	6.863	0.143		47.976	0.000
	学校因素	0.089	0.014	0.179	6.395	0.000
1	家庭因素	0.077	0.019	0.100	4.070	0.000
	社会因素	0.078	0.018	0.134	4.290	0.000
	个人因素	0.040	0.023	0.048	1.704	0.088

注：a 因变量：体育锻炼行为。

表 5 - 29 为回归模型的回归系数及其显著性检验。从表中我们可看出，学校、家庭、社会因素与体育锻炼行为的标准回归系数显著性检验值 p 均小于 0.01，相关系数分别为 0.179、0.100、0.134，具有回归关系；个人因素回归系数不具有显著性（$p = 0.088 > 0.05$），故在建立回归模型分析时舍去个人因素，从而建立如下路径图。

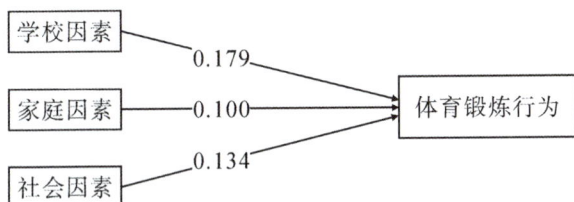

图 5 - 7　不同影响因素与体育锻炼行为路径图

四、青少年体育锻炼"知信行"模式二次路径图

经过体育锻炼"知信行"的相关分析和回归分析，不同影响因素与"知信行"的相关分析和回归分析，可以得出体育锻炼"知信行"模式二次路径图（见图 5 - 8）。路径图建立在忽略其他外界因素干扰的前提下，例如体育锻炼知识、态度和行为的影响因素显然不仅仅包含上述一些因素，而本章主要是建立在学校、家庭和社区的基础上展开讨论和分析的。通过此路径图可以看出，若要改变最终的体育锻炼行为，可以有很多途径，当然每一条途径的作用力的大小不尽相同，所以可以根据不同条件和状况，选取最合适的途径来进行引导，使学生能够养成终身体育锻炼的意识，形成长期参与体育锻炼的习惯。

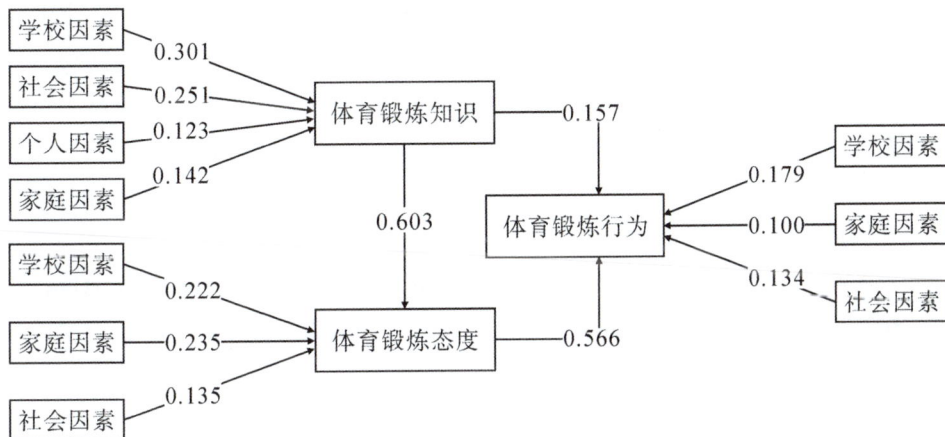

图 5 - 8　体育锻炼"知信行"模式二次路径图

自我决定理论认为，动机的类型并非完全分开，而是处在一个连续体上，因此锻炼行为的产生也是由生理、社会、心理等一系列的内外因素综合决定的。[①] 在上述路径中，针对体育锻炼知识促进体育锻炼态度这一环节中，我们不仅要求学生从自身的心理上去找出路，还应该结合学校和社区，全方面进行引导和帮助，让学生在短期内迅速接受体育，形成端正的锻炼态度，从而促进体育锻炼行为的发生。

计划行为理论也认为，意图是行为产生的必要过程，即要产生体育锻炼行为，必须先形成锻炼的意图，通俗来说就是要有参与体育锻炼的打算，也就是思想倾向。[②] 对于中小学生来讲，要想形成意图，驱动力量主要有诱惑、成就感、好奇心等。诱惑就是要让学生明白体育锻炼的价值，能够诱导学生去参与体育锻炼。而成就感可以认为是学生在完成某一个或者某一项动作技能之后的成就感，也可以是在体育比赛中获得比其他人都要好的优异成绩后的成就感。中小学生通过观看体育比赛或受身边体育锻炼氛围的影响，对体育锻炼产生好奇心，从而去模仿以及尝试锻炼，这些都可能是促成学生形成锻炼意图的动力。因此，无论是在学校、家庭还是在社区，师长的榜样力量、同伴的影响、各种竞赛的组织、多方位的宣传与鼓励等都是有效促进学生参与体育锻炼的动力源。

第五节　青少年体育锻炼"知信行"模式图的检验与确立

一、体育锻炼"知信行"模式图的地区性检验

图5-8的路径图是在全部大样本数据的基础上建立的，由于样本量来源于不同的地区，而每个地区之间由于社会发展形势、经济发展水平、市民（包含学生）的思想状态和行为方式以及学生自身体质的差异性等，在知信行关系中可能会存在一定的差异，所以总体数据所建立的模式图能否适用于不同地区，还需要进一步验证。为此，我们通过三个不同的、具有代表性的地区进行对比分析来检验上述的路径图是否能够适用于广东省。

广州市是广东省的省会城市，教育、科技、经济均处于广东省领先地位，因此可把广州市作为发达城市的代表。潮州市位于粤东地区，相对于珠江三角洲地

---

① 薛锋. 大学生运动动机与锻炼行为的关系：自我决定理论的视角［J］. 武汉体育学院学报，2010，44（6）：43-46.

② 方敏，孙影. 计划行为理论的概化：青少年锻炼行为的预测模式［J］，天津体育学院学报，2010，25（3）：224-227.

区而言，经济发展水平在一定程度上处于相对落后的状态，是发展相对落后城市的代表。而佛山市顺德区是县域经济发展的典范，也是小城镇发展的代表，经济社会发展在全国县区一级处于领先水平。可以说三所城市分别处于不同的区域，城市类别不同，代表了广东省教育、科技、经济等发展的不同水平。因此，以这三座城市来进行对比分析，其结果具有一定的说服力，其对比结果能够直接成为路径图得以推广的有效论证。检验数据主要针对研究数据中各项指标的相关性和回归系数的显著性检验，如果检验结果与研究结果的相关性和回归系数显著性检验一致，那么说明本研究不仅适用于县域——顺德区，也同样适用发达的广州市和相对较偏远的潮州市，进而说明本研究可以用于不同发展水平的地区。

（一）体育锻炼"知信行"的相关关系检验

通过表 5-30 可以看出，体育锻炼"知信行"之间存在相关关系，虽然不同城市的相关系数不同，但在整体水平上属于显著性相关，证明此前建立的三者之间的关系成立。

表 5-30 体育锻炼"知信行"相关性检验

项目	内容	广州市			佛山市顺德区			潮州市		
		体育知识	锻炼态度	锻炼行为	体育知识	锻炼态度	锻炼行为	体育知识	锻炼态度	锻炼行为
体育知识	Pearson 相关性	1	0.612**	0.511**	1	0.697**	0.521**	1	0.456**	0.441**
	显著性（双侧）	0.000	0.000	0.000	0.000	0.000	0.000	0.000	0.000	0.000
	n	866	866	866	1 392	1 392	1 392	858	858	858
锻炼态度	Pearson 相关性	0.612**	1	0.690**	0.697**	1	0.559**	0.456**	1	0.861*
	显著性（双侧）	0.000	0.000	0.000	0.000	0.000	0.000	0.000	0.000	0.000
	n	866	866	866	1 392	1 392	1 392	858	858	858
锻炼行为	Pearson 相关性	0.511**	0.690**	1	0.521**	0.559**	1	0.441**	0.861**	1
	显著性（双侧）	0.000	0.000	0.000	0.000	0.000	0.000	0.000	0.000	0.000
	n	866	866	866	1 392	1 392	1 392	858	858	858

注：** 表示在 0.01 水平（双侧）上显著相关。

（二）体育锻炼知信行回归关系检验

表5-31　体育锻炼知识与锻炼态度回归系数检验[a]

模型		广州市					佛山市顺德区					潮州市				
		B	标准误差	β	t	Sig.	B	标准误差	β	t	Sig.	B	标准误差	β	t	Sig.
1	（常量）	19.481	0.545		35.714	0.000	19.148	0.375		51.029	0.000	20.419	0.757		29.976	0.000
	体育知识	2.046	0.090	0.612	22.755	0.000	2.233	0.062	0.697	36.283	0.000	1.803	0.120	0.456	14.987	0.000

注：a 因变量：锻炼态度。

表5-31数据显示，不同城市的体育锻炼知识与体育锻炼态度之间的回归关系依然成立，并且与研究路径图对比而言，有的城市还远远高于路径图中的数据。如顺德区的回归系数0.697大于总体模型的回归系数0.603，说明顺德区体育锻炼知识能更好地预测体育锻炼态度，影响力度更强。表5-30也直接证明了总体模型中体育锻炼知识与体育锻炼态度回归关系的成立。

表5-32显示了3个不同地区的学生体育锻炼知识、态度与体育锻炼行为之间的回归关系。数据显示，潮州市学生体育锻炼态度与体育锻炼行为的回归系数相当高，达到了0.833，说明体育锻炼态度能够很大程度上预测体育锻炼行为。潮州市的体育锻炼知识和体育锻炼行为的回归系数却很低，只有0.062，说明体育锻炼知识对体育锻炼行为的预测作用比较小。其他两地的回归系数处于中上水平，说明体育锻炼知识、态度对体育锻炼行为的预测作用一般，但总体来看三地的回归情况与总体的路径图是一致的，也说明了整体的研究路径图成立。

表5-32　体育锻炼知识、态度与锻炼行为回归系数检验[a]

模型		广州市					佛山市顺德区					潮州市				
		B	标准误差	β	t	Sig.	B	标准误差	β	t	Sig.	B	标准误差	β	t	Sig.
1	（常量）	0.903	0.266		3.398	0.001	2.448	0.231		10.591	0.000	0.332	0.182		1.827	0.068
	体育知识	0.207	0.011	0.604	19.635	0.000	0.122	0.010	0.380	12.552	0.000	0.259	0.006	0.833	42.889	0.000

注：a 因变量：锻炼行为。

（三）不同影响因素对体育锻炼知识的相关和回归关系检验

表 5 - 33　体育锻炼知信行与不同影响因素的相关性

项目	内容	广州市				佛山市顺德区				潮州市			
		学校因素	家庭因素	社会因素	个人因素	学校因素	家庭因素	社会因素	个人因素	学校因素	家庭因素	社会因素	个人因素
锻炼知识	Pearson 相关性	0.254**	0.229**	0.117**	0.220**	0.343**	0.305**	0.216**	0.282**	0.213**	0.106**	0.091**	0.130**
	显著性（双侧）	0.000	0.000	0.000	0.000	0.000	0.000	0.000	0.000	0.000	0.002	0.008	0.000
	n	866	866	866	866	1 392	1 392	1 392	1 392	858	858	858	858
锻炼态度	Pearson 相关性	0.265**	0.299**	0.192**	0.220**	0.307**	0.396**	0.252**	0.281**	0.312**	0.145**	0.174**	0.178**
	显著性（双侧）	0.000	0.000	0.000	0.000	0.000	0.000	0.000	0.000	0.000	0.000	0.000	0.000
	n	866	866	866	866	1 392	1 392	1 392	1 392	858	858	858	858
锻炼行为	Pearson 相关性	0.158**	0.152**	0.088**	0.142**	0.153**	0.223**	0.132**	0.141**	0.255**	0.126**	0.130**	0.130**
	显著性（双侧）	0.000	0.000	0.000	0.000	0.000	0.000	0.000	0.000	0.000	0.000	0.000	0.000
	n	866	866	866	866	1 392	1 392	1 392	1 392	858	858	858	858

注：** 表示在 0.01 水平（双侧）上显著相关。

在整体研究数据中，体育锻炼知识、态度、行为与不同影响因素具有相关关系。通过表 5 - 33 可以发现，不同地区的相关关系依然存在，只是对于有些地区而言，个别因素之间的相关系数比较低。例如潮州市学生的体育锻炼知识与社会因素的相关系数只有 0.091，广州市学生的体育锻炼行为与社会因素的相关系数只有 0.088。但总体而言，三个地区学生的体育锻炼知信行与不同影响因素之间的相关关系仍然存在，而且均处于显著性水平，所以研究路径图中的相关关系可以成立。

表 5 - 34 显示的是不同地区不同影响因素与体育锻炼知识之间的回归关系。数据显示，潮州市的家庭因素与体育锻炼知识之间的回归关系不成立，显著性检验 $p = 0.913 > 0.05$，回归系数不具显著性。潮州市个人因素与体育锻炼知识之间的回归关系也不成立，显著性检验 $p = 0.221 > 0.05$，回归系数不具显著性，因此在研究路径图中，这两个因素之间的回归关系不成立，即在潮州市个人因素和家庭因素对学生体育锻炼知识的预测作用不成立，而其他地区以及其他因素与体育锻炼知识的回归关系依然成立，所以原研究路径图中的此部分内容需要具体问题具体分析。

表5-34　不同影响因素与体育锻炼知识回归系数检验[a]

模型		广州市					佛山市顺德区					潮州市			
		B	标准误差	β	t	Sig.	B	标准误差	β	t	Sig.	B	标准误差	β	t	Sig.
1	(常量)	3.761	0.237		15.899	0.000	3.294	0.176		18.735	0.000	4.641	0.251		18.466	0.000
	学校	0.115	0.022	0.254	5.161	0.000	0.140	0.018	0.331	7.715	0.000	0.118	0.022	0.259	5.456	0.000
	家庭	0.136	0.030	0.197	4.522	0.000	0.147	0.025	0.210	5.871	0.000	0.003	0.030	0.005	0.109	0.913
	社会	0.159	0.029	0.303	5.528	0.000	0.138	0.024	0.278	5.882	0.000	0.067	0.029	0.123	2.311	0.021
	个人	0.116	0.037	0.154	3.117	0.002	0.082	0.031	0.118	2.651	0.000	0.044	0.036	0.057	1.225	0.221

注：a 因变量：体育锻炼知识。

表5-35显示的是不同地区不同影响因素与体育锻炼态度之间的回归关系。在原始路径图不同影响因素与体育锻炼态度之间的回归关系中，个人因素与体育锻炼态度不存在回归关系，其余三种影响因素与体育锻炼态度均存在回归关系。通过表5-33可以看出，三个地区个人因素与体育锻炼态度之间均不存在明显相关性，回归系数显著性检验的 p 值均大于0.05，这与原模型中的结果一致。但是除此之外，潮州市的家庭因素和社会因素与体育锻炼态度之间的回归关系也不存在，显著性检验的 p 值分别为0.371和0.266，回归系数均不显著，说明家庭因素和社会因素与体育锻炼态度之间的回归关系也存在地域差别，故在讨论原研究路径图时应予以说明。

表5-35　不同影响因素与体育锻炼态度回归系数检验[a]

模型		广州市					佛山市顺德区					潮州市			
		B	标准误差	β	t	Sig.	B	标准误差	β	t	Sig.	B	标准误差	β	t	Sig.
1	(常量)	24.003	0.789		30.408	0.000	23.549	0.556		42.337	0.000	23.314	0.968		24.085	0.000
	学校	0.286	0.074	0.189	3.843	0.000	0.191	0.058	0.141	3.317	0.001	0.643	0.083	0.356	5.456	0.000
	家庭	0.604	0.101	0.261	6.004	0.000	0.861	0.079	0.384	10.889	0.000	0.105	0.117	0.040	0.819	0.371
	社会	0.265	0.096	0.152	2.765	0.006	0.299	0.074	0.188	4.017	0.000	0.125	0.112	0.058	1.113	0.266
	个人	0.136	0.124	0.054	1.097	0.273	0.180	0.098	0.081	1.839	0.066	0.093	0.140	0.030	0.664	0.507

注：a 因变量：体育锻炼态度。

表 5 – 36　不同影响因素与体育锻炼行为回归系数检验[a]

模型		广州市					佛山市顺德区					潮州市				
		B	标准误差	β	t	Sig.	B	标准误差	β	t	Sig.	B	标准误差	β	t	Sig.
1	(常量)	6.841	0.2819		24.361	0.000	6.445	0.556		42.337	0.000	6.927	0.307		22.599	0.000
	学校	0.072	0.026	0.138	2.706	0.007	0.121	0.120	0.148	3.083	0.000	0.171	0.026	0.305	6.495	0.000
	家庭	0.099	0.036	0.125	2.772	0.006	0.173	0.027	0.240	6.360	0.004	0.037	0.004	0.097	0.923	
	社会	0.094	0.034	0.157	2.758	0.006	0.048	0.026	0.093	1.857	0.063	0.048	0.036	0.072	1.359	0.175
	个人	0.078	0.044	0.091	1.762	0.078	0.034			0.545	0.586	0.044	0.001	0.031	0.664	0.975

注：a 因变量：体育锻炼行为。

表 5 – 36 是不同地区不同影响因素与体育锻炼行为之间的回归关系。在原路径图中个人因素与体育锻炼行为不存在回归关系，这一点与表 5 – 34 的结果一致，三个地区的个人因素与体育锻炼行为均不存在回归关系。但是顺德区的社会因素、潮州市的家庭因素和社会因素与体育锻炼行为的回归关系也不成立，回归系数显著性检验 p 值均大于 0.05，这一点与原模型中的结论不相符，说明社会因素、家庭因素与体育锻炼行为之间的回归关系也存在地域性差异，故也应该做出说明。

二、体育锻炼"知信行"二次路径图的确立

通过表 5 – 36 中不同地区的数据检验可以发现，在原有体育锻炼"知信行"模式初步路径图中，有些变量关系存在地域性差别，但整体的预测关系依然存在，在推广和使用过程中需要特别说明。因此，通过对模式路径图的检验，可以得出如下的体育锻炼"知信行"理论模型。

图 5 – 9 是通过检验以后重新确立的路径图，图中加括号的路径系数说明此路径在检验中具有地域性差异，在讨论和实际解决问题时应引起注意。

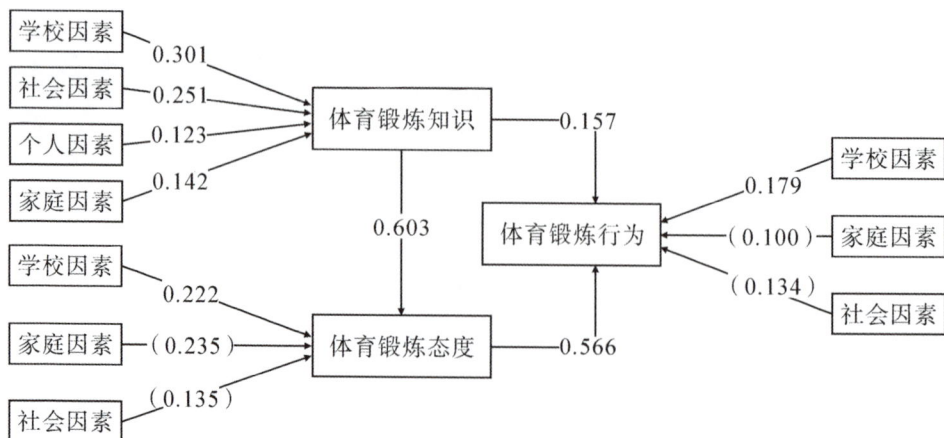

图5-9 体育锻炼知信行模式路径图

三、青少年体育锻炼"知信行"模式图的拓展与完善

(一)学校因素影响指标分析

学校因素共由5个指标构成,分别是学校空间、学校竞赛、教育指导、教学实践、教学管理,各指标在整个学校因素中的贡献(即标准化回归系数β)作用如表5-37所示。

表5-37 学校因素影响指标回归系数[a]

模型		β	t	Sig.
1	学校空间	0.843	87.486	0.000
	学校竞赛	0.876	101.147	0.000
	教育指导	0.834	84.301	0.000
	教学实践	0.831	83.399	0.000
	教学管理	0.532	35.030	0.000

注:a 因变量:学校因素。

表5-37数据表明,学校竞赛指标在学校因素中起着重要的作用,对学校因素的整体贡献值最大($\beta=0.876$),表明学生愿意参与体育锻炼的重要因素首先是因为学校有大量的体育竞赛。体育竞赛是学生体育技能展示的平台,可激发学生的荣誉感、成就感。其次是学校空间指标,在学校因素整体贡献值为0.843,这个贡献比例也比较大,说明体育锻炼场所也是影响学生参与体育锻炼的一个重要因素。体育锻炼场所越充足,学生参与体育锻炼的机会就越多。排在第三、四位的分别是教育指导和教学实践,贡献值分别是0.834和0.831,说明教师的课

外体育指导对学生参与体育锻炼有很大的促进作用，这跟学生的认知水平和自身掌握的技能有很大关系。而体育课的课堂效果也是直接影响学生参与体育锻炼的重要因素，高效率的体育课更能激发学生参与体育锻炼的兴趣与愿望。贡献值最小的是教学管理指标，涉及的主要是学校对学生课外时间和课业安排，贡献值较小说明在学生看来，课业负担不是影响他们参与体育锻炼的重要因素。换言之，学生在很大程度上不会因为课业负担较重而放弃参与体育锻炼，也不会因为课业负担轻而选择去参加体育锻炼。

（二）家庭因素影响指标分析

家庭因素主要包含家长支持、家长榜样、家庭经济 3 个指标，各指标在家庭因素的作用大小如表 5-38 所示。

表 5-38　家庭因素影响指标回归系数[a]

模型		β	t	Sig.
1	家长支持	0.842	87.248	0.000
	家长榜样	0.891	109.262	0.000
	家庭经济	0.813	77.949	0.000

注：a 因变量：家庭因素。

表 5-38 表明，在家庭因素当中，贡献值排名分别为家长榜样、家长支持和家庭经济，分别为 0.891、0.842、0.813，这 3 个指标在学生参与体育锻炼的影响程度上均占有较大份额，首先家长自身参与体育锻炼，给孩子作为榜样教育；其次是家长从言语和态度上对孩子参与体育锻炼的支持与鼓励；最后是家长愿意为孩子的锻炼提供经济支持，为孩子购买运动装备和器材。

（三）社会因素影响指标分析

社会因素主要包括社区竞赛、社区空间、锻炼榜样、社区宣传 4 大指标，各指标对社会因素的作用大小如表 5-39 所示。

表 5-39　社会因素影响指标回归系数[a]

模型		β	t	Sig.
1	社区竞赛	0.830	83.174	0.000
	社区空间	0.851	90.262	0.000
	锻炼榜样	0.827	81.992	0.000
	社区宣传	0.811	77.356	0.000

注：a 因变量：社会因素。

表 5 - 39 表明，社区空间指标在社会因素中的贡献值最大（回归系数为 0.851），说明青少年在社区参与体育锻炼的程度主要取决于社区的体育锻炼场地、器材和空间大小。其次是社区竞赛指标，说明青少年对于社区组织的比赛参与的积极性也很高，他们愿意为了这些比赛而加强体育锻炼。排第三的是锻炼榜样，即身边的亲戚朋友、邻居伙伴们积极参与体育锻炼能够直接带动学生自觉参与体育锻炼。最后是社区宣传，说明在整个社会因素的影响中宣传指标相对其他指标贡献较低，同样也说明社区相关人员与部门对体育锻炼知识、健康教育知识等信息的宣传和推广能够直接影响学生参与体育锻炼的程度。

（四）个人因素影响指标分析

个人因素包括体育技能、锻炼时间、心理倾向 3 个指标，他们与个人因素的关系如表 5 - 40 所示：

体育技能指标在个人因素当中影响最大，贡献值为 0.842，说明拥有某一项或多项体育技能对青少年参与体育锻炼有很大影响，掌握了体育技能的青少年参加体育锻炼的积极性更高。其次为锻炼时间，贡献值为 0.833，说明时间对学生参与体育锻炼影响也很重要，青少年的课余空闲时间或者可以自由支配的时间对其参与体育锻炼的影响较为明显，很多青少年不参与体育锻炼是由于没有更多的自由支配时间。最后是心理倾向，贡献值为 0.666，主要是对心理问题的克服。很多青少年在体育锻炼中害怕受伤，害怕技能没有其他人好，担心受到嘲笑或歧视，实际上这是自身的心理问题，为此不参加体育锻炼的青少年也占有一定的比例。

表 5 - 40　个人因素影响指标回归系数[a]

模型		β	t	Sig.
1	体育技能	0.842	87.009	0.000
	锻炼时间	0.833	83.962	0.000
	心理倾向	0.666	49.875	0.000

注：a 因变量：个人因素。

（五）拓展后的青少年体育锻炼"知信行"模式图

通过前文中体育锻炼"知信行"模式路径图的建立和影响体育锻炼行为的相关因素分析，我们将体育锻炼"知信行"模式路径图进行了拓展，如图 5 - 10 所示。

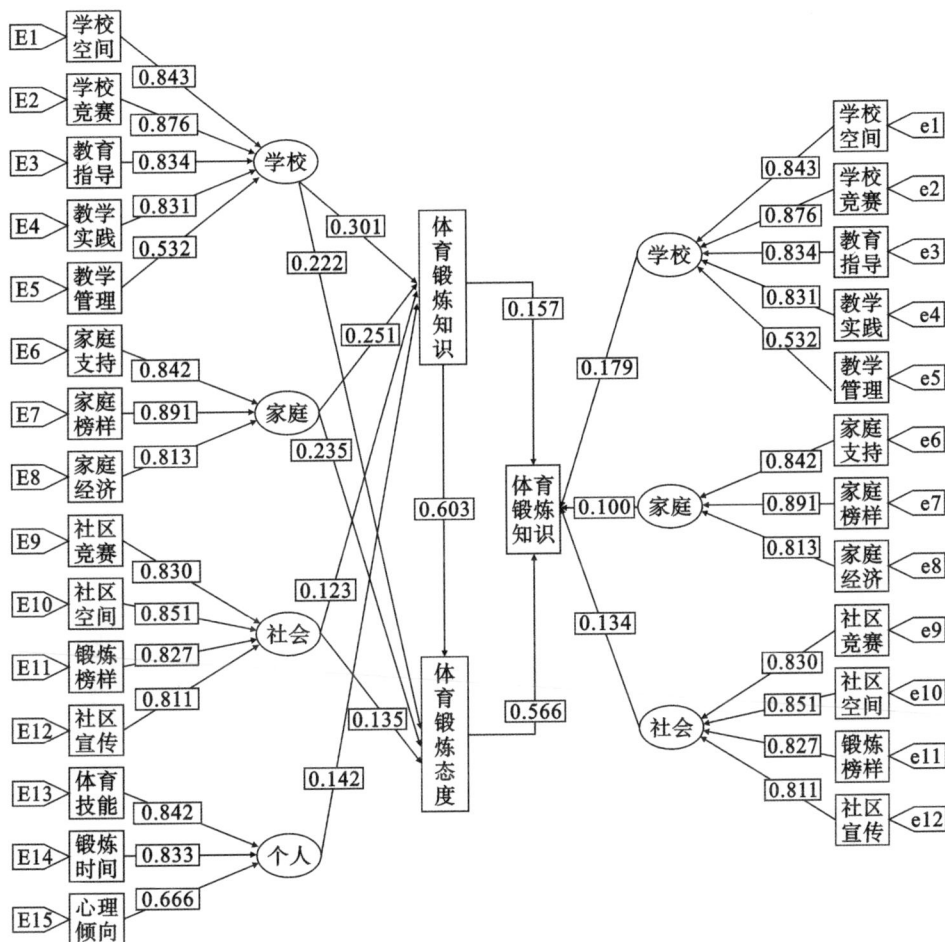

图 5-10　拓展后的青少年体育锻炼"知信行"模式路径图

路径图显示，体育锻炼知识、态度和行为之间具有相关性，也可以正向预测和解释，所以最终体育锻炼行为的促进可以从提高青少年对体育锻炼知识的掌握以及激发体育锻炼的态度和兴趣入手。体育锻炼知识、态度和行为均受到来自外界因素的影响，因此面对当前存在的青少年对体育锻炼知而不信，信而不行的现实状态，我们可以通过学校教育、家庭支持、社会帮助等一系列措施加以改进，以达到行的目的。简言之，青少年体育锻炼行为的形成并不是一蹴而就的，也不是单一方面的努力就可以改变的，需要学校、家庭和社会的共同努力。

首先，要让青少年对体育锻炼知识有所了解和认识。学校可以利用体育课、课余体育、健康知识讲座、墙画宣传、广播宣传、网络宣传等方式，向学生宣传和普及体育锻炼的知识和体育锻炼的方法，让学生认识体育锻炼的价值所在。家长可以引导孩子观看体育健身类电视节目以及健康知识宣传片，陪同孩子一起阅读有关体育锻炼和身体健康的相关书籍和漫画，保证孩子能从更多的渠道了解和认识体育。社区要定期组织体育与健康的专题讲座和知识与技能培训，在社区公园和广场张贴宣传海报和标志图，为小区居民发放体育锻炼和健康方面的宣传手册，让青少年能够最大限度地认识体育。

其次，在知的基础上要使学生形成积极的态度。学校、社区通过宣传、讲座、培训等手段，向青少年传达体育锻炼对人体健康的重大作用和意义，让青少年认识到体育锻炼的重要性，从内心感受到自己需要体育锻炼。学校和家长通过鼓励、奖励和引导的方式，让青少年不断接受新的锻炼观念，产生参与体育锻炼的动机。学校、社区和家长通过树立榜样、表彰奖励优秀、口头表扬等形式，让青少年亲自体会体育锻炼为自己带来的荣誉与收获，促使他们坚定锻炼的信念，形成积极的锻炼态度，并最终能够养成锻炼的习惯。

最后，引导和监督学生形成长期体育锻炼的习惯。学校和社区要提供足够的体育场地设施供学生参与体育锻炼，家长要为孩子准备运动服装和器材，同时学校和家长还要留给学生一定的空余时间。体育教师、家长和社区体育指导员要积极引导学生参与体育锻炼，对学生在体育锻炼中遇到的问题积极给予指导和帮助，让他们有空间、有时间、有信心进行体育锻炼。针对学生在小区的锻炼情况，家长和社区体育指导员要进行诊断并及时反馈给学校体育教师，发现问题马上解决，不仅让他们能够自觉参与到体育锻炼中来，还要让他们的体育锻炼达到一定的效果。如果将学校、家庭和社区相互联系起来，体育教师的教学内容更加合理化、趣味化，家长更加理解、支持，社区体育指导员更加无私、耐心，共同引导和监督学生进行体育锻炼，那么学生一定可以养成体育锻炼的习惯，身体素质也一定会稳步提升。

（六）家庭、学校、社会"三位一体"促进青少年体育锻炼的长效机制

1. "三位一体"相互关系分析

表 5 - 41　三方联动的相关性

项目	内容	个人因素	学校因素	家庭因素	社会因素
个人因素	Pearson 相关性	1	0.705	0.591	0.746
	显著性（双侧）		0.000	0.000	0.000
	n	3 116	3 116	3 116	3 116
学校因素	Pearson 相关性	0.705	1	0.603	0.731
	显著性（双侧）	0.000		0.000	0.000
	n	3 116	3 116	3 116	3 116
家庭因素	Pearson 相关性	0.591	0.603	1	0.674
	显著性（双侧）	0.000	0.000		0.000
	n	3 116	3 116	3 116	3 116
社会因素	Pearson 相关性	0.746	0.731	0.674	1
	显著性（双侧）	0.000	0.000	0.000	
	n	3 116	3 116	3 116	3 116

注：** 表示在 0.01 水平（双侧）上显著相关。

表 5 - 41 表明，学校因素和社会因素的相关程度最强（$r = 0.731$），其次是家庭因素和社会因素（$r = 0.674$），学校因素和家庭因素相关度位列第三（$r = 0.603$）。也就是说在中小学生的体育锻炼行为形成过程中，应该把学校工作置于家庭和社会工作之上，但又不能完全依赖于学校工作，即在整个工作环境中，应该以学校工作为中心，家庭工作为基础，社区工作为依托，三者协调统一，共同促进中小学生体育锻炼行为的发生，"三位一体"这一密切关系是由教育主、客体的时空性特征所决定的。

首先，从时间维度的延续上看，家庭、学校和社会"三位一体"的渠道是有序的、连续不断的。无论是校内还是校外，学生都有接受体育教育和体育锻炼的机会。例如，学生在学校学会的体育锻炼知识、体育技能、体育健康信息，通过学生传递给各自的家长和社区相关负责人，根据这些知识和信息，家长和社区要尽量为学生营造继续进行体育学习和体育锻炼的条件和环境。若三方衔接不够紧密，许多学生一旦离开了学校，在家或社区得不到体育习练的机会，就会导致学生体育锻炼中断，影响学生体育锻炼的习惯或者终身体育锻炼意识的形成。

其次，从空间的延伸上来看，随着经济社会和科学技术的不断发展与进步，信息技术、交通技术等发生了质的变化，人与人之间的实际距离越来越远，但交流距离却越来越近，空间也越来越小。虽然学校为学生提供了一定的体育锻炼空间和设施器材，但是受到应试教育的长期影响，现在的中小学生仍然处于繁重的课业负担之下，很多家长还给学生安排了各种各样的课外辅导班和培训班，剥夺了学生参与课余体育锻炼的时间和空间。[①] 目前，很多家长认为孩子的身体健康状况是由饮食营养所造成的，与体育锻炼无关，由于这种认知的偏差，忽视了体育锻炼的重要作用，从而影响了学生的身心健康发展。[②] "三位一体"提倡的是学生放学或放假回到家、社区，仍然要从事体育锻炼，扩展了学生的体育锻炼空间，也使学校、家庭和社区有效结合，达到优势互补、相互依赖的目的。

最后，"三位一体"机制促进青少年体育锻炼行为是一个全方位、多层次的系统，主要以中小学生为对象、以学校体育为中心、以家庭体育为基础、以社区体育为依托。学生把在学校学到的体育运动技能、体育健康知识、体育保健知识等带回到家中，家长给予积极的配合和指导，社区提供必要的公共体育服务，从而形成学校体育、家庭体育、社区体育一体化的大格局。在这个格局中，充分挖掘学校体育的功能与潜力，不仅把体育运动技能传给学生，还把体育健康知识传授给学生，达到不仅能够强身健体，还能提神健心的效果，实现学校、家庭和社区体育的优势互补，资源共享，充分发挥教育的全方位作用。

2. "三位一体"与个人因素的相关分析

表 5 - 40 表明，虽然"三位一体"是相互之间的优势互补、资源共享，但是

① 唐炎，虞重干. 结构与生成机制：一种关于体育教学社会功能的探究［J］. 体育科学，2009，29（6）：85 - 89.

② 李趁丽. "家庭、学校、社会"一体化促进阳光体育运动的长效机制研究［D］，重庆：西南大学，2013：42.

我们同样也不能忽视"三位一体"与个人自身因素之间的关系。学校因素、家庭因素、社会因素与个人因素之间都存在很大的相关性，也就是说三方因素在很大程度上也影响了个人因素，而个人因素主要集中在个人体育技能、心理倾向和锻炼时间上，学校、家庭和社区的体育工作能够带来青少年的心理倾向和体育技能的提高。例如，很多青少年害怕在体育锻炼中受伤，导致不愿意参加体育锻炼，但是如果在学校或者家庭，有人能够用科学的体育锻炼知识来告诉他们，只要科学地锻炼，同时注意锻炼的方式和保护措施，是不容易出现受伤状况的。这样一来也许就会有更多的人去参与体育锻炼，而不会因为害怕而放弃，最终青少年在体育锻炼时间、次数和频率上就会有很大的进步。

结　语

1. 青少年体育锻炼知识、态度、行为等现状不容乐观

广东省青少年在体育锻炼知识、态度、行为等方面，因为年级和性别的不同而存在较大的差异。尽管大部分青少年对体育锻炼知识有一定的了解，但实际参与体育锻炼的人数却不容乐观，或者参与体育锻炼的时间不足、强度不够；更有少部分人对体育锻炼知识的了解甚少，存在一无所知、知而不信、信而不行的状况。

2. 体育锻炼知识、态度对体育锻炼行为具有预测作用

广东省中小学的体育锻炼知识、态度对体育锻炼行为具有显著正相关关系，即对体育锻炼知识理解程度好的学生存在更为积极的体育锻炼态度，参与体育锻炼的可能性也就越高。

3. 学校、家庭、社会对青少年体育锻炼知、信、行方面有不同程度的影响

广东省青少年的体育锻炼知识、态度、行为受到学校、家庭和社会的影响。首先，学校对青少年的体育锻炼知识影响最大；其次是社会因素。而对体育锻炼态度而言，家庭的影响值最大，其次是学校和社会；在体育锻炼行为方面，学校的影响值最大，其次是社会和家庭。

4. 家庭、学校、社会的干预可以有效促进体育锻炼行为

体育锻炼行为可以通过家庭、学校、社会等多种渠道加以促进，虽然每种渠道的效果不一样，但都是促进青少年体育锻炼行为的主要力量与手段，因此青少年体育锻炼行为促进的中心工作也应该是在学校、家庭和社会。

第六章 社区公共体育服务与青少年社区体育参与分析

2007 年 5 月 7 日，中共中央、国务院颁发了《中共中央 国务院关于加强青少年体育增强青少年体质的意见》。《意见》提出要加强家庭和社区青少年体育活动，充分利用社会力量促进青少年体育发展，形成学校、家庭和社区合力，促进青少年体质健康发展。2011 年 2 月 15 日，国务院颁发的《全民健身计划纲要 （2011—2015）》中强调："切实加强青少年体育，坚持健康第一的指导思想，把增强学生体质作为学校体育的基本目标和重要评价内容。"增强青少年体质，促进青少年健康成长是关系到国家和民族未来的大事，需要社会力量的共同参与、建立和完善家庭、学校、社区体育网络和联动机制。《体育事业发展"十二五"规划》明确指出，我国目前体育工作重心是实施青少年体育活动计划，进一步提高青少年身体健康素质。《意见》还指出："加强社区青少年体育活动，改善社区体育设施，解决社区体育中存在的相关问题是促进青少年体质增强的重要途径。然而，我国社区青少年公共服务体系还不够完善，社区青少年体育服务尚未发挥其有效的功能，普遍存在着经费匮乏、场地不足、器材缺少、组织不到位等问题，影响了青少年正常地开展社区体育活动。"国家体育总局原局长刘鹏在 2014 年全国体育局长会议上指出："创新形式，广泛开展青少年课外体育活动，促进青少年身心健康，不断提高青少年身体素质。研究建设青少年公共体育服务体系和评估体系，会同教育部门开展青少年体育健身活动和体质状况抽测工作。以全国青少年'未来之星'阳光体育大会为龙头，广泛开展丰富多彩的青少年体育活动。"当前，人们谈及社区体育的发展，却忽略了青少年社区体育活动的参与和组织，人们习惯于把青少年体育的发展当成学校的事，观念里认为社区体育都是给中老年人开设的健康活动中心，把青少年体育从社区发展中分离出来。社区建设和管理对青少年体育锻炼需求的忽略，不但影响了青少年参加社区体育活动，而且影响了学校、家庭和社区体育协调发展。

第一节 广州市社区体育服务与青少年社区体育参与现状

一、数据来源

本章以社区青少年体育服务为研究对象，以广州市为典型研究单位，以广州市在校学生为调查对象。

二、研究方法

（一）文献资料法

本章参阅了《社会学》《社会研究方法教程》《广州街镇大全》《社区体育》等著作；检索了"中国期刊网专题全文数据库""万方中国学位论文数据库""中国知网"等专业数据库；对广州体育学院图书馆和华南师范大学图书馆的相关文献进行了广泛涉猎，以寻找并了解与青少年体育相关的法律、法规及本章的理论支撑；检索"广东省体育局""广州市体育局""广州越秀区信息网""天河区信息网"和"海珠区公众信息网"等官方网站收集有关广州市社区体育场地设施、社区体育组织、社区青少年体育工作和社区青少年体育活动信息等资料。

（二）问卷调查法

本章以封闭式问题和开放式问题相结合的方式进行了问卷的编制，问卷编制维度包括四个方面：青少年对社区体育服务的认识；青少年对目前社区体育服务（社区体育场地设施、组织管理、体育指导、体育信息四个方面）的满意程度；影响青少年参与社区体育活动的因素；青少年对社区体育服务的期望。每个维度均有 4~5 个问题。问卷采取当场填答、当场回收的方式。在问卷发放前对问卷进行了效度检验（见表 6-1），并在参考专家意见的基础上对问卷进行了完善。

1. 问卷效度检验

表 6-1 专家对问卷总体结构设计评价结果

	评价度	非常合适	合适	基本合适	不合适	非常不合适
青少年问卷	专家人数（人）	2	6	3	0	0
	百分比（%）	18.2	54.5	27.2	0.0	0.0

注：专家人数 = 11。

　　根据研究目的和需要，参考前人相关研究，经过专家的指导，最后请相关的 11 位专家对青少年问卷进行了效度检验。在参考各位专家意见的基础上对问卷进行完善，最终确定。检验结果表明问卷内容和结构设置有效（见表 6-1、表 6-2）。

表 6-2　专家对问卷总体内容设计评价结果

	评价度	非常合适	合适	基本合适	不合适	非常不合适
青少年问卷	专家人数（人）	1	7	3	0	0
	百分比（%）	9.1	63.6	27.3	0.0	0.0

注：专家人数 = 11。

2. 问卷信度检验

　　为确保问卷调查的可靠性，首先在问卷编写过程中题目设计由易到难，文字表达易懂，针对学生能力设计，问卷题目设计先从学生的一般资料、态度再到行为，注重题目逻辑顺序；其次在问卷发放过程中采取当场发放和当场回收的方式，只有小部分问卷由学校实习体育教师负责发放和回收；最后在数据统计时剔除清一色答案。正式调查 13 天后，在广州市天河区两所学校进行了第二次问卷发放，并对两次问卷统计结果进行相关分析，相关系数 $r = 0.80$，$p < 0.01$。检验表明问卷信度较高，能较好地反映被调查者的真实情况。

3. 问卷发放与回收

表 6-3　学生所属学校统计表

学校名称	人数（人）	百分比（%）
广州市华侨外国语实验学校	50	7.3
广州市西关培英中学	119	17.5
广州市天河中学猎德实验学校	84	12.3
广州市南国学校中学部	50	7.3
广州市第四十七中学	35	5.1
广州市执信中学	119	17.5
广州市执信南路小学	55	8.1
海珠区第二实验小学（江海校区）	50	7.3
广州市景中实验中学	84	12.3
广州市第九十五中学	35	5.1
合计	681	100

根据广州市行政区域的划分并结合课题研究的实际情况，本章以学生班级为单位采用分层整体抽样方法，以问卷形式对广州市天河、海珠、越秀、荔湾四个区的8所普通学校的五年级、六年级、初一、初二、高一、高二共六个年级的学生进行了调查。共发放问卷900份，回收有效问卷805份，有效回收率为89.4%。剔除居住地为广州市天河、海珠、越秀、荔湾以外其他城区学生问卷124份，最后确定样本数为681份问卷（见表6-3、表6-4）。

表6-4 调查样本基本情况统计表

变量名称	类别	人数（人）	总数（人）	百分比（%）
家庭所属行政区	天河区	136	681	20.0
	海珠区	177		26.0
	越秀区	198		29.1
	荔湾区	170		25.0
性别	男	355	681	52.1
	女	326		47.9
年级	五年级	74	681	10.9
	六年级	132		19.4
	初一	139		20.4
	初二	198		29.1
	高一	69		10.1
	高二	69		10.1

（三）访谈法

访谈社区居委会负责人和部分学生家长，了解社区青少年体育活动的组织管理、场地设施、体育指导、体育信息和经费投入状况，听取他们对当前社区青少年体育工作的意见及建议，以求全方位了解社区青少年体育服务的现状，充分掌握一手资料，提高研究的可靠性（见表6-5）。

表6-5 社区访谈人员情况统计表

城区	社区	担任职务	学历	工作年限（年）
天河区	天誉社区	社区基干	本科	3
	紫荆社区	社区志愿者	大专	5
荔湾区	西关大屋社区	居委会主任	本科	10
	耀华社区	社区基干	大专	6

（续上表）

城区	社区	担任职务	学历	工作年限（年）
海珠区	毛纺社区	社区基干	本科	4
	新村社区	社区志愿者	大专	5
越秀区	邮电社区	社区基干	大专	8
	执信南路社区	社区基干	本科	7

注：访谈人数=8。

（四）实地调查法

在发放和回收问卷的同时，实地考察了学校周边社区体育设施、社区体育活动、社区体育宣传、青少年体育活动信息等，以更为客观地把握社区青少年体育服务的现状。

（五）数理统计法

运用 Excel 和 SPSS 17.0 统计软件对相关数据进行处理，以探求变量之间的逻辑关系。

三、青少年社区体育活动的参与频度

图 6-1 的数据表明，参加过社区相关体育活动的学生有 470 人，占总人数的 69%，其中女生参与社区体育活动要优于男生。男生回答经常参加社区体育活动的比例（23.1%）明显高于女生的比例（12.2%）；女生回答有时参加社区体育活动的比例（32.9%）略优于男生（28.7%）；还有 31% 的学生表示没有参加过社区体育活动，这一群体值得关注（见图 6-1）。

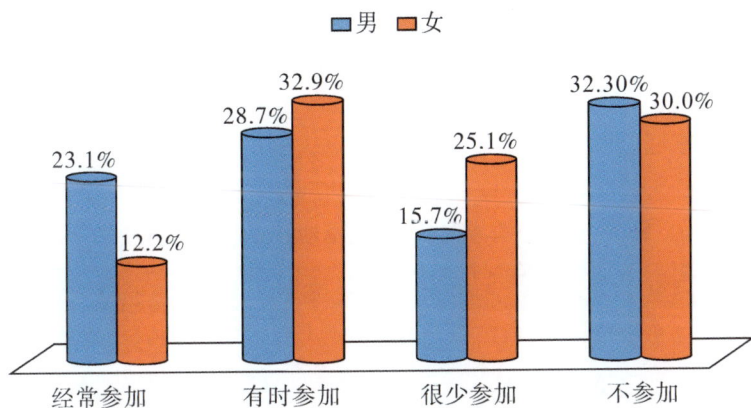

图 6-1　不同性别学生社区体育活动参与情况统计图（$n=681$）

表6-6的数据表明,初中生参与社区体育活动的比例优于小学和高中学生,占比为71.3%;其次是小学生,占比为68.0%;最后是高中生,占比为64.5%。其中,经常参加社区体育活动的人群中,初中生的比例(21.1%)明显优于小学生(13.6%)和高中生(14.5%)的比例;有时参加社区体育活动的人群中,小学生的比例(33.5%)略显优于初中生(31.2%)和高中生(26.1%)的比例(见表6-6)。

表6-6　不同学段青少年参与社区体育活动情况统计

	小学		初中		高中		总计	
	人数 (人)	百分比 (%)	人数 (人)	百分比 (%)	人数 (人)	百分比 (%)	人数 (人)	百分比 (%)
经常参加	28	13.6	71	21.1	20	14.5	119	17.5
有时参加	69	33.5	105	31.2	36	26.1	210	30.8
很少参加	43	20.9	64	19.0	33	23.9	140	20.6
不参加	66	32.0	97	28.8	49	35.5	212	31.1

注:青少年人数=681,小学人数=206,初中人数=337,高中人数=138。

四、青少年参与社区体育活动的方式

表6-7的数据表明,46%的青少年表示是和同学一起参与社区组织的体育活动;30%的青少年是与家长一起;15%的青少年是单独活动;5%的青少年有自己的专门教练带着进行体育活动,还有12%的青少年与邻居一起参与体育活动。可见,同学、朋友、家长是青少年参与社区体育活动的主要伙伴。

青少年最喜欢的体育活动的伙伴是同学和朋友。由此可知,他们更倾向于与同学、朋友交往,同学与友伴之间年龄相仿而且兴趣爱好也有相同之处,彼此之间更容易交流和理解。父母成为青少年参与社区体育活动的重要伙伴,社区体育活动为家长及其子女提供良好的交流沟通平台,有利于加深亲子之间的关系,有利于构建和谐家庭、和谐社区。

表6-7　青少年参与社区体育活动的伙伴情况统计表

活动伙伴	自己活动	家长	同学	教练	邻居	朋友	兄弟姐妹	其他
人数(人)	71	141	216	24	56	202	52	19
百分比(%)	15	30	46	5	12	43	11	4

注:参与社区活动人数=470。

　　青少年与邻居交往有助于社区的团结，有利于增强社区归属感。数据显示，青少年与邻居一起参加社区体育活动的比例偏少，可能是个人生活模式和规律不同导致难以有共同爱好；也有可能是住宅公共空间相对比较封闭，以致邻居之间交往较少的缘故。

五、青少年参与社区体育活动的时间

　　由图6-2可知，有40%的青少年选择在周末进行社区体育活动；有35%的青少年选择在寒暑假参与社区体育活动；23%的青少年在下午放学后参与社区体育活动；12%的青少年选择在体育考试前参与社区体育活动；9%的青少年在社区进行晨练，近20%的青少年体育锻炼时间锻炼不规律。总体来说，他们主要在周末、寒暑假以及下午放学后的时间在社区进行体育锻炼。

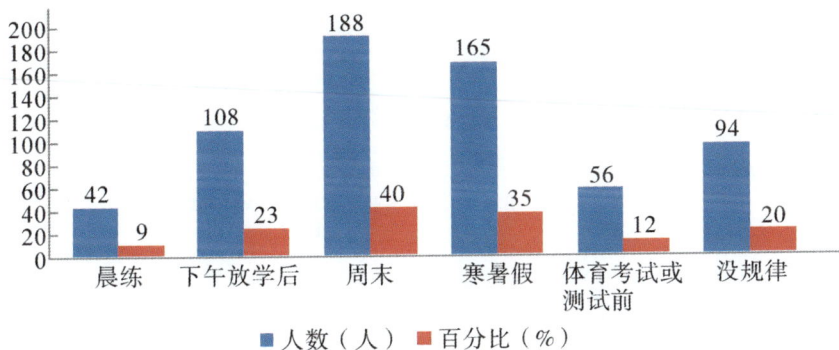

图6-2　青少年参与社区体育活动的时间统计表

六、青少年参与社区体育活动的项目选择

　　表6-8的数据表明，羽毛球、跑步、篮球、乒乓球、跳绳和足球是青少年在校外经常参加的体育活动项目，占比分别为33%、21%、21%、18%、16%和13%。男生和女生在项目选择上有一定差异。男生经常参与的社区体育活动前六位的是篮球（30%）、羽毛球（28%）、足球（20%）、跑步（20%）、乒乓球（15%）和游泳/跳绳（10%）。女生经常参加的社区体育活动前六位的是羽毛球（38%）、跑步（23%）、乒乓球（22%）、跳绳（22%）、滑旱冰（18%）和游泳（15%）。男生和女生在篮球和跳绳项目选择上显著不同，男生爱打篮球，女生喜欢羽毛球，男生跳绳较少，而女生对足球不感兴趣。男生喜欢参加集体项

目，女生倾向于参加个人项目，男女生对体育活动项目内容喜好不同也导致对社区体育场地设施和体育活动项目需求的差异。

总体来看，青少年社区体育活动内容涉及项目广泛，说明青少年对体育活动有多样化的需求，同时对项目的娱乐性和时尚性也有一定要求。

表 6-8　青少年参与社区体育活动项目统计表

	男		女		总计	
	人数（人）	百分比（%）	人数（人）	百分比（%）	人数（人）	百分比（%）
篮球	107	30	36	11	143	21
排球	28	8	21	6	49	7
足球	71	20	16	5	87	13
网球	21	6	7	2	28	4
滑旱冰	36	10	59	18	95	14
乒乓球	53	15	72	22	125	18
羽毛球	99	28	124	38	223	33
跑步	71	20	75	23	146	21
舞蹈	4	1	33	10	37	5
健身操	7	2	42	13	49	7
广播操	14	4	36	11	50	7
武术	28	8	7	2	35	5
游泳	36	10	49	15	85	12
太极拳	7	2	0	0	7	1
瑜伽	0	0	10	3	3	1
跆拳道	32	9	23	7	55	8
散打	21	6	0	0	21	3
跳绳	36	10	72	22	108	16
毽球	4	1	36	11	40	6
拔河	7	2	46	14	53	8
其他	0	0	0	0	0	0

注：青少年人数 =681，男生人数 =355，女人生数 =326。

七、青少年参与社区体育活动的时长

图 6 - 3 的数据表明，体育活动时长在 31 ~ 60 分钟的青少年有 221 人，占总人数的 47%；体育活动时长在 30 分钟以下的青少年有 108 人，占总人数的 23%；体育活动时长在 61 ~ 90 分钟的青少年有 80 人，占总人数的 17%；体育活动时长在 90 分钟以上的青少年只有 61 人，占总人数的 13%。可见，近 50% 的青少年参与社区体育活动时间在 30 ~ 60 分钟之间。还有 20% 的青少年在 30 分钟以下。

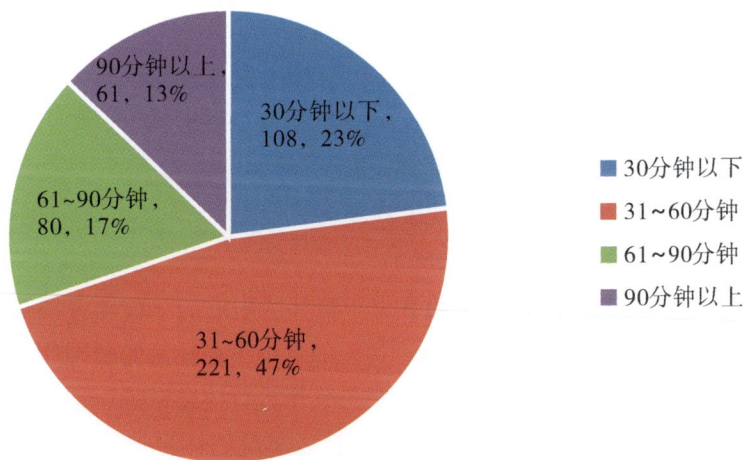

图 6 - 3　青少年参与社区体育活动的时长统计图（$n = 470$）

八、影响青少年参与社区体育活动的因素

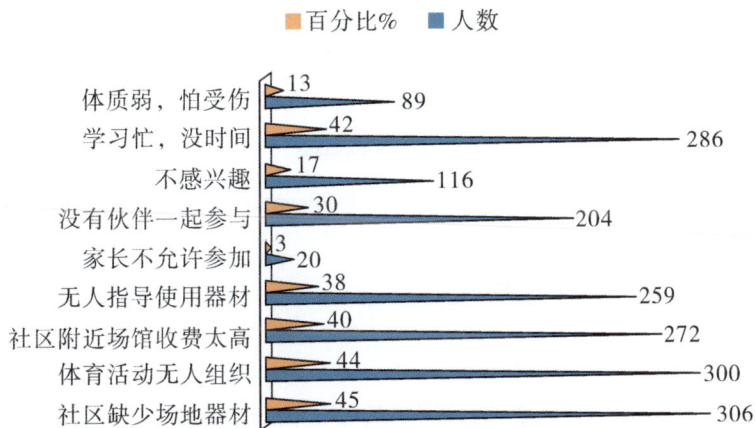

图 6 - 4　影响青少年参与社区体育活动的因素统计图（$n = 681$）

图 6 - 4 的数据显示，影响青少年参与社区体育活动因素中，有 45% 的青少年选择社区缺少场地器材；44% 的青少年选择体育活动无人组织；42% 的青少年选择没有时间参与体育活动；40% 的青少年选择场馆收费太高；38% 的青少年选择无人指导使用器材；30% 的青少年选择没有同伴一起参与；17% 的青少年选择对社区体育活动不感兴趣；13% 的青少年选择体质弱怕受伤；还有 3% 的青少年选择家长不允许参加。由此可见，影响青少年参与社区体育活动排名前五的因素是场地器材缺乏、无人组织、没有时间、场馆收费太高和无人指导。图 6 - 4 表明，家长不允许孩子参加体育活动这一因子占比最小，占总人数的 3%。可以看出现在的家长理念明晰，很多家长鼓励孩子在校外进行体育锻炼，同时数据显示青少年对参与社区体育活动有着较为浓厚的兴趣。

九、社区青少年体育服务的状况分析

（一）社区青少年体育活动场地设施状况

1. 青少年参与社区体育活动场所

图 6 - 5 的数据表明，有 34% 的青少年在社区附近的学校体育场馆进行体育锻炼；16% 的青少年选择社区健身点；16% 的青少年在社区的公园广场进行体育活动；14% 的青少年选择社区空地以及街头巷尾进行体育锻炼；选择在收费的体育场馆进行体育锻炼的青少年占 11%；在社区单位的体育场地和青少年体育活动中心进行体育锻炼的青少年分别只占总体的 6% 和 4%。总的来说，青少年选择的主要体育锻炼场所是学校附近体育设施、社区公园广场和社区健身点。

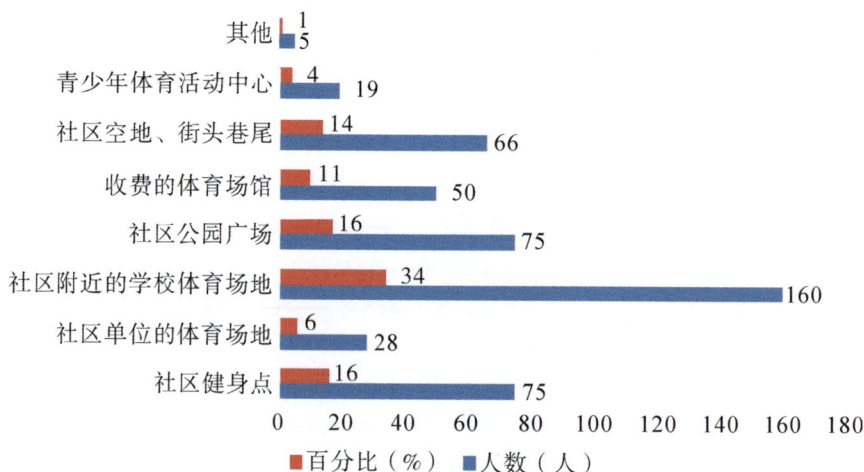

图 6 - 5　青少年参与社区体育活动场所情况统计图　（n = 470）

2. 青少年对社区场地器材需求满意度

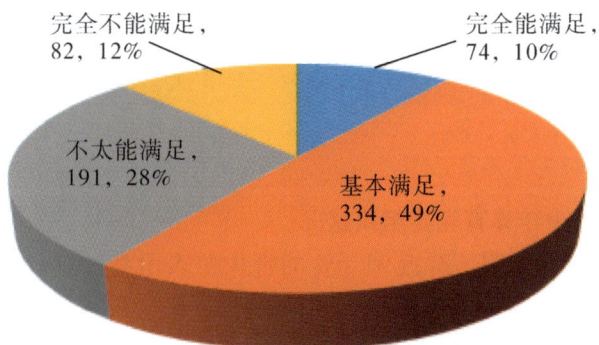

图6-6 青少年对社区场地器材需求满意度统计图（$n=681$）

图6-6数据显示，60%的青少年认为社区场地器材能满足自己的体育活动需求，其中10%的青少年认为社区场地器材完全能满足自己的体育运动需求；49%的青少年认为社区场地器材基本能满足需求。另外，有28%的青少年认为社区场地器材不太能满足自己的体育需求；还有12%的青少年认为完全不能满足自己的体育需求。可见，有近40%的青少年对社区体育场地设施持不满意态度。

（二）社区青少年体育指导状况

表6-9的数据表明，有近52%的青少年在社区接受过体育指导服务。其中，20%的青少年表示接受过专业的社区体育指导员和体育教师指导；22%的指导者是业余体育爱好者；还有48%的青少年没有接受过体育指导服务。可见，有近一半的青少年在社区没能接受任何形式的体育指导。

表6-9 青少年接受社区体育指导情况统计表

指导人	社区体育指导员或体育教师	业余体育爱好者	其他人	无人指导	合计
人数（人）	136	150	68	327	681
百分比（%）	20	22	10	48	100

注：青少年人数=681。

对接受过社区体育指导青少年的调查结果显示，80%的青少年对社区体育指导人员持满意的态度，其中有15%的青少年非常满意；34%的青少年比较满意；31%的青少年持满意态度。有12%的青少年对社区体育指导人员持不满意态度；8%的青少年持非常不满意态度。

表6－10　青少年对社区体育活动指导满意程度统计表

态度	非常满意	比较满意	满意	不满意	非常不满意	总计
人数（人）	53	120	111	42	28	354
百分比（%）	15	34	31	12	8	100

注：指导的青少年人数＝354。

（三）社区青少年体育竞赛组织状况

表6－11 的数据表明，有近 31.6% 的青少年表示参加过社区组织的体育竞赛。其中，男生占比为 31.9%、女生为 31.3%，男生参赛状况优于女生。有近68.4% 的青少年没有参与过社区组织的体育竞赛活动，男生人数占比为 68.1%、女生为 68.7%。可见，青少年参与社区体育竞赛情况并不乐观，只有三分之一的青少年表示不同程度地参与过社区组织的体育竞赛活动。

表6－11　不同性别青少年参与社区体育竞赛情况统计表

	是		否	
	人数（人）	百分比（%）	人数（人）	百分比（%）
男	113	31.8	242	68.2
女	102	31.3	224	68.7
总计	215	31.6	466	68.4

注：青少年人数＝681，男生人数＝355，女人生数＝326。

小学生参与社区体育竞赛的人数占小学生总人数的 30.6%；初中生的占比为36.8%；高中生则为 20.5%；青少年没有参与过社区体育竞赛的人数占总人数的68.4%。可见，初中生参与社区体育竞赛情况优于小学和高中阶段，这和中考体育有着较大的关联度。高中参与社区体育竞赛情况很不乐观，有近 80% 的高中生都没有参与过有组织的社区体育竞赛活动，这一群体的社区体育参赛参与情况不容忽视。

表6－12　不同学段青少年参与社区体育竞赛情况统计表

	是		否	
	人数（人）	百分比（%）	人数（人）	百分比（%）
小学	63	30.6	143	69.4
初中	124	36.8	213	63.2
高中	28	20.3	110	79.7
总计	215	31.6	466	68.4

注：青少年人数＝681，小学人数＝206，初中人数＝337，高中人数＝138。

表6－13的数据表明，青少年在社区参加的体育竞赛项目排名前六的是羽毛球、跑步、篮球、乒乓球、游泳和跳绳；分别占总人数的34％、23％、22％、22％、21％和20％。其中男生经常参与的体育竞赛项目主要有羽毛球（30％）、篮球（23％）、乒乓球（23％）、跑步（21％）、足球（20％）和游泳（19％）；女生经常参加的社区体育竞赛项目主要有羽毛球（38％）、跳绳（28％）、跑步（25％）、游泳（23％）、拔河（22％）和乒乓球（22％）。可见，不同性别的青少年参与体育竞赛项目有一定的差异性。概括而言，广州市青少年经常参加社区组织的体育竞赛项目主要有羽毛球、跑步、游泳和乒乓球等。

表6－13 青少年参与社区体育竞赛项目情况统计表

	男		女		总计	
	人数（人）	百分比（％）	人数（人）	百分比（％）	人数（人）	百分比（％）
篮球	26	23	22	22	48	22
排球	7	6	5	5	12	6
足球	23	20	17	17	40	19
网球	20	18	18	18	38	18
滑旱冰	6	5	8	8	14	7
乒乓球	26	23	22	22	48	22
羽毛球	34	30	39	38	73	34
跑步	24	21	25	25	49	23
舞蹈	4	4	14	14	28	13
健身操	7	6	15	15	22	10
广播操	5	4	20	20	25	12
武术	11	10	18	18	29	13
游泳	22	19	23	23	45	21
太极拳	1	1	1	1	2	1
瑜伽	0	0	0	0	0	0
跆拳道	11	10	5	5	16	7
散打	0	0	0	0	0	0
跳绳	15	13	29	28	44	20
毽球	8	7	17	17	25	12
拔河	16	14	22	22	38	18
其他	0	0	0	0	0	0

注：参赛人数＝215，男生人数＝113，女生人数＝102。

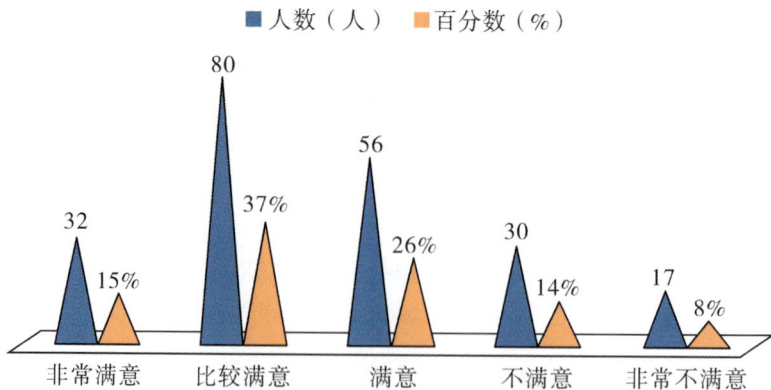

■ 人数（人）　■ 百分数（%）

图 6-7　青少年对社区组织的体育竞赛满意程度统计图（$n = 215$）

图 6-7 的数据显示，有 78% 的青少年对社区组织的体育竞赛持满意态度，其中有 15% 的青少年持非常满意态度，有 37% 的青少年持比较满意态度，有 26% 的青少年持满意态度；但仍有 22% 的青少年不满意社区组织的体育竞赛。总体来说，青少年对社区组织的体育竞赛活动满意度不高。

（四）社区体育信息服务状况

1. 青少年获取体育信息的途径

表 6-14 的数据表明，通过社区宣传栏和海报获取社区体育信息的青少年占总人数的 47%；通过电视获取社区体育信息的青少年占总人数的 27%；通过网络获取社区体育信息的青少年人数占总人数的 16%；通过报纸获取社区体育信息的青少年人数占总人数的 5%；还有 6% 的青少年通过其他途径获取社区体育信息。可见，青少年获取体育信息的途径主要是社区宣传栏、海报、电视和网络。

表 6-14　青少年获取社区体育信息途径统计表

态度	社区宣传栏海报	电视	网络	报纸	其他
人数（人）	320	184	109	34	41
百分比（%）	47	27	16	5	6

注：青少年人数 = 681。

2. 青少年参与社区体育与健康讲座的情况

表 6-15　青少年参与社区体育与健康讲座情况统计表

	男		女		总计	
	人数（人）	百分比（%）	人数（人）	百分比（%）	人数（人）	百分比（%）
经常参加	3	0.8	10	3.1	13	1.9

（续上表）

	男		女		总计	
	人数（人）	百分比（%）	人数（人）	百分比（%）	人数（人）	百分比（%）
偶尔参加	75	21.1	72	22.1	147	21.6
从未参加	277	78.1	244	74.8	521	76.5

注：青少年人数 =681，男生人数 =355，女人生数 =326。

表 6 – 15 的数据表明，曾参加过社区组织的体育与健康讲座的青少年为 160 人，占总数的 23.4%。其中，有 1.9% 青少年表示经常聆听社区体育与健康讲座；21.6% 的青少年偶尔参加。521 人表示从未参加过社区组织的体育与健康讲座，这一群体占总数的 76.5%。调查表明，女生参加讲座情况略优于男生，但从整体上来看，大部分青少年都没有参与过社区组织的体育与健康讲座。

第二节　青少年对社区体育服务的需求分析

一、青少年参与社区体育活动的态度

图 6 – 8 表明，表示愿意参加社区体育活动的青少年占 69%，其中非常愿意的有 17%，比较愿意的有 40%；有 18% 的青少年持无所谓态度；还有 13% 的青少年表示不愿意参加。总体来说，多数人还是期待能够在社区进行体育学习与锻炼。据调查，青少年希望社区体育活动内容可以更加丰富多彩，比赛更加多样化。青少年在学校体育课上学到的内容可以在社区参加比赛获得认同，这不但强化了他们在体育课上学到的内容，同时更加丰富了青少年课余文化活动，促进青少年身心健康发展。

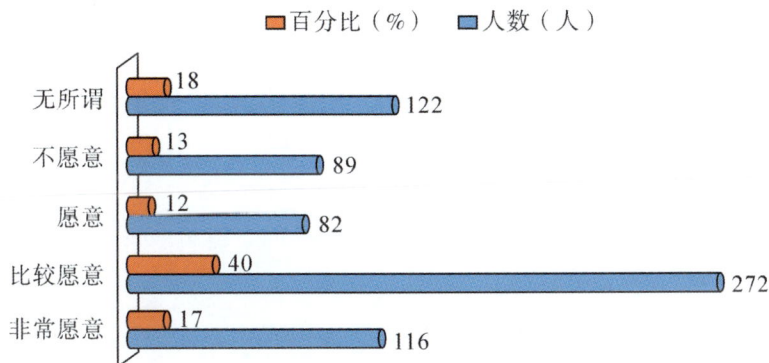

图 6 – 8　青少年对参加社区体育活动的态度统计图

二、青少年对社区体育活动项目需求

（一）不同性别青少年对社区体育活动项目的需求

男生和女生均喜欢的社区体育活动项目主要有羽毛球（53%）、篮球（41%）、游泳（40%）、乒乓球（36%）、足球（33%）、跑步（32%）和跳绳（32%）。可以看出，羽毛球这一活动项目在广州市开展比较好，对青少年的体育参与有一定的影响。男生偏爱的体育活动项目主要有羽毛球（55%）、篮球（50%）、足球（45%）、乒乓球（42%）、游泳（42%）和跑步（36%）；女生偏爱的体育活动项目主要有羽毛球（50%）、游泳（38%）、跳绳（38%）、乒乓球（30%）、舞蹈（30%）和毽球（30%）。

表6-16　不同性别青少年对社区体育活动项目需求统计表

项目	男		女		总计	
	人数（人）	百分比（%）	人数（人）	百分比（%）	人数（人）	百分比（%）
篮球	178	50	101	31	279	41
排球	53	15	57	17	110	16
足球	160	45	65	20	225	33
网球	85	24	75	23	160	23
滑旱冰	71	20	91	28	162	24
乒乓球	149	42	98	30	247	36
羽毛球	195	55	163	50	358	53
跑步	128	36	91	28	219	32
舞蹈	26	7	98	30	124	18
健身操	32	9	72	22	104	15
广播操	28	8	49	15	77	11
台球	21	6	46	14	67	10
武术	92	26	72	22	164	24
游泳	149	42	124	38	273	40
太极拳	36	10	33	10	69	10
瑜伽	32	9	52	16	84	12
跆拳道	64	18	65	20	129	19
散打	71	20	49	15	120	18

（续上表）

项目	男		女		总计	
	人数（人）	百分比（%）	人数（人）	百分比（%）	人数（人）	百分比（%）
跳绳	92	26	124	38	216	32
毽球	46	13	98	30	76	11
拔河	103	29	88	27	191	28

注：青少年人数＝681，男生人数＝355，女生人数＝326。

（二）不同学段的青少年对社区体育活动项目的需求

小学生偏爱的体育活动项目主要有羽毛球（52%）、游泳（45%）、跳绳（41%）、篮球（39%）和足球（36%）；初中生比较偏爱的体育活动项目包括羽毛球（51%）、篮球（42%）、游泳（39%）、乒乓球（37%）和足球（34%）；高中生比较偏爱的体育活动项目主要有羽毛球（54%）、乒乓球（40%）、篮球（40%）、游泳（38%）和足球（30%）。从青少年喜欢的体育活动项目来看，随着年龄增长和身体发育的差异凸显，小学和初高中学生偏爱的体育活动项目在跳绳、拔河上差异明显，小学生选择跳绳和拔河的比例多于初中和高中生。同时，羽毛球和游泳是学生喜欢参与的体育活动项目，在广州市也有广泛的群众基础。可以看出，组织开展青少年体育活动要差异化对待，要针对不同学段青少年的需求开展形式多样的体育活动。

表 6 – 17　不同学段的青少年对社区体育活动项目需求统计表

项目	小学生		初中生		高中生		总计	
	人数（人）	百分比（%）	人数（人）	百分比（%）	人数（人）	百分比（%）	人数（人）	百分比（%）
篮球	81	39	141	42	55	40	277	41
排球	21	10	60	18	28	20	109	16
足球	75	36	113	34	42	30	230	34
网球	42	20	89	26	34	25	165	24
滑旱冰	61	30	76	23	28	20	165	24
乒乓球	67	33	124	37	56	40	247	36
羽毛球	108	52	171	51	75	54	354	52
跑步	71	34	109	32	42	30	222	33
舞蹈	46	22	62	18	20	14	128	19
健身操	31	15	63	19	17	12	111	16

（续上表）

项目	小学生		初中生		高中生		总计	
	人数（人）	百分比（%）	人数（人）	百分比（%）	人数（人）	百分比（%）	人数（人）	百分比（%）
广播操	18	9	52	15	14	10	84	12
台球	15	7	45	13	15	11	75	11
武术	48	23	97	29	30	22	175	26
游泳	93	45	131	39	52	38	276	41
太极拳	17	8	48	14	10	7	75	11
瑜伽	29	14	41	12	15	11	85	12
跆拳道	34	17	70	21	26	19	130	19
散打	32	16	70	21	24	17	126	19
跳绳	84	41	109	32	29	21	222	33
毽球	25	12	38	11	13	9	76	11
拔河	72	35	97	29	34	25	203	30

注：青少年人数＝681，小学生人数＝206，初中生人数＝337，高中生人数＝138。

三、青少年对社区体育指导内容的需求

由表6-18可以看出，54%的青少年选择了需要体育健身方法；45%的青少年选择了加大对体育器材使用的指导，32%的青少年选择了运动损伤处理；27%的青少年选择了运动营养知识的指导；还有18%的青少年选择了运动计划的制订。这说明，青少年在社区体育参与中最需要的是体育健身方法以及体育健身器材使用的指导，其次是运动损伤处理、运动营养知识和运动计划制定的指导。

表6-18　青少年对社区体育指导内容需求统计表

需求	体育健身方法	体育器材的使用	运动营养知识	运动损伤处理	运动计划制订
人数（人）	371	309	186	216	124
百分比（%）	54	45	27	32	18

注：青少年人数＝681。

四、青少年对社区体育指导改善的需求

表6-19的统计结果显示，有50%的青少年渴望得到健身指导，希望社区能增设更多专业的社区体育指导员，这一结果与实地调查相吻合。当前，社区存在

着体育指导人数不足，指导能力不强的现象。有41%的青少年希望指导人员技能更高；有36%的青少年希望社区体育指导员的指导态度更好；有34%的青少年希望指导时间可以更长。由此可见，青少年对社区体育指导的需求处于较高的层面。

表6－19　青少年对社区体育指导改善需求统计表

改善	指导人员	指导时间	指导态度	指导员专业技能	其他
人数（人）	341	229	247	278	41
百分比（%）	50	34	36	41	6

注：青少年人数=681。

五、青少年对社区场地器材改善的需求

表6－20　青少年对社区场地器材改善需求统计表

改善	健身器材适应青少年	体育活动场地	维修保养	数量种类
人数（人）	313	354	136	272
百分比（%）	46	52	20	40

注：青少年人数=681。

表6－20的数据表明，青少年最希望社区改善的是体育活动场地。通过访谈得知，社区适合青少年的场地有限，社区内的学校体育场地又没能有效地向广大青少年开放。为此，开展体育活动必须结合各个社区特色，有针对性地解决场地问题。可开展跳绳，拔河等对场地要求较小的项目，创新体育活动内容与形式，满足青少年日益增长的体育需求。有46%的青少年选择了社区场地器材应适合青少年身体锻炼的需要，当前，很多社区的体育设施仍以健身路径为主，大多服务于老年人，青少年兴趣不高，从而降低了他们参加体育锻炼的热情；还有40%的青少年选择了场地器材的数量种类，说明青少年希望社区体育活动内容更加丰富、形式更加多样。

六、青少年对社区体育信息服务内容需求

表6－21的数据显示，青少年选择最多的是体育健身常识这一项，占总人数的38%。可见，青少年渴望有更多的健身锻炼知识，社区指导人员的水平和数

量对青少年健身锻炼有一定影响。还有 36% 的青少年选择了体育活动日程安排；34% 的青少年选择了运动营养；26% 的青少年选择了体育场地设施介绍；25% 的青少年选择了体育新闻知识的获取。

表 6 - 21   青少年对社区体育信息服务内容需求统计表

需求	体育活动日程安排	体育健身常识	体育新闻	运动营养	场地设施介绍
人数（人）	245	259	170	231	177
百分比（%）	36	38	25	34	26

注：青少年人数 = 681。

七、青少年对社区体育信息服务改善需求

表 6 - 22 的数据显示，此问题被选最多的是体育内容丰富多样，占总人数的 40%。可见，青少年想更多地了解体育、认知体育。有 37% 的青少年选择了体育内容更加实用；36% 的青少年希望体育信息服务在宣传方面可以更加多样化，以便可以更及时地获取信息；30% 的青少年选择了信息更新更加及时，可以让他们能及时更新体育知识，关注体育动态，提高青少年的体育参与感。

表 6 - 22   青少年对社区体育信息服务改善需求统计表

需求	体育内容更加实用	体育内容丰富多样	体育信息更新及时	体育宣传更加多样
人数（人）	252	272	204	245
百分比（%）	37	40	30	36

注：青少年人数 = 681。

八、青少年对社区体育服务的需求

图 6 - 9 的数据表明，有 409 人选择了种类齐全的体育场地器材，占总人数的 60%，说明青少年对社区场地器材的需求最大；还有 55% 的青少年选择了开展丰富多彩的体育活动和竞赛；50% 的青少年选择专业的体育指导；40% 的青少年选择了开展体育与健康知识和技能的讲座；36% 青少年选择了体质健康检查；35% 青少年选择了体育信息丰富。由此可见，青少年最希望社区提供的是设备齐全的体育场地器材及丰富的体育活动和竞赛以及专业的体育指导，这也是开展社区青少年体育活动的基本保障。

■ 百分比（%）　■ 人数（人）

丰富的体育信息　35　238
体育健康检查　36　245
体育与健康知识讲座　40　272
丰富的体育活动和竞赛　55　375
专业的体育指导　50　341
齐全的体育场地器材　60　409

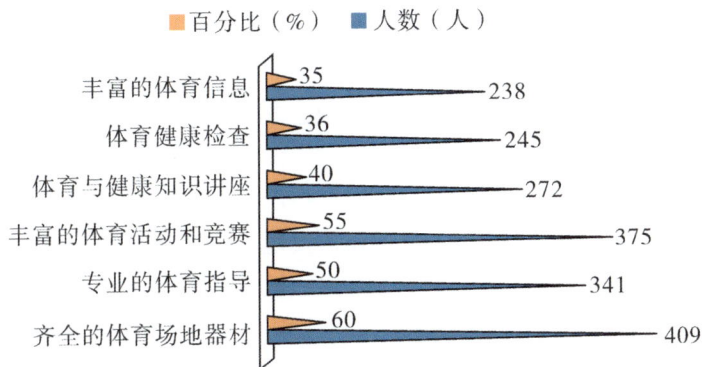

图6-9　青少年对社区体育服务需求统计图（$n = 681$）

九、广州市社区青少年体育服务案例分析——以广州市荔湾区逢源街耀华社区为例

耀华社区位于广州市荔湾区西关老城区，现有住户 2 018 户，人口为 5 958 人，其中青少年 1 500 人，占总人口的 25.2%。该社区内巷陌纵横，有闻名海内外的耀华大街西关大屋建筑群。通过访谈荔湾区耀华社区居民和居委会管理人员发现，耀华社区青少年体育活动开展得比较有特色，得到了社区居民的普遍认可。不仅丰富了青少年的校外体育活动，还带动了周边居民参与体育活动的热情。

在开展青少年社区体育活动方面，耀华社区开展较好的青少年体育活动项目主要有乒乓球、跳绳、毽球。乒乓球在室内进行，不受天气影响，跳绳和毽球视具体天气情况而定。耀华社区的青少年每天下午放学可免费在乒乓球室进行体育锻炼，非耀华社区青少年需交付一定费用，时间为下午 4 点到 6 点，节假日和周末时间为早上 8 点到 11 点。辖区有社会体育指导员定期指导青少年进行体育活动，配有健身路径可供居民锻炼使用，但是器材高度与青少年身高并不符，以致很多器材只能供中老年人使用。同时本次调研也发现，还有一些青少年在街头巷尾进行打陀螺、玩"飞碟"等一些趣味活动。

在组织青少年体育比赛方面，耀华社区每年寒暑假会举行青少年乒乓球、跳绳和毽球比赛，并给予在比赛中获得优异成绩的青少年一定的奖励，而且社区居委会在寒暑假会定期组织青少年体育文化节，不定期地开展青少年绿色骑行比赛、青少年趣味运动会等比赛项目。

在社区体育指导方面，耀华社区有社区体育指导员 3 名，一人负责乒乓球，一人负责跳绳和毽球，还有一人负责趣味运动会和日常体育活动组织。近三年来，居委会平均每年用于社区体育活动的经费约 2 万元，专门用于青少年体育活动的经费占 1/3，经费大部分由政府拨款。为更好地开展社区体育活动，社区也会联合一些企业开展如社区亲子游园活动、亲子趣味运动会等体育活动。

在体育信息服务方面，体育宣传栏为社区的主要宣传工具，社区街道有一块LED 显示屏，每天流动播放本周体育活动或者其他文娱活动信息。在开展讲座方面，社区每年会开展 1 到 2 次的体育与健康知识讲座，而且会发放一些与体育与健康知识有关的宣传手册，并现场解答居民提出的相关问题。

通过与耀华社区居委会管理人员的访谈发现，该社区地处老城区，场地器材并不完善，社区体育管理人员缺乏，但社区积极探索，充分发挥乒乓球活动室的作用，除了用于乒乓球活动外，还用于开展讲座、趣味游戏等活动。同时，社区还为青少年提供乒乓球、跳绳和毽球等器材。在社会体育指导人员不足的情况下，社区鼓励有资质的志愿者担任乒乓球和跳绳的指导工作，社区管理人员进行协助。

体育信息在社区网站公开发布。如近期开展的青少年暑假游园活动以及青少年趣味运动会等活动均会在本社区网站进行宣传，有关社区体育活动和信息会及时更新，有利于青少年第一时间获取社区体育活动信息。有时社区工作人员亲自上门通知，到家庭做思想动员工作。为了解决社区体育活动经费欠缺问题，社区居委会经常联合青少年俱乐部等社会组织开展青少年体育活动。

耀华社区在青少年组织管理、体育指导、体育场地器材以及信息宣传方面做出了自己的特色，得到了社区居民的认可。调查中也发现，耀华社区在有关青少年体育制度方面的建设还有待进一步加强，到目前为止，耀华社区尚未出台青少年体育的有关制度以及体育活动日程安排；社区体育指导人员水平不高，很多志愿者只是凭借个人经验在指导体育活动，社区体育指导者水平还有待进一步提高。经过本次调研座谈，居委会管理人员也有所启发，准备在下一步出台本社区一些体育活动注意事项，器材安全须知、器材使用方法、社区青少年体育活动日程安排等方面的制度和措施。

第三节 广州市社区青少年体育服务存在的问题与对策

一、广州市社区青少年体育服务存在的问题

（一）组织管理不够健全

社区青少年体育组织管理工作是动员广大青少年参与体育健身活动的重要手段之一，此举不仅有利于促进青少年体质健康水平的提升，而且有利于健康、幸福、和谐社区的建设。目前广州市社区青少年体育组织管理除了机制和体制不健全以外，还存着管理职责不明确，管理力量薄弱和管理经费欠缺等问题。从所走

访调查的 20 个社区可以看出，大部分社区没有社区青少年体育组织管理专门部门，包括耀华社区在内的近十多个社区都认为存在着青少年体育活动组织缺乏经费和缺少管理人员，社区管理人员缺乏工作热情，社区管理人员年龄层次分布不均，学历水平低等现象。少部分社区管理者对青少年体育组织管理持无所谓的态度，严重影响社区青少年体育工作的开展。调查表明，只有近 30% 的青少年参加过社区组织的体育竞赛，社区青少年体育组织管理工作仍是一个亟待解决的问题。统计结果还表明，影响青少年参与社区体育活动的因素包括：体育场地器材缺乏、体育活动无人组织和空闲时间少等因素。可见，体育活动无人组织是影响青少年参与社区体育活动的重要因素之一。

虽然部分社区组织过青少年体育活动，但是活动内容的局限性较大，大多是乒乓球、羽毛球、跳绳、键球等项目，时间大部分在寒暑假和节假日，平常下午放学和周末组织较少，青少年自由活动的方式占据了主流，且缺乏专业的指导。综上所述，目前广州市社区青少年体育活动组织管理力度不强，大部分社区没有开展过青少年体育竞赛和体育活动，包括耀华社区在内的少部分社区能够开展青少年体育活动，但活动内容和形式比较单一，组织管理力量较为薄弱。

（二）专业的体育指导人员缺乏

调查结果显示，近 52% 的青少年表示在社区接受过体育指导服务，其中20% 的体育指导人员是专业的社会体育指导员和体育教师；22% 的指导者是业余体育爱好者，专业指导能力不强。有 50% 的青少年希望社区体育指导人数量更多，他们渴望得到健身指导。有 41% 的青少年希望指导人员技能更高，有 36% 的青少年希望指导人员的指导态度更好，34% 的青少年希望指导时间可以更长。

综上所述，社区缺乏相应的体育指导人员，有近一半的青少年表示没有接受过指导。现有的社区体育指导人员大多是业余体育爱好者，指导水平不高，近一半青少年希望在社区能得到更多专业的体育指导。

（三）体育场地设施供需矛盾依然存在

调查表明，青少年参与体育活动场所首先以社区附近的学校体育设施为主，其次是社区健身点和社区公园广场和空地。而实地调查也发现，很多青少年只是在社区空地以及街头巷尾参与体育锻炼。问卷调查也表明，49% 的青少年认为社区场地器材基本能满足自己需求；28% 的青少年认为社区场地器材不能满足自己的体育需求；12% 的青少年认为完全不能满足自己的体育需求。从目前的实际情况来看，社区内的体育设施大多为中老年人服务，适合青少年的体育场地器材少之又少，降低了青少年参加体育活动的热情。青少年希望体育活动更加有趣，拥有更多体育项目的选择，体育场地器材更具有针对性，更加适应青少年的特点。

（四）体育信息服务渠道不够畅通

体育信息是利用现代化手段向青少年提供信息咨询、信息管理和信息沟通等内容的有力武器。统计数据显示，通过社区宣传栏、海报获取社区体育信息的青少年人数占总人数的 46% ；通过电视获取社区体育信息的为 27% ；通过网络获取社区体育信息的为 16% 。有 521 人从未参加过社区体育与健康讲座，这一群体占总人数的 76.5% 。可见，目前社区青少年体育信息传递途径单一，主要通过网络或宣传手册等形式进行宣传，大部分青少年不能及时获取社区体育活动信息。相当一部分社区没有开展过青少年体育与健康知识讲座，也没有体育信息宣传专栏，所提供的信息内容也不全面，不能满足青少年体育与健康知识与技能的需求，有待进一步改善。

（五）社区青少年体育锻炼相关法律法规保障措施缺失

完善的社区青少年体育政策法规体系是促进社区青少年体育健康发展的基石，虽然在国家和省市层面先后制定了一系列青少年体育法规政策，但是大部分社区没有根据自己的实际情况出台相应的规章制度和规范。社区青少年体育管理、活动组织、场地器材、活动经费、活动指导和信息传递等方面的问题缺乏法规制度的有效保障，青少年参与体育活动的权益无法得到保障，影响了青少年参与社区体育活动的积极性。为此，应完善社区青少年体育的制度建设，做到有法可依，有章可循，确保其持续快速健康发展。

二、广州市社区青少年体育服务的提升策略

（一）完善社区青少年体育政策法规体系

政策法规体系是保障社区青少年体育活动正常开展的前提条件。针对目前社区青少年体育政策法规方面的问题，首先，地方政府应出台具体的社区青少年体育活动的单项政策法规。其次，社区居委会应该根据其自身的实际情况制定详细的规章制度，使社区青少年体育工作有法可依，切实维护青少年的体育权益，提升青少年社区体育活动参与的积极性。

（二）健全社区青少年体育组织管理工作

健全的体育组织管理体系在社区青少年体育活动中占据主导地位。社区青少年体育活动的政策法规的制定、组织管理的模式、活动经费的支配等都要通过体育组织管理体系来实现。随着社区管理职能的扩充，在社区体育活动过程中，要不断弱化政府行为，使社区拥有更多的管理权限，最终实现居民自治，形成以政府导向为主，部门、单位以及各类人群、项目协会共同参与的多元化社区管理格局。明确社区青少年体育活动管理职责的同时，提高管理者综合能力，加大管理经费的投入，逐步形成完善的社区青少年体育组织管理服务体系，科学指导和管理青少年体育活动，推动社区青少年体育活动朝着健康有序的方向发展。社区要在周末和节假日开设体育第二课堂，组织开展丰富有趣的青少年体育活动，使社区青少年体育组织工作落实到实处，有效弥补学校体育的不足，占领中小学生校外活动的阵地，为青少年提供有利的坏境和条件。有条件的社区可建立社区青少

年服务（活动）中心，并把体育作为重要的服务内容。

（三）开展形式多样的社区体育活动，丰富青少年课余文化生活

社区体育活动内容和组织形式有别于学校体育，没有严格规定的教学计划和相对稳定的组织形式，青少年可以和家人、朋友一起参与体育活动，可以随意选择自己喜爱的活动项目自行锻炼。因此，社区应根据不同年龄阶段和不同性别青少年的身心特点，开展形式多样、丰富多彩的体育健身和竞赛活动，激发青少年体育锻炼兴趣。除了要开展寒暑假、节假日和周末体育活动外，应积极开展好下午放学以后的学生体育活动。这不仅为上班族的家长解决了看管孩子的后顾之忧，而且有利于中小学生体育锻炼习惯的养成和保持，促进其身体素质的提高，为终身体育奠定坚实的基础。

（四）加强社区青少年体育场地设施建设

完善的社区体育场地设施是促进青少年体育参与的关键所在。目前，广州市社区体育场地设施的类型主要有：公共体育设施（主要包括公共体育场馆、学校及机关和国有企事业单位所属的体育场地设施、以全民健身路径工程为主的社会健身休闲场地）；商业性体育健身设施等。为此，应形成以公共体育设施为主体的体育场地设施网络，以"亲民、便民、利民、惠民"为原则，注重实用性、实效性和科学性，突出多功能。社区应从青少年体育活动需要的角度出发，根据自身实际情况制定出合理的社区体育设施建设方案，以满足青少年体育活动的需求。应加强适合青少年身心发展特征的场地设施、器材建设，学校场地设施要有针对性地对青少年开放，经营性体育健身场所可在政府扶持下给予青少年优惠使用。

（五）加强青少年体育指导

培养一支高素质的社区青少年体育指导员队伍，充分发挥各级社会体育指导员的作用，建立社会体育指导员考评奖励制度、在社区体育组织登记备案制度、持证上岗制度，保证其能够科学地指导包括青少年在内的广大居民进行体育健身和开展各项体育活动。为缓解目前社会体育指导员不足的现状，应广泛引导有资质的体育志愿者为青少年提供体育服务，充分发挥他们的体育优势，提高其指导热情和积极性，并对社区体育指导人员定期开展体育与健康等相关知识与技能的培训。这不仅有利于为青少年体育锻炼提供更好的指导，而且有利于促进社区居民之间和青少年之间的交流与沟通，促进社区和谐。

（六）多渠道筹措社区体育经费

体育活动经费是开展社区青少年体育活动的保障。目前，社区青少年体育活动的经费主要来源于体育彩票公益金和政府财政的扶持。应拓宽社区青少年体育经费来源渠道，争取多方体育经费的支持。国外经验表明，政府公共财政对社区体育只能进行有限度的投入，政府的责任应该是引导更多的企业和社会公众对公共体育进行投资。为此，应建立多渠道的体育资金筹措路径，充分调动全社会的

力量关心青少年的健康成长。

（七）创建良好的社区青少年体育信息服务平台

加强对青少年体育信息的宣传，培育和营造良好的体育氛围，多渠道宣传体育健身知识，不断提高青少年的健身意识，引导其科学健身。在组织体育活动的同时，积极开展青少年体育健身知识讲座宣传，技能指导和体质监测等。在整合和优化现有社区体育信息资源的基础之上，建立包括网络、电视、报纸、宣传手册和宣传专栏等在内的全方位的社区青少年体育信息服务网络和管理系统。同时建立起专门的社区青少年体育信息服务网站，方便青少年随时登录网站进行查询和咨询，让他们获取更多的社区体育信息资源，不断提高青少年参与社区体育活动的积极性。

（八）完善学校、社区和家庭联动机制发展青少年体育

学校是青少年体育活动的大本营，有利于青少年系统学习体育基本知识、掌握基本技能、提高身体素质，激发其参加体育锻炼的热情，培养体育能力和锻炼身体的习惯。家庭是青少年体育思想的重要发源地，它作为社会化机构和人类生活的基本单位，在青少年体育参与的社会化进程中具有相当重要的作用，是青少年体育公共服务体系发展的重要因素。社区是联系学校和家庭的桥梁。社区可通过成立青少年活动中心、体育俱乐部、开办暑期体育培训班和开展亲子体育活动等让青少年把学校所学习的体育知识和技能加以运用和实践。只有将社区体育与学校体育、家庭体育有机结合起来，建立学校、家庭、社区一体化的体育教育体系，才能形成全社会共同努力促进青少年健康成长的良好风尚和社会环境。因此，学校除了要加强青少年的教育以外，还应优惠或免费开放学校体育场馆，为青少年参与体育活动创造更为广阔的空间。家长要树立正确的体育思想，积极引导青少年进行体育锻炼。社区要经常联合学校或家庭共同开展丰富多彩的体育活动，共同促进青少年的健康成长。

结　语

研究表明，超过了半数青少年学生参与过社区体育活动，其中女生优于男生；初中生优于小学和高中学生；参与社区体育活动时间主要在寒暑假、周末和节日；场所主要是学校附近体育设施，社区公园广场和社区健身点；活动伙伴主要以同学、朋友和父母为主；活动时长多数在半个小时至一个小时之间。

青少年学生经常参加的社区体育活动项目主要有羽毛球、跑步、篮球、乒乓球和跳绳。体育活动内容的选择有性别差异，男生偏爱对抗性和刺激性强的项目；女生偏爱游戏和趣味性项目。青少年参与社区体育活动的随意性比较强，经常性且有计划参加体育锻炼的人数偏少。

　　影响青少年参与社区体育活动的障碍性因素主要体现在以下几个方面：

　　（1）广州市社区青少年体育活动缺乏组织管理，大部分社区没有开展过青少年体育竞赛和体育活动，包括耀华社区在内的少部分社区虽开展了体育活动，但是开展项目比较单一，组织管理力量也较为薄弱，缺乏体育组织管理人员。

　　（2）社区青少年体育活动缺乏体育指导人员，有近一半的青少年表示没有接受过指导，大多社区体育指导人员是业余体育爱好者，指导水平有待提高，青少年希望在社区能得到更多专业的体育指导。

　　（3）社区体育信息传递途径单一，主要通过网络或宣传手册等形式进行宣传，大部分青少年不能及时获取社区体育活动信息。多数社区没有开展过社区青少年体育讲座，也没有体育信息宣传栏，所提供的信息内容不全面，不能满足青少年体育需求。

　　（4）缺少专门针对社区青少年体育方面的政策法规，社区青少年体育管理、活动组织、活动场地器材、活动经费、活动指导和信息传递等方面得不到法规制度的保障，影响了青少年参与社区体育活动的积极性。

第七章　广东省青少年体质健康促进的联动模式分析

本书第四章分析了广东省青少年体质健康的现状，剖析了青少年体质健康存在的问题及其发展的态势。在研究过程中，还对广东省各地市体育教研员进行了问卷调查，从根本上分析影响青少年体质健康的主要因素，以探索切实可行的提升青少年体质健康水平的路径。基于发现问题、分析问题、解决问题的科学态度，综合影响青少年体质健康的因素，立足于我国的国情，本书在借鉴发达国家的经验与做法的基础上认为，提升青少年体质健康水平应建立"由内而外"的两大路径：一是从学校体育内部出发，构建课内技能传授、课外练习的"课内外联动"机制；二是从社会大环境出发，建立政府、学校、家庭、社区、学生"五位一体"的体质健康水平提升路径。

第一节　"课内外联动"的青少年体质健康提升路径

通过提升学生体质健康状况具体措施的帕累托分析得出，学校体育内部提升措施主要有：①将课堂教学内容作为课外体育活动的延伸，保障课堂所学的运动技能在课外获得充分练习；②课外体育活动练习的内容定期进行竞赛展示，让学生学习到的运动技能获得更多的展示机会，促进其运动技能的提高。为使该措施能够有效实施，建立"课内外联动"的体质健康提升路径就显得尤为重要。

联动译自"linkage"，是指若干个相联系的事物中的一个事物变化或运动时，其余的也随着变化或运动。体育课内外联动是指体育教育活动中各个环节、各种要素相互促进、相互协调，并贯穿于体育教育运行体系全过程。也就是将课堂教学、大课间、课外作业（包括课外网络教学和课后作业）、课外体育锻炼（包括第二课堂，运动训练，周末课堂，班际、级际比赛，各科目的融合）等有机融合为一体，通过课内引领课外，课外推动课内，提升体育技能水平，促进校园体育文化建设，养成参与体育运动习惯和建立终身体育的意识。

一、构建"课内外联动"体质健康提升路径的必要性

（一）落实相关政策的需要

20世纪80年代以来，随着我国改革开放的不断深入，人们的生活条件、生活方式、生产方式均发生了显著性变化，但全国青少年体质健康水平都出现了下滑现象，而且问题日益突显。青少年体质健康问题不仅关系到全民族的整体素质，而且关系到国家的安全和民族的未来，如何提升青少年体质健康水平也成了学校体育领域改革的热点问题。为此，国家相应推出了一系列的政策与措施。例如，《意见》中指出："当前和今后一个时期，加强青少年体育工作的总体要求是：认真落实健康第一的指导思想，把增强学生体质作为学校的基本目标之一，建立健全学校体育工作机制，充分保证学校体育课和学生体育活动"；《国务院办公厅转发教育部等部门关于进一步加强学校体育工作若干意见的通知》指出："要注重发展学生的体育运动兴趣和特长，使每个学生都能掌握两项以上体育运动技能"；《国务院办公厅关于强化学校体育促进学生身心健康全面发展的意见》指出："要确保学生每天锻炼一小时，坚持课堂教学与课外活动相衔接的基本原则。"要落实好党中央、国务院提出的一系列政策与措施，应打破体育课和课外体育活动两张皮的现象，建立"课内外联动"的学生体质健康提升路径。此举可促使学生把在课堂学到的运动技能应用到锻炼及实践中，并把在练习中所遇到的问题带到课堂进行学习，进而提升大、中、小学生体育锻炼的自觉性和主动性。

（二）体育课程改革的需要

2000年以来，广东省中小学校充分利用新一轮体育课程改革的契机，在《体育与健康课程标准》的指引下将体育课堂改革推向纵深。目前，广东省体育教学改革取得了较好的成绩，高中选项教学，初中多样化教学，小学情景教学、兴趣教学等组织模式已初步形成，呈教学组织灵活、多样化，教学手段多元化发展态势。特别是体育被正式列为中考科目以后，体育教学受到了广泛重视。在落实学生一小时校园体育活动，积极开展阳光体育和一校一品、一校多品的活动中涌现一批先进的学校，学生参加体育锻炼的积极性有了进一步的提高。第四章对2014—2016年广东省学生体质健康测试数据进行分析，结果显示，目前学生体质下降的趋势亦有所遏止，一些体质健康评价指标开始出现上升趋势。但是，由于目前改革大多关注于体育课内，出现了体育课内外脱节的现象，体育课堂教学与课外体育活动没能实现有效的融合，导致改革效果不明显。学生在体育课堂学习的运动技能得不到强化与提高，掌握两项以上运动技能流于形式，学生能否掌握学过的运动技能，掌握到什么程度都无法认定，学生的体质健康状况改善情况也不容乐观。为提升学生体质健康水平和体育教学质量，除了要大力深化体育课

堂教学改革之外，还应积极探索课外体育活动与体育课堂教学相互联动的提升路径，发挥课内外的共同作用，把学生学习运动技能与积极锻炼，有效掌握两项以上运动技能与提高体质健康水平有机结合在一起，充分发挥学校体育的育人功效。

（三）运动技能形成的需要

为了适应目前课改的基本要求，让大多数学生都能接触到自己所喜爱的运动项目，体育教师需要在课堂上增加较多的教学内容，往往会形成"蜻蜓点水式"的技术教学，学生的技术练习刚见成效，却因教学时数的限制，而转向其他技术或项目的学习，长此以往，就造成了学生的运动技能学而不精的现状。然而，运动技能又是产生运动兴趣的必备条件，若不能熟练掌握运动技能，势必会影响到运动兴趣与习惯的形成，对学生体质健康的影响也就不言而喻了。运动技能具有较强的操作性，需要人体肌肉进行实际的体验，这是与心智技能最大的不同之处。同时运动技能的形成需要充分的练习，通常来说，伴随着练习次数的增加，动作的协调性、精确性、速度等都会随之提高。就目前学校的体育课时数和教学时间来说，远远不能保障学生获得足够的练习时间，需要利用课外体育活动进行补充，将体育课堂上初步学习的运动技能，放在课外体育活动中继续巩固练习，学生在练习中发现问题后，回到课堂寻求老师的帮助，久而久之，学生的运动技能必定会获得提升，参与体育运动的兴趣和体质健康水平也必定会获得提升。

二、构建"课内外联动"体质健康提升路径的可行性

（一）坚实的教学组织基础

广东省作为经济大省，许多经济指标居全国前列，其教育资源也是名列前茅，特别是毗邻港澳的珠江三角洲地区，凭借粤港澳大湾区建设和获取世界学校体育发展前沿信息的优势，探索了众多与素质教育相适应的体育教学形式，有"高中专项体育教学""分层递进教学""情景教学""形象教学""创造性教学""竞争教学""合作教学""快乐教学"等，体育课出现了生动活泼的局面。丰富多彩、形式多样的体育教学形式，为与课外体育活动建立相联动的提升路径打下了坚实的基础。

（二）较好的师资及较为完善的硬件设施

自《意见》发布以来，学校体育工作获得了广东省委、省政府及各级地方政府、教育部门的高度重视，一如既往地坚持改革开放，并把教育放在优先发展的位置。在创新制度建设、培训体育教师、提高体育教学质量、深入推进校园足球及完善学校体育工作条件保障等方面加大了工作力度。学生体质健康水平开始稳步回升，体育课开足率从 2009 年的 27.23% 提高到 2015 年的 91.58%，新建中

小学体育场地器材达标率 100%。学校体育工作局面得到不断的创新及发展。[①]在体育教师专业化建设方面，1986 年起，广东省就建立了每两年举办一届的"广东省中小学学校体育科学论文报告会"制度；2002 年起，每两年举办一次"中小学体育教学观摩活动"；2010 年起，每 3 年举办一次"中小学体育教师教学技能比赛"；2013 年起，每年接受省级培训的体育骨干教师及兼职体育教师近1 200 名；等等。通过这一系列措施，体育课的开足率、体育场地器材达标率、体育教师专业化水平等都得到了有效提升，为建立"课内外相联动"体质健康提升路径提供了必要的条件保障。

（三）"中考"指挥棒作用明显

"体育中考"在经过将近 30 年的探索实践后，获得了社会各界的广泛认同，在促进学生体育参与、提高体质健康水平方面起到了不可替代的作用。对广东省2014—2016 年中小学生体质健康状况进行分析，并对比全国整体情况，结果表明，初三和高一学生的体质相对较好。由此可见，初中升学体育考试对于提高学生的体质健康水平有着积极的促进作用。目前，我国的高考尚没有将体育纳入考试范畴之内，文化课仍然是考试的重点，"一考定终生"的理念仍然根深蒂固，高强度的做题训练将原本用来参与体育锻炼的时间挤占得所剩无几，这也是导致学生体质健康水平下降的原因之一。从目前发展趋势来看，体育能力将逐渐纳入人才选拔的标准之中。一旦高考将体育列为必考项目之一，那势必会促进更多的学生参与到体育学习和锻炼中去，对于培养学生参与体育锻炼的积极性和提高体质健康水平将发挥出前所未有的作用。当然考试也不能一味地将体能素质作为考核内容，同时要避免训练式的突击教学，要尊重体育教学的客观规律。自 2010年开始，广东省把运动技能纳入学生中考选考项目，篮球、排球、足球、田径、游泳等运动项目逐渐成为广大学生所乐于参与并进行刻苦习练的内容。运动技能进入考试范畴，扭转了初中体育课只练体能素质的局面，同时也提高了学生体育学习和体育锻炼的积极性。

第二节　家庭、学校、社会"三位一体"模式的构建

青少年的体质健康提升路径不是一个孤立的封闭过程，而是开放的、具体的社会活动。从时间上来看，体育教育要为所有青少年提供各时段的学习运动技能和参与体育运动的机会，从空间上来看，体育教育不仅停留在学校，而且延伸到家庭体育和社会。由于青少年良好的体质健康状况是在多方面的教育影响下形成

---

① 庄弼. 坚持改革创新不断开创学校体育工作新局面：广东省学校体育 10 年回顾［J］. 体育教学，2017，37（5）：24－26.

的，所以体育教育的组织形式和途径也应多元化。从学校体育的内部出发，再由家庭体育、社会体育外部环境提供保障，调动各方面的教育力量，形成内外相互促进、相互支撑的体育教育环境，从而提升学生的体质健康水平。

在"五位一体"的思路指导下，本章重点讨论家庭、学校、社会"三位一体"提升青少年体质健康水平的策略与建议，而作为主导作用的政府和主体地位的青少年非本章讨论的主要内容。

一、构建家庭、学校、社会"三位一体"青少年体质健康水平提升路径的必要性

（一）实现终身体育目标的需要

终身体育是指一个人终身主动接受体育指导、教育，参加体育锻炼。[①] 终身体育对受教育者的要求是，在校期间（含学前教育和家庭教育）接受体育教育，主动进行体育学习，养成体育锻炼的意识和习惯，待毕业后仍能继续坚持体育学习和锻炼，并能终身受益。学校对人的体育学习和能力的培养功不可没，但在毕业后体育锻炼的意识和习惯能否继续坚持，就需要看家庭和社会能否共同参与，协调配合。

家庭、学校和社会作为终身体育目标实现的三个重要阶段和组成部分，一方面，每个阶段都有各自的目标体系和相对的独立性；另一方面，三者之间又存在互为补充、相互衔接的关系。作为终身体育的起点和最终归宿，家庭对个人的生长发育、健康状况和生命活动具有重要影响；作为终身体育的基础阶段，学校在保障青少年、儿童健康生长发育的同时，又为其一生继续体育学习和锻炼奠定了坚实的基础；社会体育作为终身体育的拓展和延伸，个人可以根据自身的情况灵活自主地在社会大环境下选择和从事自己喜爱的体育锻炼方式。三方目标的一致性、连续性和系统性，决定了其目的的相同性，均围绕着促进个人的身心和谐发展，丰富人的业余文化生活，提高人的生活品质与生命质量，使人际关系更加融洽，社会更加和谐等功能展开，并且贯穿于个人成长的始末。

（二）全面实施素质教育的需要

随着改革开放的不断深入，我国教育综合改革也步入了"深水区"，教育工作由"应试教育"进一步向"素质教育"转轨，这也就是我们常说的全面发展的教育——素质教育，它包括身体素质、心理素质、思想道德素质、科学文化素质、生活技能素质教育五个方面。其中身体素质和心理素质的教育是素质教育的前提和基础，学校体育、家庭体育、社会体育有机结合，能有效提升体育锻炼的意识，养成体育锻炼的习惯，掌握系统的体育与健康知识，形成健康的生活方

---

① 陈琦. 从终身体育思想审视我国学校体育的改革与发展［D］. 北京：北京体育大学，2002.

式。培养学生终身体育观和终身健康观，形成健康个性心理结构，不断进取，超越自我，培养良好的人际关系可为其他素质教育打下基础。① 在这个过程中，学校体育起到了至关重要的作用，担负着重要的责任。为进一步提高未成年人素质教育成效，亟须充分发挥学校体育教育的主渠道作用、家庭体育教育的基础作用以及社会体育教育的平台和依托作用，广泛开展各种体育教育合作实践，构建家庭、学校和社会密切配合的立体化的"三位一体"体育教育格局。

（三）学校体育改革的需要

近年来，党中央、国务院高度重视学校体育，不断出台政策措施，加快推进了学校体育改革步伐，学校体育工作取得较大进展，但有一些问题依旧积重难返。要想解决这些问题，仅从学校体育本身出发难以达到理想的境地，需要学校、家庭和社会三方共同的努力，甚至是政府、学校、家庭、社会、学生五方联动。青少年大部分的课余时间都在家里度过，家庭对于青少年的健康成长担负着重要的责任，家庭成员的体育锻炼习惯与行为对青少年儿童的健康成长有着重要的影响。青少年在学校体育课上学习到的体育技能，若在放学后得不到家长正确的引导、督促进行习练，会给学生形成良好的体育锻炼习惯养成增加难度。因此，家长需要积极配合学校的工作安排，对学生离校后的校外体育锻炼进行监督和管理，必要时还需要进行一定的指导，指导能力不足时就需要咨询学校老师或社区体育指导员。家长也有义务将学生离校后的体育锻炼情况反馈给学校，与校方在学生进行课内外体育锻炼这一问题上协调配合，共同促进学生体质健康状况的改善。

社会为学校体育的改革提供了良好的平台和环境。作为社会管理最基本单元的社区不仅是青少年的居住场所，还有责任和义务与学校和家庭相互协调配合，为每一位青少年提供必要的体育活动场所，组织一定的体育活动，让青少年获得更好的公共体育服务，促进青少年健康成长。全民健身的大环境为学校体育的改革提供了必要的条件和良好的社会氛围，也使学校的体育功能得到有效的延伸。

二、构建家庭、学校、社会"三位一体"青少年体质健康提升路径的可行性

（一）学校体育、家庭体育和社区体育目标的一致性

学校体育的目的是促进学生身心发展，增强学生体质，对其进行道德品质教育，使其能很好地完成学习任务，从而为社会主义建设和中华民族复兴做出应有的贡献。家庭体育的基本手段是身体练习，让学生通过身体练习而获得一定的运

---

① 沈建华，肖焕禹，龚文浩. 论学校体育、家庭体育、社会体育三位一体实施素质教育［J］. 上海体育学院学报，2000（1）：6－8.

动知识技能，满足其运动兴趣爱好，同时也是丰富家庭业余生活，进行休闲娱乐、强身健体、促进家庭和谐的教育过程和文化活动。社区体育作为一种参与面广、吸引力强的休闲活动，获得了广大居民的认可，不仅在一定程度上丰富了居民的业余文化生活，而且有效地防止了不健康生活方式的产生，在增强居民体质、提高居民生活质量方面发挥了不可替代的作用。青少年作为祖国的未来，担负着国家更多的希望，社会要为青少年儿童的发展提供更多的支持，体育就是其中重要的环节之一。学校体育、家庭体育和社区体育作为体育的"三驾马车"，各自虽然存在一定的独立性，但就三者对青少年、儿童发展的影响来说，又存在许多的共性，它们都有一个共同的愿景，那就是使青少年、儿童在生长发育过程中，身体和心理能够更加健康，生活能够更加和谐和具有质量，能够使体育成为贯穿其一生的爱好。

（二）学校体育、家庭体育和社区体育作用的交互性

学校体育的发展能为青少年提供必要的体育知识和技能，对于其身心健康的发展和坚强意志品质的培养，以及建立终身体育的意识有着不可替代的作用；家庭体育为青少年进行体育学习与锻炼提供了必要的精神和物质保障，不仅能够促进青少年身心健康发展，还能使家庭成员之间的关系更加和谐融洽；社区体育在保证丰富社区居民进行业余体育文化生活的同时，还能够使社区居民的身心更加健康，居民之间的沟通更加容易，相处也更加和睦，关系也更加融洽。学校体育为学生终身体育的发展提供了技术和活动保障，而家庭体育为青少年、儿童终身体育发展奠定了思想基础，对青少年体育意识培养具有基础性作用。家庭体育和社区体育是学校体育的延伸和拓展，为学生终身体育的发展提供了有力的支撑，三者在一定意义呈现着相互弥补、相互促进的作用。

（三）学校体育、家庭体育和社区体育资源的互补性

学校体育凭借其专业的体育教师队伍和相对充足的场地设施，在为学生提供专业技术支持的同时，也为其进行体育学习与锻炼提供了必要的空间和设备支持。但略显不足的是，学校体育经费不足，这一点也是影响学校体育发展主要原因。而家庭体育和社区体育的发展虽在专业的技术指导和体育场地设施方面不及学校，但家庭和社区在能力范围内可以提供一定的物质资源和人力资源，三者可以将各自的资源进行整合，共享资源，互相补充。学校可以将自身具有的专业技术和场地器材补充到家庭和社区体育中去，弥补家庭和社区体育发展的不足，家庭和社区能为学校体育的发展提供一定的物质支持，甚至是人力支持。三者之间的互相补充，资源共享，不仅能够提高体育物质资源的利用率，缓解体育物质资源短缺的现状，还有利于丰富学校、家庭、社区"三位一体"的教育理念。

第三节　广东省青少年体质健康提升路径的初步探索

本章结合路径搭建原理，制定了以下青少年学生体质健康提升路径：一是构建课内技能传授、课外练习的课内外联动机制；二是家庭、学校、社区"三位一体"的体质健康提升路径，以具体的细分路径和交叉路径来保障基本路径能够得以实施（见图7-1）。

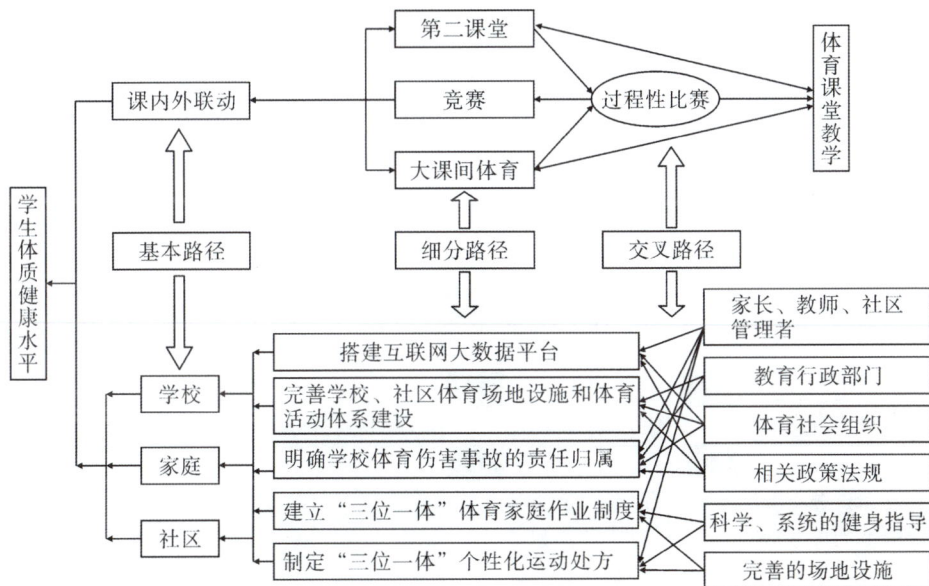

图7-1　青少年体质健康状况提升路径图

一、"课内外联动"青少年体质健康提升路径的初步构建

"课内外联动"体质健康提升路径是以体育课堂教学为基础，与第二课堂和运动训练同步实施，支撑大课间体育活动的开展。大课间体育活动与第二课堂和运动训练相互促进，在体育课堂教学、第二课堂和运动训练以及大课间体育活动实施过程中，进行过程性比赛。以足球教学为例，课堂上进行球技学习，常规课程之后，在第二课堂和运动训练以及大课间活动中进行比赛展示，比赛展示内容可为一分钟双脚交替踩球的次数等形式，主要以课堂内所学内容为主，目的是促使学生进行更多的练习，从而进一步提升学生的运动兴趣和运动技能。将体育课堂教学、第二课堂和运动训练、大课间体育活动、过程性比赛进行联动，并以竞

赛的形式予以呈现，竞赛内容即过程性比赛内容，竞赛形式可以多种多样的形式呈现，例如：以个人为主的擂台挑战赛；以小组和班级为主的团体赛；以校际为主的通讯赛。其目的是使更多的学生参与竞赛中来，以竞赛的形式激发学生的运动兴趣，使学生能够把在课堂上学习到的运动技能学以致用，在竞赛中寻找自身学习的不足，并带着问题回到课堂上主动寻求教师的指导并逐步提高相关技能。学生再次参与到竞赛中时，也能取得比之前更好的竞赛成绩，以此循环往复，从而促进学生体质健康水平的提升（见图7-1）。

（一）"课内外联动"的具体模式构建

结合"课内外联动"体质健康提升路径，搭建了具有可操作性的"课内外联动"模式。该模式以体育课堂教学为引领，大课间各运动项目练习为辅助，课外体育活动的其他组织形式为强化，各文化科目开展为促进，通过校园公共环境进行宣传，校园内多途径共同推进体育课内外的联动，根据学生特点、学情分析、年龄特征、《体育与健康课程标准》等制定课程和具体实施方案到实践教学当中，使之更具体、更系统、更有可操作性（见图7-2）。

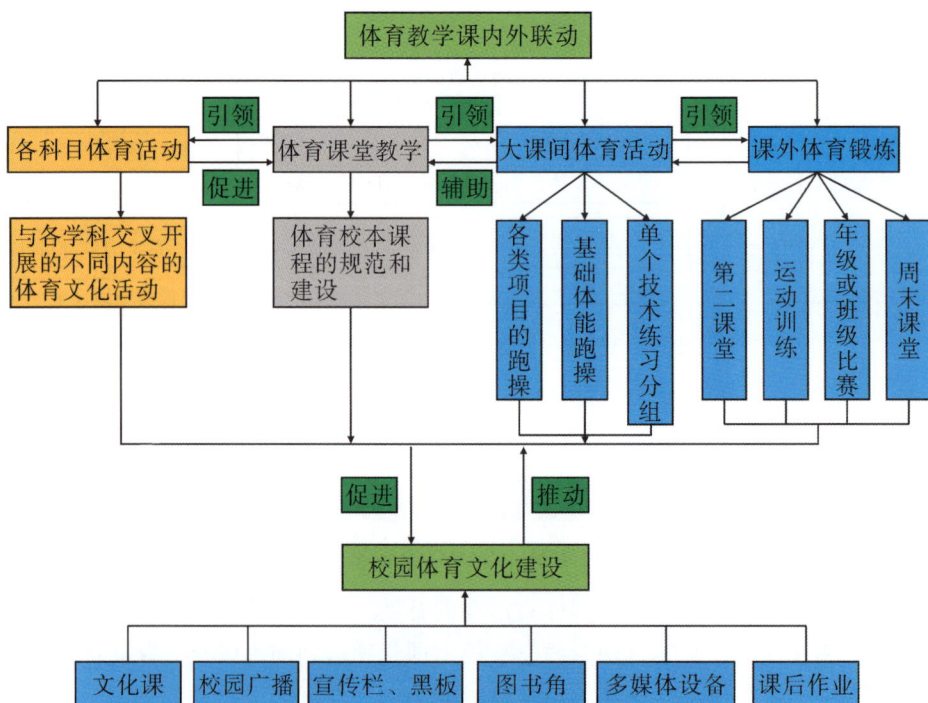

图7-2　体育课内外联动模式图

（二）"课内外联动"的具体内容和实施

以某校二年级足球教学为例，课堂教学是"课内外联动"的基础，所有课外体育活动的展开应以课堂教学内容为主导，通过开展辅助性的练习予以加强。依据《体育与健康课程标准》，参照广东省基础教育体育课程的改革要求，根据学生的学习基础和学习状况，制定每周足球课堂教学的基本内容，以及大课间、足球作业、周末课堂、竞赛等相对应的实施内容，通过多种途径，进一步巩固教学内容，扩展教学手段，加强教学效果，不仅学习了技能，更加强了身体素质练习，让学生的运动技能在竞赛中得以运用，在课外活动中得到延伸，培养学生参与体育运动的兴趣，从而达到提高学生体质健康水平的目的（见表7-1）。

表 7-1　足球课内外联动具体实施内容

二年级上学期						二年级下学期						
周次	足球课堂	大课间	足球作业	周末课堂	竞赛	周次	足球课堂	大课间	足球作业	周末课堂	竞赛	足球训练
1	理论课（安全常识）	出队训练	学习足球课安全常识	揉球游戏	课上进行足球规则和足球教学安全常识的小提问	1	理论课（安全常识）	出队训练	学习足球课安全常识	基础球性练习和脚内侧踢球巩固	课上进行足球规则和足球教学安全常识的小提问	足球队的学生进行早、晚足球训练，在本学期的基础上进行加强练习和赛内融入练习
2	揉球	跑操、揉球、拉球相结合	一周二次揉球	揉球游戏		2	复习脚内侧踢球	跑操训练	一周二次：脚内侧踢球			
3						3						
4	拉球		一周两次拉球	拉球游戏	班内竞赛：拉球王	4	脚内侧传球和脚底接地滚球	跑操、素质练习、脚内侧传球相结合	一周二次：脚内侧传球	脚内侧传球的巩固	班内竞赛：一分钟脚内侧传接球（女2米，男3米）	
5						5						
6						6						
7	拉挑球	拉球、挑球相结合	一周二次挑球	拉球游戏	班内竞赛：挑球王	7						
8						8						
9						9						
10	双脚交替踩球	素质练习、踩球和传球相结合	一周二次踩踏球	挑球游戏	班内考核：30秒踩球考核	10				脚内侧运球的巩固		
11						11	足球比赛规则	素质练习和脚背正面推拨球	复习足球比赛规则			
12						12						
13						13	脚背正面推拨球		一周二次：脚背正面推拨球（两天进行足球常识学习）	足球比赛的学习和运用	年级5人创足球赛，小组循环后淘汰（奖励前三名）	
14	游戏课	素质练习、踩球和触球小游戏相结合	寻找足球游戏	游戏运用	期末考核：30秒踩踏球和脚内侧踢球	14						
15						15						
16			一周二次脚内侧触球练习			16						
17	脚内侧踢球			小比赛		17	年级足球赛	素质练习	比赛感想（文字和画画）	小比赛		
18						18						

二、家庭、学校、社区"三位一体"青少年体质健康 提升路径的构建

"课内外联动"机制主要是在学校内部实施，通过体育课堂教学、第二课堂和运动训练、大课间体育活动、过程性比赛等途径来提升青少年的体质健康水平。为确保该途径的有效实施，需要家庭和社区提供必要的补充，为青少年提供一个校内校外共同促进的体育环境。在该路径的运行过程中，搭建互联网大数据平台，完善学校、社区体育场地设施和体育活动体系，明确学校体育伤害事故的责任归属，建立三方联动的"体育家庭作业"制度，个性化的"运动处方"等措施，需要家长、教师、社区管理者、教育行政部门、体育社会组织、相关政策法规、科学系统的健身指导、完善的场地设施等要素的共同协作，以保证该途径的顺利实施。

（一）搭建体质健康互联网大数据平台

随着互联网的普及应用，网络媒体愈来愈成为人们获取信息，进行学习和生活的主要工具之一。据国家统计局官方网站显示，2017 年互联网上网人数达7.31 亿人，手机上网人数 6.95 亿人，其中青少年是网络媒体的主要受众群体。随着互联网时代的到来，网络媒体使体育信息的传播更加迅速、便捷，同时还能够进行丰富多样的互动体验，有效地突破了时间和空间的限制。它的出现、发展和普及，使人类社会体育生活在各个方面发生了根本性变革。目前市场上出现了各种各样的运动穿戴设备和手机运动 App。运动穿戴设备与手机运动 App 的有机结合，不仅能够监测个人在运动过程中的身体状况，还能够记录运动过程的实时数据。通过后台的大数据处理，手机运动 App 能将每一次或者一段时间的运动数据呈现在手机屏幕上，并分析出使用者的体质健康现状。同时，针对目前体质健康的现状或健身需求，手机运动 App 能够制订出具有针对性的健身计划并给予使用者一定的健身指导，这种手段不仅能提高人们的健身积极性，而且还能够使人们更加科学合理地进行体育锻炼。

在校学生每年进行的体质健康测试工作，是各级各类学校的规定任务，这项工作不仅需要大量的人、财、物来保障其有效的实施，而且由于测试过程中人为因素的影响，会导致测试结果的真实性存在一定的异议。然而，学生体质测试工作在大数据应用下也可以变得轻松高效，不仅可以实现对学生在校内外任何时间的实时监测，而且还能够将收集到的体质健康的相关数据上传至网络云端，以供下载查询，这在无形中有效节约了大量的资源，减轻学校体育教师的工作量，让体育教师有更多的精力投入到教学中去。同时，通过网络技术获得的数据不仅是客观的，而且还有效地降低了人为因素的干扰，进一步提高了体测数据的真实性。例如，目前人们在对自我健康进行监控时，采用最多的方式就是利用"运动

手环"、手机运动 App 等，这种方式既快速直观，又简单实用，还存在较强的趣味性，朋友之间能进行分享和竞赛，这也为学生体质测试提供了许多值得借鉴的手段与方法。通过先进的科学技术能够有效地获取学生体质健康的相关数据，但要想使测得的数据发挥出应有的作用，就需要用大数据技术进行分析整理，以及有相关的大数据平台进行综合管理，以便学校、家庭和社区对学生的体质健康进行监管。例如，利用现有的技术手段搭建以反映学生体质健康状况及变化趋势为目的，学校、家庭和社区共同参与的互联网大数据平台，社区第三方技术公司团队负责研发和管理数据平台，学校负责将学生体质测试的数据上传到数据平台进行统一管理，根据不同体质健康状况，通过内置的运动处方库制定相应的提升措施，家长通过数据平台进行查询，并根据运动处方库给出的锻炼建议，协助体育老师一起实施对学生体质健康的干预措施，最终实现提升学生体质健康的目的（见图 7-3）。此部分实际操作的内容将在本书第九章进行详细的讨论。

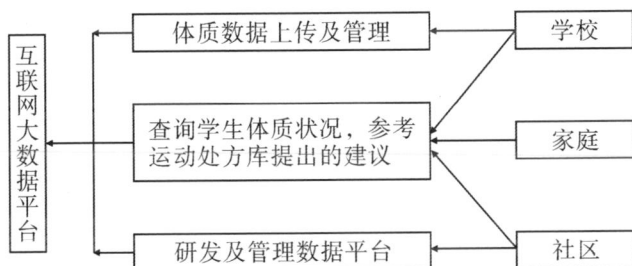

图 7-3　互联网大数据平台实施路径

（二）完善学校、社区体育场地设施和体育活动体系建设

当前我国学校体育竞赛管理主体的政府性较强，仍然存在竞赛类型的层次性、参赛人员的高水平性等特征，从而导致了学校体育竞赛具有明显的竞技性，忽视了学校体育竞赛的本质与功能。由于学校体育竞赛的组织管理是由政府主导，主要管理机构是教育行政部门、学生体育协会、项目管理中心与单项体育协会，使得学校体育竞赛的审批烦琐，组织难度较大。由于参赛运动员选拔体制和锦标主义的影响，一些高水平的学生运动员可以获得较多的参赛机会，而很多中低水平的学生，获得参赛的机会却屈指可数。因此，教育行政部门应淡化学校体育竞赛的锦标主义，突出竞赛的教育价值，并针对不同参与主体，制定相应的客观合理的考评体系，改变过去"唯以成绩论英雄"的评价理念，使更多的学生参与到体育竞赛中来，享受竞赛带来的乐趣。教育部门应简化学校体育竞赛审批程序，使学校体育竞赛更容易组织开展。

社区体育竞赛的组织具有灵活性、多样化特点。按照官方参与的程度划分，主要有行政主导型和社会自主型；按赛事运作管理的形式划分，主要有社区相关组织运作管理或社区街道组织、品牌赞助商独立投资并组织、委托专业体育运作公司组织等形式。从目前的实际情况来看，社区体育的竞赛活动还存在经费不足、比赛形式单一、群众参与范围窄、缺乏专业的竞赛组织管理人才、赛事经营者良莠不齐、法规体制不健全等导致体育赛事活动组织管理不到位的现象。为此，应在街道或社区居委会之下，建立社区体育竞赛管理机构，负责对社区体育竞赛进行统一规范化非营利性运作，由街道或居委会负责该机构的筹建和管理，统一将政府投入到相关社区体育竞赛运作的资金分派给该机构，由该机构全权负责资金的使用，负责社区体育赛事的运作管理，从而使社区体育竞赛更加规范、专业、系统和常态化。

从 2014 年 12 月公布的第六次全国体育场地普查结果可以看出，我国除港澳台地区外，人均体育场地面积仅为 1.46 平方米，距离欧美等体育发达国家还存在较大的差距。同年 10 月，国务院发布的 46 号文提出，到 2025 年，我国人均体育场地面积要达到 2 平方米，要在 10 多年间跨越这道人均 0.54 平方米的"鸿沟"，可谓任重而道远。因此，在科学发展体育场地方面，应从以下几个方面入手：一是以政府为主导，市场为依托，强化政府部门责任意识，发挥市场的导向性作用；二是资金来源渠道多样化，将社会资本引入到体育场馆建设中来；三是强化相关政策的执行力，真正使政策措施落到实处；四是加强对偏远农村及落后地区的扶持，进一步缩小城乡区域之间的差距；五是优化体育场地结构，使体育场地布局更加科学、更加综合；六是提高对现有体育场地的利用率，进一步加大公共体育场馆对外开放的力度。

（三）明确学校体育伤害事故责任归属

学校体育伤害事故是与体育教学活动相伴的一种社会现象，体育的特性决定了其挑战性和潜在的危险性，出现受伤的情况是在所难免的，因此决定了体育是具有一定危险性的学科。但是，体育的价值是不言而喻的，不能仅仅因其存在潜在危险性而致使正常的体育教学活动得不到有效的开展。

在处理学校体育伤害事故时，首先要明确导致其发生的原因，其次是根据其致因明确责任归属方，最后根据相关学校体育伤害事故法律法规要求的责任归属方予以负责。目前处理学校体育伤害事故的主要依据有教育部颁布的《学生伤害事故处理办法》《学校体育运动伤害风险防控管理办法》，以及《民法通则》《侵权责任法》等法律法规，缺乏一部专门针对学校体育伤害事故的法律法规，有必要制定和完善有针对性的学校体育伤害事故的法规文件，为学校体育伤害事故的各方提供有效的法律保障。目前，学校体育伤害事故发生的致因可分为人、物、社会、管理和综合因素等五大类，责任归属方主要有学校、学生、第三方、多方共同承担以及由于不可抗拒因素造成的责任五种形式。[①] 为了强化体育教育，建

---

① 刘乃宝，严峰，杨铭. 学校体育伤害事故的责任归属与保障机制研究 [J]. 体育与科学，2015，36（1）：91 - 95，101.

议将教育行政管理部门纳入责任归属范围内，而且要担负起主要的责任，再进一步丰富和引入保险机制，将伤害事故风险转由社会分担，从而减轻各方在处理学校体育伤害事故时的压力，进而保障学校的体育教育正常开展。

（四）建立"三位一体"的"体育家庭作业"制度

当前中小学校每周进行的体育课和课外体育活动时间相对较足，但效果并不理想，仍未能满足提升学生体质健康水平的需要。相当多的中小学校存在着在校学生人数较多、体育活动场地设施匮乏、未开足体育课等若干问题，这必将导致大多数学生体育技能学习时间和运动量不足的情况，体育锻炼的实效性难以保证。近年来，广大的体育教育工作者开始谋求新的途径来增加学生的运动时间，为学生布置一定的体育家庭作业成了广泛关注的举措。在进行大量有益的研究和实践探索之后，发现该措施对于弥补学生运动量不足的情况产生了积极的效果，在一定程度上对学生体质健康水平的提升起到了积极的促进作用。

体育家庭作业作为课堂体育教学和课外体育锻炼的重要补充和完善，有利于培养学生形成自主选择学习内容、自觉参与体育锻炼、终身体育学习和锻炼的意识与习惯，对提高青少年身心健康素质、促进阳光体育运动的深入开展有着十分重要的意义。体育家庭作业的实施是一个动态的变化过程，在实施过程中要经常进行一些测试和评价工作，对其效果也要不断地进行监督，这有利于改进和完善体育家庭作业的方式方法，从而提高个体身体锻炼的效果。同时，体育家庭作业作为一种双向反馈活动，为保障其有效的实施，不仅需要家长的密切配合和督促，在每次完成作业任务后进行自我评价，而且还需要体育教师制定相应的家庭作业记录本，对学生一段时间内完成体育家庭作业的情况进行总结评价，定期与家长和学生进行交流，主要讨论作业完成的效果，从而制定下一步的作业任务。社区在家庭体育作业的实施过程中也应扮演重要的角色，为学生体育家庭作业的实施提供必要的活动场地，聘请专业的社会体育指导员进行必要的指导，以及组织必要的体育竞赛活动，创造浓厚的社区体育活动氛围。总而言之，学校、家庭和社区共同协作起来保障体育家庭作业的顺利实施，不仅能为青少年进行体育锻炼和健康成长创造轻松愉快的环境，而且能够为家庭和社区体育发展创造良好的氛围。

（五）制定"三位一体"的个性化运动处方

根据运动处方制定的目的，可以将运动处方分为预防性运动处方、竞技性运动处方和康复治疗性运动处方等类别。运动处方的主要作用包括提高身体机能、增进身体健康、改善身体状态、提高环境适应能力和治疗疾病等。一般针对中小学生所制定的个性化运动处方，多以预防健身性运动处方为主，通过该处方的实施来指导青少年通过适宜的体育活动科学地进行锻炼，以提高健康水平、增强体质和预防某些疾病的发生。目前，大多数学生和家长能够意识到身体锻炼的重要性，但对于学生本身的体质健康状况及相应的措施只是一知半解。因此，使学生、家长乃至社区了解学生目前的体质健康状况，以及更有效地进行科学锻炼就显得尤为重要。运动处方的制定应遵循以下几个方面的原则，首先教师要对学生的身体素质与健康状况进行评测（体质健康测试）；其次是参照《体育与健康课程标准》予以定级，明确不同的体质状况，根据不同的体质状况制定科学的教学与锻炼指导方案（个性化运动处方）；最后在教师、家长、学生的共同参与下实施这一运动处方，实施过程中进行不定期的测试对比检查，从而评价其实施效果，以及明确学生体质健康状况改善情况，强化体育健身的科学性和实效性，实施路径如图 7-4 所示。（运动处方制定的基本原则与要求在第九章进一步讨论）

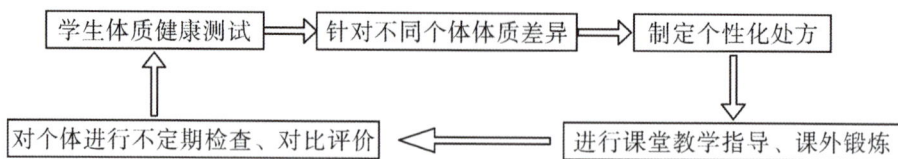

图 7-4　个性化运动处方实施路径图

三、提升路径运行的保障机制

（一）健全领导机制

青少年的体育活动基本上分为校内和校外两种，因此，健全领导机制需要成立校内领导小组和社区领导小组。校内以校长或副校长为组长，各学科科组长为副组长，班主任及体育老师为组员的体育"课内外联动"机制四级领导组织结构，组长对整个机制运行负总责，也是第一责任人，主要职责包括划拨专门的组织经费，协调学校各部门之间的工作等。副组长为第二责任人，负责具体实施方案的制定和协调各组员的工作。小组的组员主要负责方案的具体实施和指导学生进行练习。社区领导小组成员主要以居委会领导、体育教师和学生家长等成员组成，其中居委会领导任组长，负责社区青少年体育活动开展过程中的协调和组织工作，体育教师负责将校内体育活动延伸至社区中，并指导社区体育活动的开展，学生家长在整个过程中要配合居委会和体育教师的工作，提供必要的人力和物力的支持。校内外领导小组之间主要通过体育教师进行沟通，因为体育教师是最了解学生体质健康状况的人员，同时也具有专业的体育指导能力。

（二）经费保障机制

稳定的办学经费是学校体育得以顺利开展的物质基础。为保障学校体育经费的稳定来源，首先，国家财政应保证对学校教育资金有一定的投入比例，保证学校整体办学经费的充足；其次，当地政府或教育部门应保证体育工作经费在总的办学经费中有一定的比例，在进行经费分配时，学校体育能够获得足够的经费支持。亦可通过学校体育资源的开发、学校体育赛事营销以及当地企业赞助和家长众筹等多种形式进行筹措，不断拓展学校体育的资金来源。

第八章 运用《学生体质健康家庭报告书》联动机制提升青少年体质健康水平的路径分析——源自潮州的实验报告

第一节 研究的理论基础与方法

一、理论基础

（一）协同论

协同论（Synergetics）亦称"协同学"或"协和学"，是 20 世纪 70 年代以来在多学科研究基础上逐渐形成和发展起来的一门新兴学科，是系统科学的重要理论分支。该理论在青少年体质健康协同促进中的运用主要体现在：通过强化组织结构，促使学校、家庭以及社会在促进青少年体质健康过程中从无序状态逐步达到有序状态，保持各种促进力量的相对平衡。从系统组织形成所具备的条件来看，学校、家庭以及社会在促进青少年体质健康的大系统中满足开放性、环境性、非线性以及涨落性四个条件。协同的最终目标就是将学校、家庭和社会三者有机结合起来，构建三位一体的联动模式，通过学校体育、社会体育、家庭体育等多种手段和方式相结合，使广大青少年在身体形态、生理功能、运动能力、对自然环境与社会环境的适应能力等方面处于良好状态，从而真正发挥出学校主阵地作用、家庭重要补充作用、社会润滑剂作用，使三者从分立走向协同，使三个子系统形成整体的动态协作，从而产生协同效应，共同促进青少年体质健康水平的提升。协同在学校体育课上的运用体现在，体育教育活动中各种要素、各个环节协同运作，以体育课堂教学为立足点，以课外体育活动为支撑，两者协同配合、相互联动，强化学生的体育学习与锻炼。

（二） 系统论

系统论是研究系统的一般模式、结构和规律的学问，它研究各种系统的共同特征，用数学方法定量地描述其功能，寻求并确立适用于一切系统的原理、原则和数学模型，是具有逻辑和数学性质的一门科学。

系统论的核心思想是系统的整体观念。贝塔朗菲强调，任何系统都是一个有机的整体，它不是各个部分的机械组合或简单相加，系统的整体功能是各要素在孤立状态下所没有的性质。他用亚里士多德的名言"整体大于部分之和"来说明系统的整体性，反对那种认为要素性能好，整体性能一定好，以局部说明整体的机械论的观点。同时他认为，系统中各要素不是孤立地存在着，每个要素在系统中均处于一定的位置上，起着特定的作用。要素之间相互关联，构成了一个不可分割的整体。要素是整体中的要素，如果将要素从系统整体中割离出来，它将失去要素的作用。

学校、家庭、社区对青少年体质健康的干预均发挥着各自作用，有着独特的功能。本章不再将学校、家庭、社区作为独立的子系统，而是以学生体质健康家庭报告书为媒介使三者构建成一个联动的体系，促进学校体育、家庭体育和社区体育的发展，三者协同互动，形成一个动态的系统，互补互利，各司其责，以更好地发挥系统的整体作用。

（三） 动机理论

根据青少年参与体育活动的心理动因，我们可将体育动机分为内部动机和外部动机。前者是指产生于青少年自身内在心理因素的体育动机，即学生参与体育活动完全出于自身的需要、愿望和认知，如渴望从体育活动中获得身体上的快感和心理上的乐趣、刺激，满足好动、好奇或好胜的心理等；后者是指产生于青少年自身之外的体育活动动因，即青少年参与体育活动是由于外界诱因或压力造成的，如希望得到表扬、奖励或避免受到惩罚等。

根据青少年参与体育活动的兴趣特征和心理动因的指向性，我们可以将体育动机分为直接动机和间接动机。前者是指以直接兴趣为基础，指向于体育学习和锻炼活动的目标、内容、方法或组织形式等当前的、直接的体育动机；后者是指以间接兴趣为基础，指向于体育活动可能给生理、心理和社会带来间接结果的体育动机。

青少年的体育行为可能由直接动机引起，也可能由间接动机引起，或者由两者共同作用引起。直接动机产生于学生进行的体育活动本身，如果体育活动组织得当，对青少年的即刻行为会产生较大影响；间接动机产生于青少年对体育活动结果的认知，如果青少年对体育活动有较深刻、全面的认识，将对他们参与体育活动产生长期积极的影响。

一方面，我们通过《学生体质健康家庭报告书》让学生清楚自身的体质状况以及练习方法，让学生有目的地进行锻炼，直接形成青少年参与课余锻炼的内在动机。另一方面，我们通过《学生体质健康家庭报告书》让家长了解学生的体质健康状况，促进家长关注以及督促学生的体育认知与体育行为，让青少年形成有效的外部动机。而社区组织青少年的体育活动，增强青少年公共体育服务实效，可让青少年形成体育锻炼的友伴关系，一定程度上强化了青少年的间接动机。

（四）运动处方

运动处方的概念最早是由美国生理学家卡波维奇在 20 世纪 50 年代提出的。20 世纪 60 年代以来，随着康复医学的发展及对冠心病等康复训练的开展，运动处方开始受到重视。运动处方是指针对个人的身体状况，采用处方的形式规定健身者锻炼的内容和运动量的方法。其特点是因人而异，对"症"下药。1960 年日本的猪饲道夫教授先用了运动处方术语，1969 年世界卫生组织开始使用运动处方术语，从而在国际上得到认可。西德 Hollmann 研究所从 1954 年起对运动处方的理论和实践进行研究，制定出健康人、中老年人、运动员、肥胖病等各类运动处方，社会效果显著。

本章通过运动处方的理论支撑，根据学生的个体差异，制定相应的课余体育锻炼建议。针对不同的学生列出不同的练习内容、练习次数、练习频次，从而更加科学地提高学生课余体育锻炼的科学性和实效性。

（五）三种理论结合研究的启示

通过上述理论分析，我们可以得到以下启示：青少年是运动的主体，如何培养其坚持课余体育锻炼的习惯，养成终身体育的意识，关键在于青少年自身参加运动的心理动机；通过学校的指导、家庭的督促、社区的协同干预等，是激发青少年参与体育活动的外部动机；通过《学生体质健康家庭报告书》对学生自我身体素质的评估，加强学生对自身生理需求的了解；家庭社区的榜样关系、友伴关系能提升青少年参加体育锻炼的内部动机。青少年参与体育锻炼的动机往往是复杂、多变的。学生在学校的时间是有限的，仅依赖学校体育的力量往往难以达到理想的境地。我们通过《学生体质健康家庭报告书》构建家庭、学校、社区"三位一体"的青少年体质健康促进系统模式，可以加强三者间的联系，达到互补性、结构性和动态的平衡，使三者形成一个整体。系统论的观点为家庭、学校、社区互补互利，积极配合，共同为青少年的体质健康服务提供了相应的理论支撑。

二、抽样方法

我们以家庭报告书为研究对象，并采用随机抽样的方法，抽取潮州市金山中学、潮州市瓷都中学高中各年级共计 378 名学生；潮州市高级实验学校、潮州市湘桥区城西中学初中各个年级共计 315 名学生；潮州市实验学校和潮州市潮安区六联小学四年级、五年级、六年级共计 256 名学生；潮州市枫溪区南苑社区初中生 40 名、小学生 27 名及学生家长为具体调查对象。

学生和家长各发放问卷 1 016 份，回收家长有效问卷 856 份，有效回收率 84.3%。回收学生有效问卷 903 份，有效回收率为 88.9%。

问卷采用专家评判法评估问卷内容的有效性，主要通过广州体育学院专家以及潮州市体育名师评定问卷内容，确保问卷在内容与结构上的有效性，从而能够真实、全面地反映被调查者的认知情况。

调查者通过重测法分析问卷的信度。第一次问卷调查 15 天后，对潮州市金山中学部分学生与家长进行重测，统计结果显示，相关系数为 0.783 和 0.758，符合检验标准，达到信度的要求。

调查者还访谈了潮州市有相关经验的专家及教师 6 名，学校行政管理人员 6 名、社区行政管理人员 3 名、学生家长 10 名，征求如何制定校外体育活动方案的建议，以及学校、家庭、社区体育活动的开展情况及实验活动可行性的有关意见和建议。

问卷回收后，调查者将数据导入 Excel 2003 和 SPSS 17.0 统计软件进行处理。

第二节　青少年体育锻炼的态度与行为分析

本章以《学生体质健康家庭报告书》为载体，旨在通过学校、家庭、社区积极的协同作用，提升学生参与校外体育锻炼的频次、时间以及科学性，进而提高学生的体质健康水平。为了解潮州市学生以及家长对校外体育锻炼的认知度、课余体育锻炼参与的态度以及在学校和社区的体育锻炼情况，我们设计了"中小学体育锻炼'知信行'模式""学校—家庭体育合作调查（家长问卷）""社区青少年公共体育服务现状调查"的调查问卷，对潮州市学校体育、家庭体育、社区体育的现状进行了调查与分析，以揭示学校体育、家庭体育、社区体育联动的必要性与可行性，为本章的实证分析奠定基础。

本章主要对潮州市金山中学、潮州市枫溪区瓷都中学、潮州市高级实验学校、潮州市湘桥区城西中学、潮州市实验学校、潮州市潮安区六联小学和市直区两所学校进行问卷调查，主要调查对象为高中、初中各三个年级，小学四、五、六三个年级，共收回 903 名学生的问卷，其中高中 308 人、初中 308 人、小学 287 人。由于潮州市各区经济发展不均衡，特别是离城区较远的农村以及偏远山区教育发展水平比较低，社区发展也相对滞后。要实现学校、家庭、社区协同发展模式是需要一定的物质和制度基础的，为此，研究者主要选择离城区比较近的，周围居住社区发展比较快的学校。

一、青少年对体育的认知与态度分析

（一）青少年的体育认知分析

研究者对三个学段的学生进行关于个人健康标准的判断、教育部要求的体育
课节数、体育课余剧烈活动之前的准备活动、坐位体前屈、长跑、引体向上与仰
卧起坐项目的锻炼作用、学生每天运动的时间、激烈运动的做法以及最健康的减
肥方式共9道题的体育知识进行调查。每道题打"√"给1分，打"×"不给
分，总分9分。其中，6分及6分以下的学生比例见表8-1。

表8-1　青少年体育认知现状统计

学段	6分及6分以下人数（人）	总人数（人）	百分比（%）
高中	85	308	27.6
初中	193	308	62.7
小学	218	287	76.0

表8-1表明，高中阶段学生在体育认知调查中6及6分以下的占本学段学
生总数的比例为27.6%、初中生为62.7%、小学生为75.9%。数据表明随着学
龄的增长体育认知呈现提高的趋势。但从总的数据反映情况来看，青少年对体育
的认知情况还处于比较低的水平。随着学龄的增长，接受体育教育总时限也在递
增，在书籍和媒体上获得的相关知识也越来越多。小学以及初中学段正是成长发
育的关键阶段，然而这个学段的学生体育知识得分在6分以下的均超过所在学段
人数的60%，认知情况不容乐观，不利于青少年科学地进行课余体育锻炼，也
不利于体育锻炼习惯养成以及终身体育理念的形成。

（二）青少年体育锻炼的态度分析

研究者主要从以下几个方面考察三个学段学生的体育锻炼态度：体育锻炼促
进身体健康；每天锻炼一小时、健康生活一辈子；每周体育课是否满足自身锻炼
需求；体育锻炼能否缓解学习压力；体育锻炼能否帮助减肥塑造良好体态；体育
锻炼能否提高社交能力；体育锻炼能否帮助提高技能水平；体育锻炼是否有价
值。赋分方法如下：完全同意5分、比较同意4分、一般3分、不大同意2分、
完全不同意1分，按总分进行统计。统计结果如表8-2所示。

表 8 - 2　青少年体育锻炼的态度统计

学段	32 分及 32 分以上人数（人）	总人数（人）	百分比（%）
高中	80	308	26.0
初中	84	308	27.3
小学	172	287	59.9

注：青少年人数 = 903。

表 8 - 2 表明，高中学生对体育锻炼的益处持比较同意及更积极意见的占总人数的 26.0%、初中学生占 27.3%、小学生占 59.9%。调查结果表明，高中与初中学生在体育锻炼的态度上比较消极，相比而言，小学生体育锻炼积极性较高。

从运动心理学分析，消极的体育锻炼态度往往是影响体育运动个体的内因，使得个体在体育锻炼行为中容易产生疲惫感，并且不能承受相对较大的运动负荷，降低了学生参与体育锻炼活动的积极性。锻炼时间可以反映出青少年在参与某项体育锻炼活动中的积极性和持续性，青少年对体育锻炼持有积极的、主动的态度，证明其对体育锻炼活动具有较高的喜爱程度，同时也反映出青少年在从事一项或多项体育锻炼活动中的持续性越强，花费到体育活动中的时间与精力就会越多。增加青少年体育锻炼的频次与时间的前提是要提高青少年对课余体育锻炼的认知，培养其积极的体育态度，促使他们形成终身体育的理念。

二、青少年体育锻炼行为现状与分析

青少年体育锻炼行为的问卷调查内容包括：经常参加体育锻炼的项目、经常参加体育锻炼的形式、每周参加体育锻炼的频次、每次参加体育锻炼的时间、每次体育锻炼的程度以及每次参加运动前有无做准备活动等。

表 8 - 3　青少年体育锻炼的行为现状

学段	人数（人）	两项及两项以下（%）	结伴锻炼（%）	每周 3 次以下（%）	每次 30 分钟以下（%）	中等运动量以上（%）	经常做准备活动（%）
高中	308	65	79	61	67	40	34
初中	308	78	79	25	20	62	36
小学	287	75	93	58	65	73	32

表 8 - 3 数据表明，各学段的学生经常参与两项或者两项以下体育项目进行课余体育锻炼的选择比例比较高，分别为 65%、78%、75%，这和传统体育教学

的影响及体育场地缺乏有着较大的关联，进而导致学生在课余体育锻炼中实施的体育技能比较单一。小学生由于体育技能的学习内容较少，反映出来的体育锻炼项目的选择也比较少，符合小学生现阶段体育技能的学习状况。初中生由于面临初中升学体育考试，迫于升学的压力，课余体育锻炼仍以中考体育考试项目为主。高中生由于面临高考的压力，学习新技能的积极性较低，在课余体育锻炼中往往会选择自己擅长以及喜好的体育项目进行课余体育锻炼。

三个学段的学生选择结伴参与体育锻炼选项的比例都比较高，这说明现阶段学生在参与体育锻炼中结伴因素占据较大的比重。研究表明，结伴关系对于青少年的运动态度和行为有着重要的影响作用，参与体育活动的动机之一即是享受和父母、朋友在一起的时光。可见，良好友伴关系有助于提高青少年参与课余体育锻炼的积极性。

从每周课余体育锻炼的次数、锻炼时间以及运动量的调查结果看来，高中生与小学生体育参与以及每次锻炼量与强度有保证的比例仍比较小。由于初中学生面临升学体育考试，为了取得优异的成绩，学校、家长对学生的要求也相应提高，所以初中学生课余体育锻炼的频次以及时间强度都能得到有效的保证。

准备活动可以使肌肉温度升高，一方面可使肌肉的粘滞性下降，提高肌肉的收缩和舒张速度，增强肌力；另一方面还可以增加肌肉、韧带的弹性和伸展性，减少由于肌肉剧烈收缩造成的运动损伤。准备活动还可以提高内脏器官的机能水平，调节运动前的心理状态。调查表明，三个阶段的学生在运动前都较少进行准备活动的练习，说明他们在自我体育锻炼过程中，科学锻炼的意识还比较薄弱，缺乏科学的指导，没能养成科学锻炼的良好习惯。

三、影响青少年参与体育锻炼的因素分析

研究者对三个阶段学生关于影响体育锻炼的因素进行了问卷调查，包含学校、家庭、社区、自身四个维度。学校因素有：学校体育场所、比赛组织、课外辅导、体育课趣味性、学习任务繁重5个问题；家庭因素：父母支持、父母锻炼情况、父母对子女运动参与的投入3个问题；社区因素：社区组织比赛情况、社区健身设施、朋友同学参与情况、媒体宣传4个问题；自身因素：运动技术、充足运动时间、害怕运动中受伤3个问题。赋分方法如下：回答没有影响1分、影响不太大2分、影响较大3分、影响非常大4分（见表8-4）。根据研究目的的需要，本研究统计了学校影响5道题得15分及15分以上的人数；家长影响3道题得9分及9分以上的人数；社会影响4道题得12分及12分以上人数；自身影响3道题9分及9分以上人数，以及它们各占总人数的百分比。

表 8－4 影响青少年体育锻炼的因素

学段	人数（人）	学校因素（%）	家庭因素（%）	社会因素（%）	自身因素（%）
高中	308	65	55	54	54
初中	308	63	58	51	52
小学	287	44	65	64	40

统计结果显示，各学段的学生普遍认为学校、家庭、社会以及自身因素对体育锻炼的影响比较大。青少年大部分的可支配时间均在学校和社区度过，学校与社区能否为青少年提供充足的体育锻炼场所、父母对青少年体育参与的支持直接影响其体育锻炼行为。受着传统教育思想的影响，青少年大部分时间都用于文化课的学习，在繁重的学习之余，学校和家长为他们提供更多的休闲时间用于体育锻炼是前提条件；学校能否提供高效的体育课堂教学和社区高质量的体育服务是学生体育参与的组织基础；良好的体育习惯与兴趣能更好地促使青少年自觉从事体育锻炼。家长、身边朋友以及同学为青少年的体育参与提供了良好的榜样以及友伴支持，可从积极的层面引发青少年体育锻炼的动机，促使青少年养成体育锻炼的习惯。从青少年自身的因素来看，良好的运动技能与心理，可使其在体育锻炼过程中展现自我风采，实现自我价值，获得成就感。

第三节 家长对青少年参与体育锻炼的认同及社区体育服务

一、家长对青少年体质健康的认知

表 8－5 对"没有全民健康，就没有全面小康"等的看法

调查情况		人数（人）	百分比（%）
对"没有全面健康，就没有全面小康"的看法	赞同	739	86.3
	不确定	99	11.6
	不赞同	18	2.1
对"参与体育锻炼能预防慢性疾病发生"的看法	认同	659	77.0
	知道一点	171	20.0
	不清楚	26	3.0

（续上表）

调查情况		人数（人）	百分比（%）
对"相对文化课学习，孩子的体质健康更为重要"的看法	非常赞同与赞同	787	91.9
	一般	64	7.5
	不赞同与非常不赞同	5	0.6
对"良好的体质健康是孩子学好文化课的基础"的看法	非常认同	706	82.5
	一般	145	16.9
	不认同	5	0.6
对"学生参与体育锻炼对文化课成绩的影响"的看法	积极影响	442	51.6
	不清楚	328	38.3
	负面影响	86	10.0

注：家长人数 = 856。

表 8 - 5 数据表明，家长对全民健康、孩子的体质健康以及学生的课余锻炼的认识程度较高。其中，86.3% 的家长赞同"没有全民健康，就没有全面小康"的科学论断；91.9% 的家长对"相对于文化课学习，孩子的体质健康更为重要"持赞同和非常赞同的态度；82.5% 的家长非常认同"良好的体质健康是孩子学好文化课的基础"。2016 年 8 月 19 日至 20 日，全国卫生与健康大会在北京召开。习近平总书记出席会议并强调指出，没有全民健康，就没有全面小康。要把人民健康放在优先发展的战略地位，以普及健康生活、优化健康服务、完善健康保障、建设健康环境、发展健康产业为重点，加快推进健康中国建设，努力全方位、全周期保障人民健康，为实现"两个一百年"奋斗目标、实现中华民族伟大复兴的中国梦打下坚实健康基础。国家把体育锻炼提高全民健康的要求提到国家战略的层面，促使全社会提高了对全民健康重要性的认识和行动，潮州市的学生家长对学生体质健康也有了新的认识。随着物质生活的提升，健康成了人们关注的重大问题，子女的体质健康也成了家长关注的焦点。家长对健康意识的提升，可以更好地增强对子女参与体育锻炼的督促作用，一定程度上可以改善学生的体育锻炼行为。

二、学生家长与学校关于青少年体质健康联动现状与分析

表 8 - 6 的数据表明，学校与家长关于青少年体质健康情况的沟通以及家长与体育老师的沟通较少。71.3% 的家长表示，学校从来没有与他们进行关于学生体质健康情况的沟通；75.4% 的家长从来没有与体育老师沟通合作过；20.3% 的家长表示偶尔会与体育老师沟通；4.3% 的家长经常通过电话以及家长会的形式与体育老师有所联系。调查显示，学校没有将学校常规体检或者高考体检的情况反映给学生家长，就学生体质健康问题缺少与家长的沟通和联系，偶有沟通也只

停留在口头以及电话询问，没能系统地向家长反馈学生的体质健康状况以及课余体育锻炼情况。从调查情况来看，各学校仍没有重视家庭教育以及家长在提高学生体质健康水平过程中的重要地位，仍没有找到合适的手段与家长进行联动。

表 8-6   学校与家长关于学生体质健康联动现状

调查情况		人数（人）	百分比（%）
学校与家长关于学生健康的沟通情况	经常	85	9.9
	偶尔	161	18.8
	从来没有过	610	71.3
家长与体育教师沟通合作现状	经常	37	4.3
	偶尔	174	20.3
	从来没有过	645	75.4

注：家长人数 = 856。

三、家长对子女课余锻炼干预现状与分析

表 8-7   家长对子女课余锻炼干预现状

调查情况		人数（人）	百分比（%）
家长对子女喜欢的体育项目了解情况	非常了解	525	61.3
	了解一点	290	33.9
	不了解	41	4.8
家长与子女一起参与体育锻炼的情况	经常	102	11.9
	偶尔	700	81.8
	从没有过	54	6.3
家长对子女每天锻炼一小时的态度	督促完成	475	55.5
	一起运动	205	23.9
	学生自行决定	176	20.6
家长对子女购置体质健康简单设备的态度	支持	679	79.3
	无所谓	151	17.6
	不支持	26	3.0
家长对子女假期参加体育学习与锻炼消费的态度	全力支持	534	62.4
	无所谓	262	30.6
	不支持	60	7.0

注：家长人数 = 856。

表 8 - 7 数据表明，61.3% 的家长表示非常了解子女喜欢的体育项目，33.9% 的家长了解一点；11.9% 的家长会经常与子女一起参与体育活动；55.5% 的家长会督促子女完成每天一小时体育锻炼的任务；23.9% 的家长会与孩子一起完成；79.3% 的家长支持购买能掌握子女体质健康情况的简单设备；62.4% 的家长全力支持子女在假期参与体育学习与锻炼的消费。数据显示，家长对子女喜欢的项目了解情况比较乐观，但由于种种原因，经常与子女一起参与体育运动的家长只占 11.9%，偶尔一起参与的家长达到 81.8%。可见，家长工作之余会愿意与子女一起参与体育活动。对于每天体育锻炼一小时的要求，多数家长持积极态度，并且绝大部分的家长会督促子女进行体育锻炼。在获取子女体质健康情况及子女假期体育消费这个问题上，大部分家长表示支持。

四、潮州市社区青少年公共体育服务现状

（一）青少年社区体育参与现状

表 8 - 8　潮州市青少年社区体育参与现状

调查情况		人数（人）	百分比（%）
青少年在社区参加体育锻炼情况	经常参加	124	13.7
	有时参加	308	34.1
	很少参加	225	24.9
	不参加	246	27.2
青少年在社区参与体育活动的场所情况	社区内场地	323	35.8
	附近学校、公园	422	46.7
	收费体育馆	143	15.8
	青少年活动中心	15	1.7
青少年在社区参与体育活动的伙伴情况	独自	209	23.1
	家人	256	28.3
	同学与朋友	366	40.5
	教练	72	8.0
青少年在社区参与体育锻炼的时间	晨练	86	9.5
	下午放学后	273	30.2
	周末	245	27.1
	寒暑假	169	18.7
	体育考试前	55	6.1
	没规律	75	8.3

（续上表）

调查情况		人数（人）	百分比（%）
青少年在社区参与体育锻炼的时长	30 分钟以下	457	50.6
	31～60 分钟	209	23.1
	61～90 分钟	145	16.1
	90 分钟以上	92	10.2
青少年参与社区青少年体育活动情况	是	118	13.1
	否	785	86.9

注：青少年人数 = 903。

表 8 - 8 的数据表明，青少年经常在社区参与体育锻炼的人数只有 13.7%；有时参与的人数占比 34.1%。在社区内以及社区附近的学校、公园进行体育锻炼的分别占比 35.8% 和 46.7%；和家人以及同学朋友在一起参与健身活动的分别占比 28.3% 和 40.5%；时间主要集中在下午放学后以及周末和寒暑假期间，每次运动的时长大部分集中在 30 分钟以下；只有 13.1% 的青少年表示参与过社区组织的青少年体育活动。由此可以看出，青少年参与社区体育活动的时间比较少，而且不固定，场所主要集中在社区周围的学校与公园，时间以放学后及假期为主。参与体育锻炼的形式主要是和家人以及同学朋友一起，与专业教练一起锻炼的比较少。参与社区组织的青少年体育活动的人数也比较少。调查结果表明，潮州市社区体育服务发展缓慢，尚不能满足青少年体育健身的需求，没能做到人群的全覆盖。

（二）青少年对社区体育服务的满意度

表 8 - 9　青少年对社区体育服务的满意度

调查情况		人数（人）	百分比（%）
青少年对社区场地器材的满意度	完全满足	18	2.0
	满足	68	7.5
	基本满足	30	3.3
	不能满足	369	40.9
	完全不能满足	418	46.3
青少年接受社区体育指导情况	专业教师指导	12	1.3
	业余体育爱好者指导	124	13.7
	没有指导	767	84.9

（续上表）

调查情况		人数（人）	百分比（%）
青少年参与社区体育与健康知识讲座情况	经常参加	45	5.0
	偶尔参加	138	15.3
	从没参加	720	79.7
青少年参与社区体育比赛的情况	是	31	3.4
	否	872	96.6

注：青少年人数＝903。

表8－9的数据表明，87.2%的青少年认为社区场地器材不能满足自己体育
锻炼的需求；84.9%的青少年认为缺少专业的社区体育指导；79.7%的青少年表
示从没参加过社区举办的体育与健康知识讲座；96.6%的青少年没有参与过社区
举办的比赛。调查结果表明，社区体育场地设施、社区体育指导、体育宣传、体
育竞赛活动等青少年公共体育服务有待进一步加强。

第四节 《学生体质健康家庭报告书》的可行性分析

一、《学生体质健康家庭报告书》联动模式体现家、校、社合作意义

通过《学生体质健康家庭报告书》，学校可以使学校教育和家庭教育、社会
教育相融合，把家庭、学校和社会三者紧密联系在一起，促进三者的关系更加和
谐统一。学校是普及家庭教育知识、提高教育水平、优化教育环境的一条有效途
径。学校借助体质健康报告书能够帮助家长更新观念，改善家庭健康教育环境，
并促使家庭教育与社会大环境教育相协调。学校教育、家庭教育和社区教育都有
着各自的优势与局限性，而孤立运行又难以克服各自的短板和发挥各自的优势。
学校运用《学生体质健康家庭报告书》联动模式可以发挥家庭教育以及社区教
育作用，从而弥补学校教育的不足。学校通过《学生体质健康家庭报告书》影
响指导家庭教育与社区教育，可使家庭教育和社区教育反哺学校教育，这种优势
的互补与互相促进，体现了家、校、社合作的最大化。

二、"三位一体"体育教育目标一致的可行性分析

从施教环境、运行机制等方面来看，学校体育教育、家庭体育教育、社区体育教育三者之间有着不同之处，但教育的主体是一致的，教育目标是一致的，也就是通过不同的体育教育形态促进国民整体素质的提升。学校体育教育的目标是传授体育与健康的知识、技能，增强学生的体质，培养良好的心理品质和终身体育锻炼的习惯。学校体育、家庭体育与社区体育对于青少年体育培养，具有目标的一致性，都要为青少年身心健康成长创设良好的氛围与条件。青少年身心健康水平的提升需要三者有效的配合，才能达到理想的目的。但目前普遍存在家长体育意识淡薄，主要精力放在子女的文化课学习上，对他们的体育参与关心不足的现象。由于体育场地的局限性，社区体育的重要参与对象以中老年群体为主。通过《学生体质健康家庭报告书》可使学校、家庭、社区在教育目标上达成更好的一致性，更好地发挥各自的作用，共同促进青少年体质健康水平的提升。

三、《学生体质健康家庭报告书》驱动下动态管理的可行性分析

通过《学生体质健康家庭报告书》联动学校、家庭、社区是一个动态的发展过程，要根据学生体质健康状况做出适时的调整，既要关注学生的整体情况，又要了解学生的个体差异。首先，教育主体的联动。体育教师作为学校体育的管理主体，在体育课堂教学、课余体育活动中发挥着积极的作用，通过体检以及体质测试了解学生的体质健康状况，并"对症下药"。同时，体育教师可用《学生体质健康家庭报告书》告知学生及其家长关于学生的体质健康状况以及如何提高的方法，向家长反映学生的体质健康状况可提高家长对子女体质健康的关注度，让家长督促子女进行校外体育锻炼，提升其体质健康水平。其次，促使家长成为社区体育服务的诉求者。为了更好地提升学生的体质健康水平，家长可向社区管理机构诉求优质的体育服务，促进社区体育服务的多元化，为子女提供更多的体育活动空间。家长可在社区体育设施建设、体育与健康教育上做出相关的干预。家长通过了解—反映—诉求等渠道及体育教师、家长、社区管理者的三方联动，对青少年体育实施动态化、系统化的管理。最后，管理资源的动态化发展。联动系统的管理资源主要包括体育场地、设施、经费以及体育指导员等。以《学生体质健康家庭报告书》为媒介可协同学校、家庭、社区有效地利用系统的资源，使系统资源扩大化。通过社区的组织管理、家长对子女体育经费的投入、学校为周边社区开放体育场馆并提供相应的体育技能指导，可使联动的系统所需要的管理资源进一步的优化。

四、《学生体质健康家庭报告书》联动下三者在区域上的互补性分析

青少年每天从家庭到社区再到学校，再从学校到社区再到家庭，所处的环境因为时间而发生变化。学校体育活动的区域发生在校内的运动场所，但是学生不可能每时每刻享有学校相对比较齐备的体育场地和设施，当所处的空间发生了变化，学生体育参与的环境也会发生变化。《学生体质健康家庭报告书》可让青少年明晰如何利用社区以及家庭的体育设施与条件进行体育锻炼，这样使得社区以及家庭的运动区域变成了学校体育场馆设施的延伸。时间序列也是如此，每个学生在学校运动的时间是有限的，只有联动社区以及家庭才能更好地管理青少年的体育学习与锻炼的时间，增加其校外的体育锻炼时间，让他们把在校不能完成的体育锻炼任务转移到家庭和社区内完成，保证青少年每天一小时以上的体育锻炼时间。

五、《学生体质健康家庭报告书》联动下教育影响的互补性分析

青少年的健康成长主要依托学校、家庭、社区，三者以青少年为共同的教育对象，以育人为教育目标。三者通过《学生体质健康家庭报告书》进行沟通和互动，可提高家长以及社区管理人员的体育与健康意识，使得三方的思想和行动在学生体质健康干预上达成共识，共同承担青少年体质健康教育的任务。《学生体质健康家庭报告书》为家长、社区提供与学校教育相同的教育目标与方法，对青少年的体育干预具有层积和叠加的效果，重视学校体育教育的同时不能忽视家庭以及社区体育教育的积极作用。子女一旦进入学龄阶段，很多家长认为子女教育问题主要由学校来承担，有时候会淡化家庭教育的作用，忽视了家庭教育的功能，特别是体育教育。很多家庭的父母对子女的体育教育情况一无所知，不但没能很好地引导、教育子女，反而会为了现阶段的应试教育削弱了他们体育锻炼的要求。通过《学生体质健康家庭报告书》可强化家长的体育意识，让家长知晓子女的体质健康的状况，在家庭教育中强化子女的体育锻炼意识，督促管理青少年离校期间的体育学习与锻炼。通过社区有关部门的组织，充分发挥社会体育指导员的作用，促使社区为家庭提供优质的公共体育服务，使青少年在社区中能够享受更好的体育氛围和更为科学的体育健身指导。《学生体质健康家庭报告书》可把体育文化传递到家庭和社区，让父母、社区中的伙伴一起参与体育活动，促使学校体育教育在时空中得到延续，实现家庭体育教育、社区体育教育与学校体育教育互相弥补、互相叠加。

第五节　《学生体质健康家庭报告书》的可操作性分析

一、家长对《学生体质健康家庭报告书》联动模式的态度

《学生体质健康家庭报告书》可以有效提高对学生体育课成绩和健康标准的归档和管理，可以加强学校与家庭的联系，引起社会对学生体质健康的重视，共同关注和提高学生的身体素质。《学生体质健康家庭报告书》主要是运用 Microsoft Office 软件进行整理和统计，操作比较简单，设备也只是一台可以运行 Microsoft Office 软件的电脑与打印机，纸张采用 A5 大小，耗材不多，所需经费较少，易于学校采用。

（一）家长对《学生体质健康家庭报告书》的态度

表 8 – 10　家长对"家—校联合促进青少年体育参与的有效模式"的态度

调查情况	赞同与非常赞同	一般	不赞同与强烈反对
人数（人）	709	114	33
百分比（%）	83	13	4

注：家长人数 = 856。

表 8 – 10 的调查数据表明，83% 的家长对"家—校联合促进青少年体育参与的有效模式"持赞同与非常赞同态度，并希望学校能通过一定的手段加强与家长关于学生体质健康的反馈。大部分学生家长表示可以通过《学生体质健康家庭报告书》或者校信通（含有学生体质健康状况及运动处方）的形式反馈，并根据信息反馈的情况督促子女完成报告书上的任务。

（二）社区在青少年体质健康促进过程中应承担的义务和责任

表 8 – 11　家长对"社区在青少年体质健康促进过程中应承担义务和责任"的态度

调查情况	赞同与非常赞同	一般	不赞同与强烈反对
人数（人）	575	195	86
百分比（%）	67	23	10

注：家长人数 = 856。

表 8 – 11 的数据表明，67% 的学生家长赞同与非常赞同社区应在促进青少年
体质健康的过程中承担相应的义务和责任，这表明家长对社区为青少年提供必要
的体育服务有着一定的期盼。随着物质生活的提升、生产方式和生活方式的变
化，居民对健康的需求也日趋强烈，唯有提供更好的健康服务才能适应社区工作
的发展，也是落实《"健康中国 2030"规划纲要》的必然要求。实地调查发现，
大部分居委会管理人员认为，社区有责任落实《关于强化学校体育促进学生身心
健康全面发展的意见》等文件的精神，把"鼓励学生积极参加校外全民健身运
动，中小学校要合理安排家庭'体育作业'，家长要支持学生参加社会体育活
动，社区要为学生体育活动创造便利条件，逐步形成家庭、学校、社区联动，共
同指导学生体育锻炼的机制"的指示精神落到实处，不断满足社区成员，尤其是
广大青少年对社区体育服务的诉求。

二、《学生体质健康家庭报告书》联动模式具体操作方法

（一）《学生体质健康家庭报告书》制作方法

学校按照教育部的要求对学生体质健康规定项目进行测试，得到相应的个体
数据，通过学生测试结果制定出相应的课余锻炼建议，制作相应的《学生体质健
康家庭报告书》。体育锻炼的建议分为三个部分：第一部分为身体形态。根据学
生 BMI 单项评分，可分为正常体重、低体重、超重和肥胖四个等级并制定相应建
议，通过 Excel 进行筛选并自动生成。第二部分为身体机能。根据《国标》对学
生肺活量进行统计评分，把学生分为较差、一般和较好三个层次，针对三个层次
制定相应的运动建议，再通过 Excel 进行筛选并自动生成。第三部分为身体素质。
分别把学生 1 000 米/800 米、50 米、坐位体前屈、立定跳远、引体向上/仰卧起
坐的成绩参照《国标》进行评分，分项目给出较差和较好两个档次。针对较差
的学生制定相应的运动建议，通过 Excel 条件筛选进行自动生成。再把包含学生
班级、姓名、座号、各项目测试分数、体质评价等级以及课余体育活动建议的数
据源表格通过 Excel 表格中的邮件合并功能，直接合并到学生健康管理表格中，
并打印分发给相应的学生、家长以及通过家长送至学生所在社区，让学生、家
长、社区根据报告书上的练习建议督促或者指导学生进行练习。

班级	213	座号		姓名	蔡××	性别	男
身高	1.68 米	体重	98 千克	身体形态（BIM）	27.64 肥胖	身体机能（肺活量）	3 418 及格
身体素质							
耐力（1 000 米跑）		0.00 分不及格		速度（50 米跑）		7.30 秒不及格	
柔韧（坐位体前屈）	12.5 厘米及格	力量（仰卧起坐）		3 次不及格		下肢爆发力（立定跳远）	21 厘米及格
运动建议							

1. 身体形态：同学，你的身体处于肥胖状态，建议你进行科学减肥，首先从饮食进行改善：早上吃得营养，中午吃得丰富，晚上少吃或只吃水果和蔬菜。坚持每天运动 1～2 次，每周运动 5～6 天，每天最少运动 40 分钟，例如，早上起床跳绳或者跳健美操 30 分钟以上，下午放学后慢跑 30 分钟以上。

2. 身体机能：你的肺活量成绩差一些，肺活量较差导致肺部每次吸入的氧气较少，不能满足大脑需要，往往精神比较差，不利于身体健康与学习生活。建议你首先改善自己的呼吸习惯，尽量进行深呼吸，充分利用肺部的空间，然后积极参加体育锻炼，可以通过慢跑等耐力项目促进肺活量的提高。

3. 身体素质：……

图 8-1　《学生体质健康家庭报告书》示例

（二）《学生体质健康家庭报告书》的发送与保存

（1）学校对学生的报告书进行建档保存。

（2）把《学生体质健康家庭报告书》与《学生手册》一同分发给学生。

（3）学生将《学生体质健康家庭报告书》拿给家长并索要回执签名。

（4）家长把《学生体质健康家庭报告书》复印件上交并索要社区居委会的回执并盖章。

（5）学生把家长回执以及居委会回执上交学校进行检验存档。

（三）家庭协同学校动态管理

学校通过分发的《学生体质健康家庭报告书》，让家长知晓子女体质健康的状况以及如何锻炼的方法与手段，从思想上认识体育锻炼的重要性，根据学校提出的运动建议督促学生根据报告书内容进行练习。有条件的家庭可根据子女体质健康状况为其提供相应的经济投入，为其提供充足的体育锻炼器材以及相应的体育培训指导。家长把子女的体质健康情况表上交社区有关部门存档，并向社区提出青少年社区体育服务的建设性意见，以引起社区的高度重视，促进社区管理部门有效地开展青少年体质健康服务工作。

（四）社区协同家庭、学校动态管理

社区居委会通过收集管辖内青少年的体质健康报告书，掌握辖区内青少年的

体质健康状况，提高全民健康的思想意识，联动辖区内学校，整合社区和学校的
各类体育资源，制定青少年体质健康的干预措施，为辖区内青少年提供更优质的
体育服务。社区有关部门及体育社会组织可通过举办社区体育健康讲座、体育技
能培训班、社区体育健身角以及联动辖区内学校在寒暑假为青少年提供体育活动
空间与技能指导，协同学校与家庭促进青少年体质健康水平的提升。

第六节　实验结果与分析

　　研究者通过向潮州市金山中学、潮州市枫溪区瓷都中学、潮州市高级实验学
校、潮州市湘桥区城西中学、潮州市实验学校、潮州市潮安区六联小学6所学校
949名学生发放《学生体质健康家庭报告书》并进行为期一年的实验研究后，统
计949名学生实验前后学生体质测试项目成绩的变化情况；对300名实验学生的
家长进行跟踪，统计实验前后家长对子女体质健康的关注程度；同时对南苑社区67
名学生进行跟踪，以深度了解社区青少年体育服务与学生体质测试项目的关系。

一、实验前后学生家长对子女体质健康关注度的变化

表8-12　学生家长对学生体质关注度变化情况

因子	时间	百分比（%）			
家长与子女关于身体素质的交流情况	实验前	经常	偶尔	极少	从不
		23	24	26	27
	试验后	经常	偶尔	极少	从不
		66	8	11	15
家长对学生体质测试项目的了解情况	实验前	很了解	了解	不了解	很不了解
		4	6	89	1
	试验后	很了解	了解	不了解	很不了解
		19	73	7	1
家长对提高子女体质水平方法的了解情况	实验前	很了解	了解	不了解	很不了解
		8	6	71	15
	试验后	很了解	了解	不了解	很不了解
		12	65	13	10

注：家长人数=300。

从表8-12可以看出，家长在实验前很少与自己子女进行关于身体素质方面问题的交流，对子女体质测试的内容与提高自己身体素质的方法上了解甚少。在现阶段升学考试模式下，应试教育仍是主导教育方向的主流。在如此的教育环境下，家长一方面由于子女升学的压力，另一方面学生本身对身体素质的忽视，导致家长与学生在有关体育方面内容的交流、沟通比较少，相关信息的掌握不足。从表中的数据来看，在《学生体质健康家庭报告书》联动模式指导下，大部分家长加强了与子女关于体质健康内容的交流，通过报告书反映的内容及锻炼方法建议，增强了家长对子女体质健康状况的了解，提高了家长对身体锻炼方法的科学认知。

家庭是青少年接受教育的第一课堂，青少年既是学校体育的活动主体，也是家庭体育活动的主体，学校应该在一定条件下，有目的地积极引导家长参与到学生的体育活动中来，充分发挥家庭的育人功能。通过《学生体质健康家庭报告书》能够有效建立学校与家长关于学生体质健康沟通的桥梁，牵动家长的神经。能使家长更直观地了解子女的体质健康状况以及锻炼方法，从思想上行动上重视青少年体质健康的体育干预。

二、实验前后学生体测成绩变化程度及分析

表8-13　《学生体质健康家庭报告书》指导下实验前后学生体测成绩变化情况统计表

实验对象	人数	因子	实验前		实验后		Sig.
			平均值	标准差	平均值	标准差	
小学4、5、6年级	256	肺活量	69.55	18.80	73.59	17.29	0.000
		跳绳	60.21	24.14	73.00	11.93	0.000
		体质总分	74.81	8.90	80.18	5.36	0.000
初中男生	161	肺活量	55.11	30.34	69.12	10.37	0.000
		1 000米	73.24	20.13	77.062	14.74	0.000
		引体向上	33.73	27.65	52.09	22.19	0.000

（续上表）

实验对象	人数	因子	实验前		实验后		Sig.
			平均值	标准差	平均值	标准差	
初中女生	154	肺活量	58.62	32.34	74.32	7.86	0.000
		50 米	66.62	5.88	81.80	10.89	0.000
		立定跳远	65.55	24.77	78.40	13.18	0.000
		800 米	70.17	19.31	77.17	10.17	0.000
高中男生	176	肺活量	59.21	22.43	76.55	10.07	0.000
		1 000 米	67.35	18.39	79.71	9.77	0.000
		引体向上	23.44	24.84	51.20	26.11	0.000
高中女生	202	肺活量	62.15	21.87	79.02	13.55	0.000
		50 米	75.20	14.61	81.91	9.83	0.000
		立定跳远	70.55	19.04	81.19	15.37	0.000
		800 米	63.70	24.71	77.80	16.84	0.000
南苑社区初中学生	40	立定跳远	52.12	13.14	65.58	12.59	0.000
		1 000 米	55.09	5.04	66.11	4.37	0.000
南苑社区小学生	27	跳绳	67.74	20.39	92.15	29.83	0.000
		仰卧起坐	28.04	13.87	31.93	10.10	0.000

表 8-13 表明，实验班在实验前后的数据进行 t 检验后得出 p 值均小于 0.05 或 0.01，实验班在《学生体质健康家庭报告书》指导下，通过一年的课余体育锻炼，各项体质测试的得分无论是纵向还是横向对比均有明显的提高。从数值上反映出小学生的肺活量、跳绳成绩、体质综合成绩；男中学生的肺活量、1 000 米成绩、引体向上成绩；女中学生的肺活量、50 米成绩、立定跳远成绩以及 800 米成绩均有显著的提高。数据显示，南苑社区小学生和初中生在参加完社区课余体育培训班后，经过 4 个月的社区课余体育锻炼，小学生跳绳、仰卧起坐和初中生立定跳远、1 000 米的测试成绩均有显著的提高。这表明，以《学生体质健康家庭报告书》为媒介的家庭、学校、社区"三位一体"的模式强化了学生参与课外体育活动的动机，提高了学生参加校外体育锻炼的频数以及科学性，从而促进了学生体质健康水平的提升。

三、《学生体质健康家庭报告书》联动模式指导下学生体质健康水平提升的成因

（一）促进学校体育社会化和生活化，提高家庭、社会对学生体质健康的重视

《学生体质健康家庭报告书》联动模式可引起家庭和社区对学生体质健康问题的广泛关注。学校通过发放健康报告书，与家庭、社区进行联动，践行以学生为本的教育理念，凸显了学校体育教育的属性，提高了家庭、社区对学校体育的认知度，有利于正确的体育文化观念的形成，从而促进体育与健康教育向社会延伸。学校与家庭、社区协同发展，整合三方面的教育力量，可使整个教育过程能够从时间和空间上连接起来，对学生的体育与健康教育形成了连续性的推动力量，弥补了学校体育教育在时间与空间上的不足与缺陷。《学生体质健康家庭报告书》联动家庭与社区，促使学校体育与家庭体育、社区体育有效结合，学生在校外可以更好地利用社区的场地器材，同时通过社区的努力促使学校场地在非教学时间向社区青少年开放并提供相应的技术指导支持。三者的有效结合，能够冲破学校体育的"围墙"，使家庭体育、社区体育较好地成为学校体育的有力补充。同时，开放学校体育场馆，让学生以及家长进入校园开展体育活动，更好地盘活学校的体育设施，让学生在假期有充足的场地开展体育锻炼，从时间与空间上保证学生每天一小时以上的体育锻炼时间。学校体育延伸到家庭、社区，促使了学校体育教育思想、内容、组织形式、方法的丰富和完善，对青少年体育教育形成叠加，更好地促进终身体育意识与习惯的形成。

（二）丰富社区体育，提升青少年校外体育锻炼的科学化程度

学校、家庭、社区体育的联动让学生的体育习练从在校时间延伸到了校外时间，从学校延伸到社区；以《学生体质健康家庭报告书》为媒介，引起家长的关注，提升了家长对社区青少年体育服务的诉求，促进了社区体育的发展，打破了学校与社区之间的界限，合理开发社区以及辖区内学校的体育资源。其一，社区居民对社区公共体育服务的需求，客观上促进了社区体育经费的投入和体育设施的建设，使社区成为青少年以及家长共同进行体育锻炼的场所。其二，《学生体质健康家庭报告书》针对学生的体质健康状况，结合社区体育场地设施的特点制定了课余锻炼的方法，促使学生能够利用社区的体育条件进行更为科学的锻炼。其三，《学生体质家庭报告书》联动模式可促进家长、社区管理者体育意识的提升。随着社会的发展，人们会更加重视体质健康在生命周期中的重要性，花钱买健康成为每一个社会成员的普遍共识。如：南苑社区居委会通过举办青少年社区讲座，提升了社区居民的健康锻炼意识。同时以居委会牵头，家长购买服务的形式，引进体育指导老师，举办青少年课余锻炼培训班，指导青少年校外体育

锻炼。其四，通过社区管理部门牵头与辖区内学校进行联动，进行公对公的联合，在寒暑假期间开放辖区内学校体育场馆设施，动员辖区内学校体育教师的资源，填补学生放假脱离学校体育教育这个盲区，改善社区公共体育设施缺乏的现状，让学生在放假期间能更科学、系统地进行体育锻炼。其五，在学校、家庭、社区联动模式下，社区通过购买少量家庭共享体育器材的方式建立社区体育健身角，在社区有关部门的管理下，供社区青少年借取使用。此举不但丰富了青少年在社区健身活动过程中所需的体育器材，而且盘活了家庭闲置或使用率不高的体育器材。

（三）发挥家庭、学校、社区的合力功效，实现"1+1+1>3"的作用

《学生体质健康家庭报告书》模式可使家庭、学校、社区相互关联、相互影响、相互协调构成一个有机整体。《学生体质健康家庭报告书》模式使家庭、学校、社区形成"三位一体"的运行模式，弥补了学校体育教育时间上的不足，同时也提升了家庭体育教育的权威性、及时性。社区为青少年提供体育场地器材、安排体育活动、体育技能指导服务，提高了青少年运动频次、运动时间以及运动的科学性，进而提升青少年体质健康水平，达到"1+1+1>3"的效果。以《学生体质健康家庭报告书》为媒介，三者构建成一个联动的体系，形成一个动态的系统，互补互利，有效地发挥学校与家庭、社区的合力。首先三者联动模式转变了体育教育只重视学校的教育力量，轻视社区以及家庭教育力量的观念。在充分发挥学校体育教育力量的同时，端正了家长的教育观念，促使家长重视青少年的体质健康，积极发挥家长的督促作用以及榜样作用。学校体育与家庭体育、社区体育的结合为学生提供了校外体育锻炼的基础和保障，有力地培养了学生体育锻炼的习惯，促进学生终身体育意识的形成。学校教育联合家庭、社区发挥作用，能够完善学校教育的全面性，弥补学校教育在时空上的不足，延伸了学校的教育功能，叠加了体育教育。同时，《学生体质健康家庭报告书》让家长能够亲身投入到子女的活动中，更深入地了解自己的子女，改善亲子之间的人际关系，增加更多交流和沟通的机会。社区居民走进学校，使得学校体育场馆得到了有效的利用，也满足了广大居民体育健身的需求。

（四）提高学生参与校外体育锻炼的动机

根据学生参与体育活动的心理动因，体育锻炼的动机可分为内部动机和外部动机。前者是指产生于学生自身内在心理因素的体育动机，即学生参与体育活动完全出于自身的需要、愿望和认知，如渴望从体育活动中获得身体上的快感和心理上的满足，如满足好动、好奇、乐趣、刺激或好胜的心理等；后者是指产生于学生自身之外的体育活动动因，比如家庭的影响，社会的影响等。通过《学生体质健康家庭报告书》，学生可以清晰地了解自身的身体素质状况，以及由此反映出的体质健康方面的主要问题，让学生知道自己哪些指标比较好，哪些方面还存

在不足。出于自身体质健康水平提升的需求与愿望，再通过体育教师给出的体育锻炼建议，可以提高学生参加体育锻炼的目的性，增强学生的热情，提高学生的主动性，促使学生更多地走到操场、走到阳光下进行体育锻炼，养成终身锻炼的良好习惯。家庭教育的引导与干预是青少年参与体育锻炼的有效外部动因。受我国教育环境的影响，大多家长只关心孩子的学习成绩，而对孩子的全面发展关注不够。《学生体质健康家庭报告书》一方面可让家长清楚自己孩子的体质健康情况，引起家长的重视，从而端正对学生体质健康的认识，清楚学生体质健康水平的提升不单纯是学校的责任，而应家校结合共同提高。另一方面，也给予家长体育锻炼方法上的帮助，让家长知道如何利用体育的手段提高自己及子女的身体素质及健康水平。

（五）为学生提供良好的运动榜样与友伴关系

调查表明，青少年校外的体育活动参与和家长、同学及朋友在一起进行。《学生体质健康家庭报告书》联动学校、家庭、社区的体育教育，提升了家长的体质健康意识，促使家长可以抽出更多的时间与子女一起进行体育锻炼，督促以及帮助子女完成报告书上的任务。青少年往往在思想以及价值观方面有着可塑性，为此，家长应以身作则，形成榜样。家长的榜样教育具有生动的示范作用，能激发青少年校外体育锻炼的激情，在情感上让青少年产生共鸣，促使青少年更好地投入到体育锻炼中去。社区管理部门通过举办各类体育技能培训班、丰富多彩的体育活动，可为青少年搭建互相学习、互相交流的平台。同伴关系对于青少年的体育态度和行为也有重要影响，青少年参与体育运动的动机之一即是享受和朋友在一起的时光，在社区体育活动的过程中同学们形成友伴，可提高青少年参与体育锻炼的动机与频次。

结　语

（1）《学生体质健康家庭报告书》是构建学校体育、家庭体育以及社区体育协同模式的有效途径之一。

（2）家庭、学校、社区"三位一体"协同模式可弥补学校体育不足。

（3）家庭、学校、社区"三位一体"模式促使家庭体育教育与学校体育教育同步进行，使学校的体育教育在校外得到叠加和完善。

（4）家庭、学校、社区"三位一体"模式促使社区协同家庭、学校举办健康讲座、开展体育技能培训、设立社区健身角、联动辖区内学校体育场馆向社会开放，有利于包括青少年在内的居民体质健康水平的提升。

（5）《学生体质健康家庭报告书》增加了学生锻炼的时间、频次，提高了体育健身的科学性。

第九章　学生体质健康管理平台的构建

在 1979 年、1985 年、1991 年和 2000 年我国进行的几次大规模学生体质与健康调研结果显示，青少年体质在不断地滑坡，近视率持续攀升。2013 年关于学生体质健康的监测数据表明：学生体质健康水平的下滑基本得到了遏制。但是，学生体质健康的状况仍令人担忧，7 ~ 12 岁、13 ~ 15 岁、16 ~ 18 岁以及 19 ~ 22 岁各年龄段的视力不良检出率分别为 40.89%、67.33%、79.20% 和 84.72%。2014 年全国学生体质健康调研结果发现，在学生体质健康状况总体有所改善的同时，仍存在一些问题，主要表现在大学生身体素质继续呈现下降趋势；视力不良检出率居高不下，继续呈现低龄化倾向；肥胖检出率持续上升。现代医学表明，缺乏运动已经成为 21 世纪最大的公共卫生问题之一，尤其是肥胖、糖尿病和心脑血管病等慢性非传染性疾病有年轻化趋势。为此，有必要构建学生体质健康管理平台，以提升对学生体质健康管理的信息化、科学化水平。

第一节　平台主要内容[①]

一、平台实现的目标

从学生体质健康管理平台的应用和特色出发，通过对学生体质健康的监测达到改善和提高其体质健康水平的目的。

二、平台的主要内容

（1）首页（个人信息：学生姓名、所属学校、性别、出生日期、联系电话等）。

---

① 平台网址：http：//121.40.39.238：8090/。

（2）系统设置：进行年份设置，方便查询自己往年的体测成绩。

（3）体测指标建议库：对《国标》中必须测的学生各项体质指标给出有效的体育锻炼方法，提高学生体测成绩，进而促进体质争优。

（4）体测健康管理库：对《国标》中必须测的学生各项体质指标进行体质健康单项评估和整体评估。

（5）基础信息管理：社区管理、学校管理、年级管理、班级管理等。

（6）权限设置：用户管理（学生必须进行实名注册才能登入）、权限管理（由广州体育学院相关部门负责人进行后台维护）。

三、平台特点

（1）平台主要是后台管理形式，不涉及前台展示页面。

（2）系统所有信息只有在用户登录情况下才能查看。

四、平台常规操作

对信息的增加、修改、查询、删除操作。

五、系统角色

（1）管理员：管理员主要针对后台进程信息进行管理；可查阅和管理所有体测相关的信息。

（2）社区管理员：只负责管理所在社区学生的相关信息。

（3）体育老师：只负责管理所带班级学生的相关体测信息。

（4）家长：只负责查看自己子女的相关体测信息。

（5）学生：只负责填写自己的体测信息和查看体测建议。

六、体测流程图

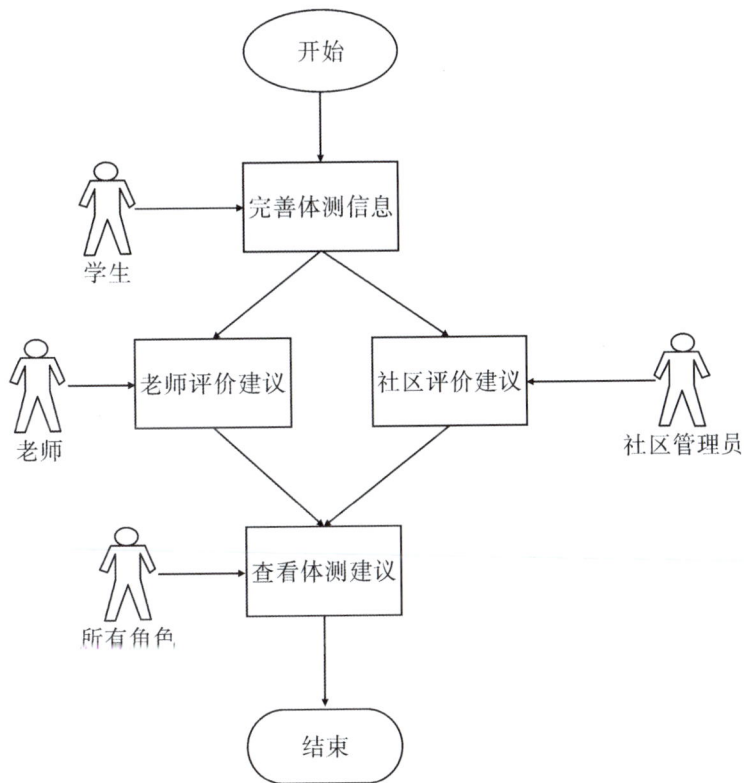

图 9-1 体测流程图

第二节 平台功能说明

一、首页

（一） 待办事项

可显示待评价学生数量。

（二） 个人信息

所有登录用户均能对自己的基础信息进行修改。

二、基础信息管理

（一）层级关系

（1）地区→学校→班级→学生。

（2）地区→学校→老师。

（3）地区→社区→社区管理员（一个）。

（二）地区管理

（1）操作角色：管理员。

（2）对系统中所需要的地区基础信息进行管理。

（三）学校管理

（1）操作角色：管理员。

（2）对系统中所需要的学校基础信息进行管理。

（四）班级管理

（1）操作角色：管理员。

（2）对系统中所需要的班级基础信息进行管理。

（五）社区管理

（1）操作角色：管理员。

（2）对系统中所需要的社区基础信息进行管理。

（3）需要为每个社区分配一个社区管理员。

三、用户角色管理

（一）用户管理

（1）操作角色：管理员。

（2）对系统中的用户信息进行管理。

（3）学生用户需要关联地区：学校、班级、社区。

（4）老师用户需要关联地区：学校。

（5）为用户分配所属的身份属性：老师、学生、家长。

（二）班级分配

（1）操作角色：管理员。

（2）为老师分配所带班级信息。

（三）所带学生管理

（1）操作角色：老师。

（2）由老师导入所带班级的学生信息，只能导入自己带的班级的学生信息。

（3）角色管理。①操作角色：管理员；②根据上述系统角色说明，设置好默认角色；③为该默认角色分配好默认的权限设置。

四、体测指标建议库

（一）体测指标管理

（1）操作角色：管理员。

（2）设定系统所需要的体测指标项目。

（二）体测指标建议

（1）操作角色：管理员。

（2）针对每个体测指标添加和导入指导建议。

（3）指导建议格式：文本，图片，视频（mp4、flv）。

（4）可对该指标建议查看详情（文本，图片，视频均可预览）。

五、用户登录/注册

（一）登录

（1）操作角色：所有用户。

（2）用户登录不能以明文的形式传递密码，需要采用前台加密，传入后台解密的方式。

（3）提供登录验证码。

（二）注册

系统不提供注册，所有的账号均由后台导入。

六、体测指标管理

（一）学生体测信息

（1）操作角色：老师。

（2）老师为所带班级的学生填写或根据模板导入体测信息。

（3）在老师或社区管理员给体测建议之前，该信息可以修改，否则不提供修改。

（4）提交频次：老师每年为所带班级的学生提交一次体测信息，一年中只能提交一次，不能重复提交。

（二）体测健康建议

（1）操作角色：老师、社区管理员。

（2）老师对所带班级的学生提交的体测指标给出建议：该建议可以从管理员设定的体测项目建议库里面抽取，也可以由老师手动编辑。

（3）社区管理员对所在社区的学生提交的体测指标给出建议：该建议可以从管理员设定的体测项目建议库里面抽取，也可以由老师手动编辑。

（三）体测建议查阅

（1）操作角色：所有用户。

（2）学生：查看自己的体测指标和建议。

（3）老师：查看自己所带班级学生的体测健康建议。

（4）社区管理员：查看所在社区学生的体测健康建议。

（5）家长：查看自己子女的体测健康建议。

（6）管理员：查看所有学生的体测健康指标和建议，可导出。

七、模块关系

表 9-1　模块关系

模块功能	子模块功能	说明
基础信息管理	地区管理	管理员：对系统中的基础信息进行管理
	学校管理	
	班级管理	
	社区管理	
用户角色管理	用户管理	管理员：对系统中的用户、默认角色权限进行管理
	角色权限管理	
体测指标建议库	体测指标管理	管理员：设定系统中所需的体测指标项目
	体测指标建议	管理员：针对每个指标项目添加和导入指导建议（支持文本、图片、视频）
个人信息管理	个人信息修改	所有用户：登录用户可以修改自己的系统信息
体测指标管理	完善学生体测信息	老师：由老师添加或导入学生的体测信息
	体测建议	老师：对所带班级的学生的体测指标进行建议
		社区管理员：对所在社区学生的体测指标进行建议
	体测建议查阅	学生：查看自己的体测健康指标和建议
		老师：查看自己所带班级学生的体测健康建议
		社区管理员：查看所在社区学生的体测健康建议
		家长：查看自己子女的体测健康建议
		管理：查看所有学生的体测健康指标和建议，可导出

第三节　平台操作——管理员操作

一、首页

用户在个人信息页面对自己的基本信息进行修改，填写完后点击"保存"按钮，完成修改（如图9-2）。

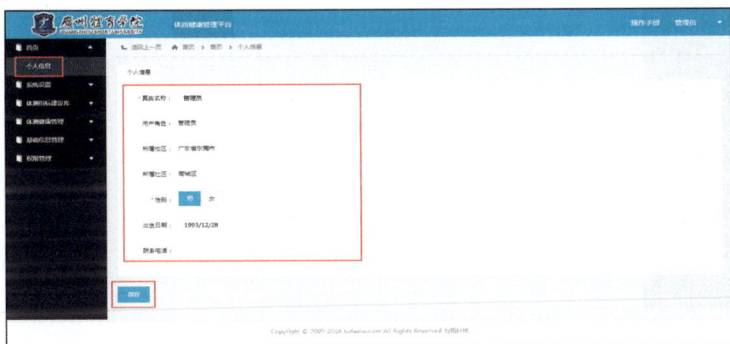

图9-2　个人信息

二、系统设置

（1）修改配置后点击"保存"按钮，完成操作（如图9-3）。

（2）设置年份，查看系统学生体测信息。（注：设置年份后，只能看到当前年份的学生体测信息。）

（3）清除缓存操作直接点击"清除"按钮即可完成操作。

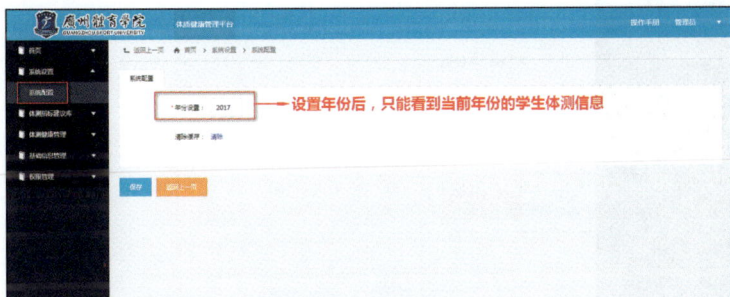

图9-3　系统设置

三、体测指标建议库

（一）体测指标管理

打开体测指标管理主页（如图9-4）。在搜索框输入关键字，点击"搜索"按钮查询。

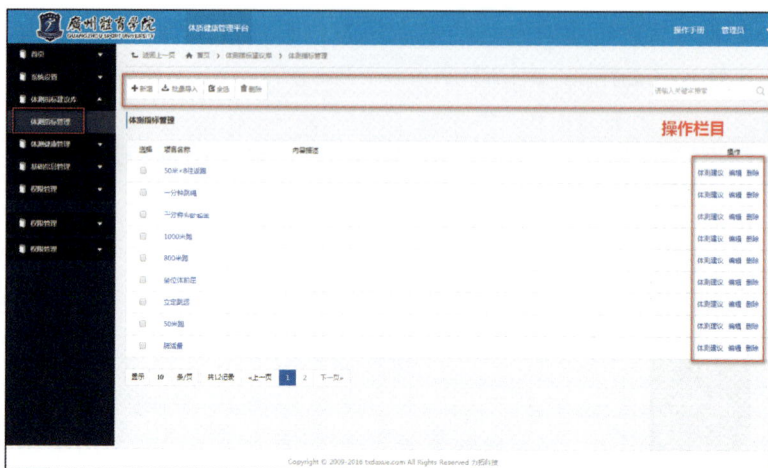

图9-4 体测指标管理主页

（二）新增

（1）点击"新增"按钮，跳转至新增页面（如图9-5）。

（2）填写信息后点击"确定"按钮，完成操作。

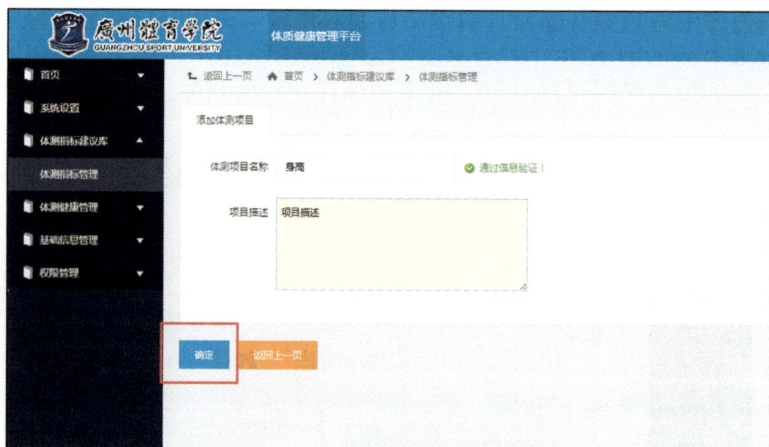

图9-5 体测指标管理新增页面

（三）编辑

（1）点击"编辑"按钮，跳转至编辑页面（如图9-6）。

（2）修改信息后点击"保存"按钮，完成操作。

图9-6 体测指标管理编辑页面

（四）删除

（1）针对单项数据删除，点击该项数据的"删除"按钮，完成操作。

（2）勾选需删除的数据，或点击"全选"按钮勾选，点击上部操作栏的"删除"按钮，完成批量删除操作（如图9-7）。

图9-7 体测指标管理批量删除页面

（五）批量导入

（1）点击主页"批量导入"按钮，跳转至导入页面（如图9-8）。

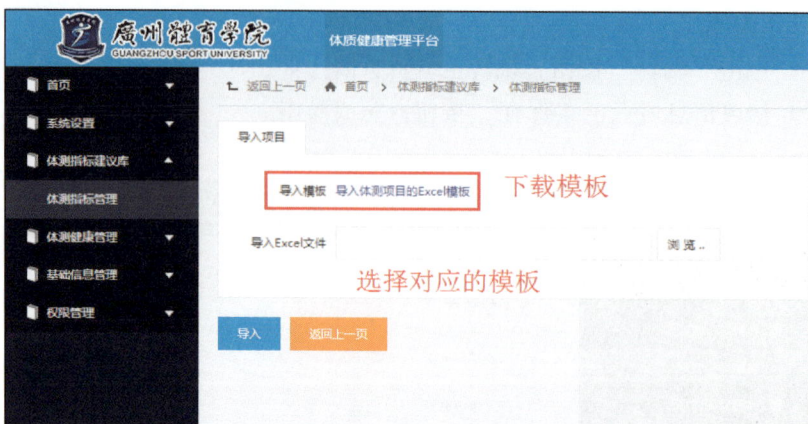

图9-8　体测指标管理数据批量导入页面

（2）点击下载模板，根据要求填写导入的数据。

图9-9　导入体测项目模板

（3）点击浏览找到需导入的模板文件上传后，点击"导入"按钮，完成导入操作。

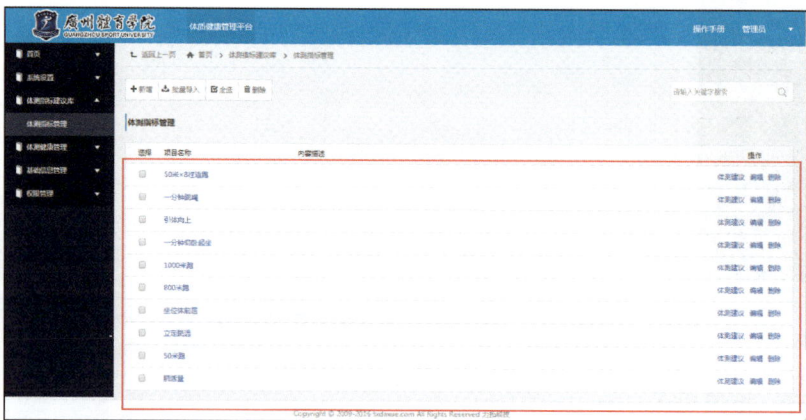

图9-10　模板文件导入操作

四、体测建议

(一) 体测建议主页

点击"体测指标建议"按钮跳转至体测建议主页（如图 9 – 11）。

图 9 – 11　体测指标建议主页

(二) 新增

（1）点击"新增"按钮，跳转至新增页面（如图 9 – 12）。

（2）填写信息后点击"确定"按钮，完成操作。

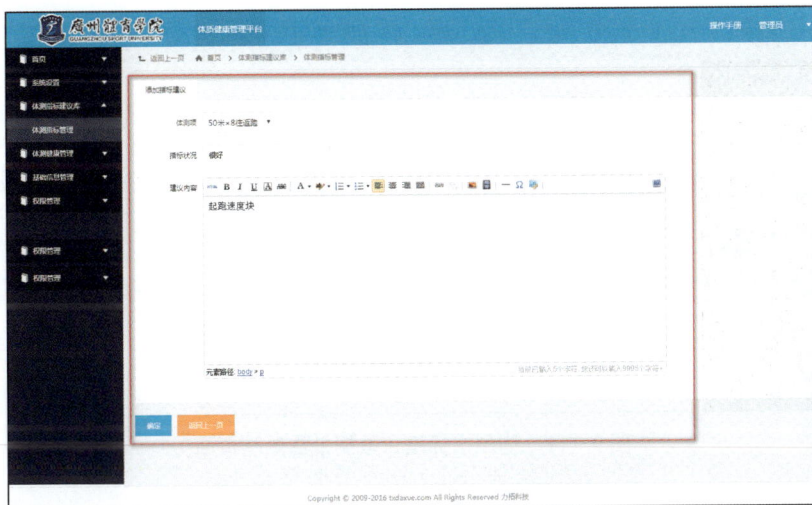

图 9 – 12　体测指标建议新增页面

(三) 编辑

（1）点击"编辑"按钮，跳转至编辑页面（如图 9 – 13）。

（2）修改信息后点击"确定"按钮，完成操作。

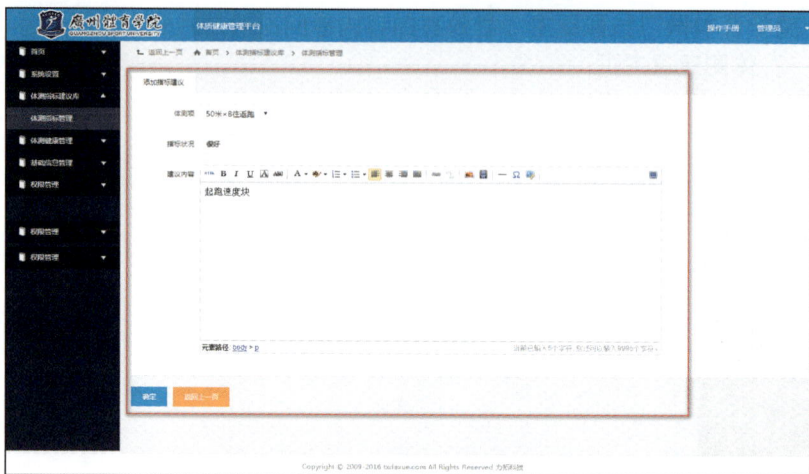

图 9-13　体测指标建议编辑页面

（四）删除

（1）针对单项数据删除，点击该项数据的"删除"按钮，完成操作。

（2）勾选需删除的数据，或点击"全选"按钮勾选，点击上部操作栏的"删除"按钮，完成批量删除操作（如图 9-14）。

图 9-14　体测指标建议数据批量删除页面

（五）批量导入

（1）点击主页"批量导入"按钮，跳转至导入页面。

（2）操作与上面体测指标管理的批量导入一致，按要求填写数据导入即可。

五、体测健康管理

（1）体测建议查阅主页（如图9-15）。

（2）条件查询：时间范围和关键字搜索一样，需点击"搜索"按钮操作。

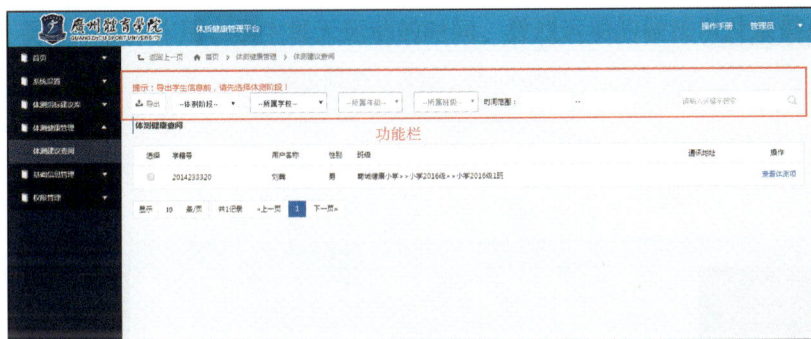

图9-15　体测建议查阅主页

（3）导出学生信息要先选择体测主页，选择后点击"导出"完成操作，点击下载文件（如图9-16）。

图9-16　体测建议数据导出页面

（4）查看体测项。

①点击主页的"查看体测项"按钮对学生的体测信息进行查看（如图9-17）。

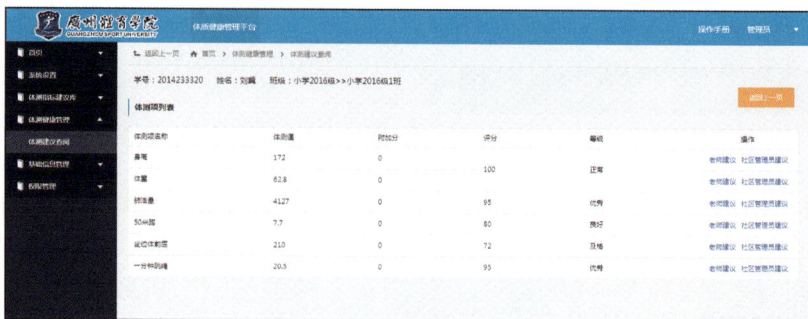

图 9 – 17　查看体测项页面

②点击"老师建议/社区管理员建议"查看建议（如图 9 – 18）。

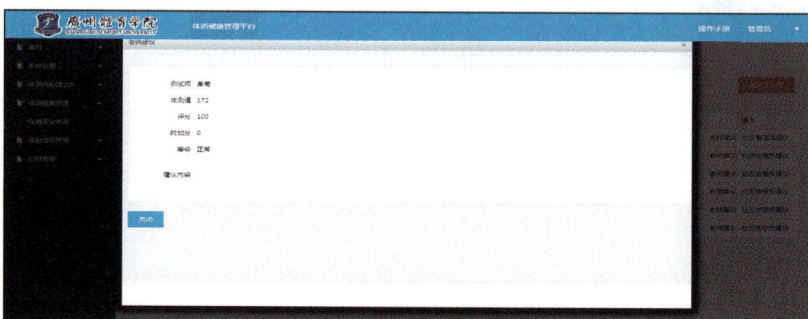

图 9 – 18　查看体测建议页面

六、基础信息管理

（一）地区管理

（1）地区管理主页（如图 9 – 19）。

图 9 – 19　地区管理主页

（2）新增。

①点击"新增"按钮，跳转至新增页面（如图9-20）。

②填写信息后点击"添加"按钮，完成操作。

图9-20　地区管理新增页面

（3）编辑。

①点击"编辑"按钮，跳转至编辑页面（如图9-21）。

②修改信息后点击"保存"按钮，完成操作。

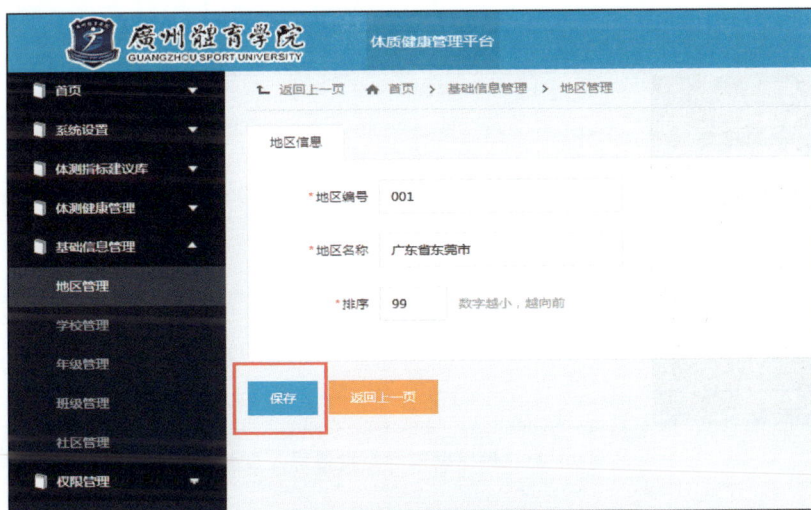

图9-21　地区管理编辑页面

（4）删除。

①针对单项数据删除，点击该项数据的"删除"按钮，完成操作。

②勾选需删除的数据，或点击"全选"按钮勾选，点击上部操作栏的"删除"按钮，完成批量删除操作（如图9-22）。

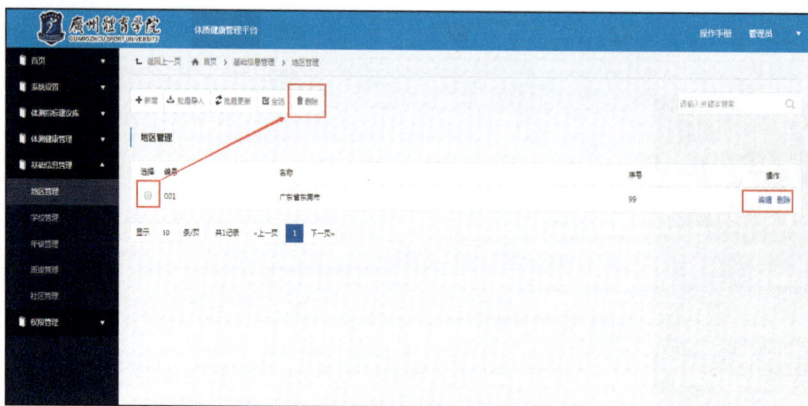

图9-22　地区管理数据批量删除页面

（5）批量导入。

①点击主页"批量导入"按钮，跳转至导入页面（如图9-23）。

②点击下载模板，根据要求填写导入的数据，点击浏览找到需导入的模板文件上传后，点击"导入"按钮，完成导入操作。

图9-23　地区管理数据批量导入页面

（6）批量更新。

点击主页"批量更新"按钮，跳转至批量更新页面（如图9-24）。

操作与批量导入一样，可参考上面的操作。

图9-24 地区管理数据批量更新页面

（二）学校管理

（1）学校管理主页（如图9-25）。

图9-25 学校管理主页

（2）新增。

①点击"新增"按钮，跳转至新增页面（如图9-26）。

②填写信息后点击"确定"按钮，完成操作。

图9-26 学校管理新增页面

（3）编辑。

①点击"编辑"按钮，跳转至编辑页面（如图9－27）。

②修改信息后点击"确定"按钮，完成操作。

图9－27　学校管理编辑页面

（4）删除。

①针对单项数据删除，点击该项数据的"删除"按钮，完成操作。

②勾选需删除的数据，或点击"全选"按钮勾选，点击上部操作栏的"删除"按钮，完成批量删除操作（如图9－28）。

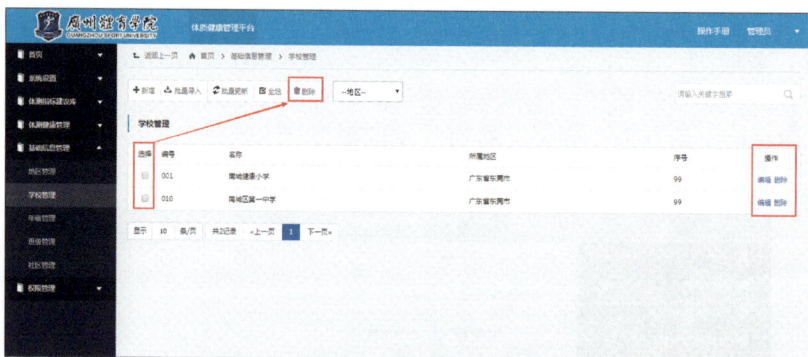

图9－28　学校管理数据批量删除页面

（5）批量导入。

①点击主页"批量导入"按钮，跳转至导入页面（如图9－29）。

图 9 - 29　学校管理数据批量导入页面

②点击下载模板，根据要求填写导入的数据，点击浏览找到需导入的模板文件上传后，点击"导入"按钮，完成导入操作。

（6）批量更新。

点击主页"批量更新"按钮，跳转至批量更新页面（如图 9 - 30）。操作与批量导入一样，可参考上面的操作。

图 9 - 30　学校管理数据批量更新页面

（三）年级管理

（1）年级管理主页（如图 9 - 31）。

图 9 – 31　年级管理主页

（2）新增。

①点击"新增"按钮，跳转至新增页面（如图 9 – 32）。

②填写信息后点击"保存"按钮，完成操作。

图 9 – 32　年级管理新增页面

（3）编辑。

①点击"编辑"按钮，跳转至编辑页面（如图 9 – 33）。

②修改信息后点击"保存"按钮，完成操作。

图9-33　年级管理编辑页面

（4）删除。

①针对单项数据删除，点击该项数据的"删除"按钮，完成操作。

②勾选需删除的数据，或点击"全选"按钮勾选，点击上部操作栏的"删除"按钮，完成批量删除操作（如图9-34）。

图9-34　年级管理数据批量删除页面

（5）批量导入。

①点击主页"批量导入"按钮，跳转至导入页面（如图9-35）。

②点击下载模板，根据要求填写导入的数据，点击浏览找到需导入的模板文件上传后，点击"导入"按钮，完成导入操作。

图 9 - 35　年级管理数据批量导入页面

（6）批量更新。

点击主页"批量更新"按钮，跳转至批量更新页面（如图 9 - 36）。操作与批量导入一样，可参考上面的操作。

图 9 - 36　年级管理数据批量更新页面

（四）班级管理

（1）班级管理主页（如图 9 - 37）。

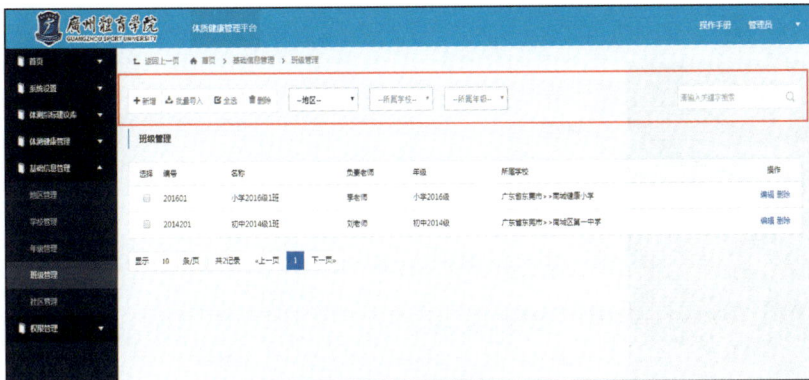

图 9 – 37 班级管理主页

（2）新增。

①点击"新增"按钮，跳转至新增页面（如图 9 – 38）。

②填写信息后点击"添加"按钮，完成操作。

注：添加班级需要给班级分配负责老师。

图 9 – 38 班级管理新增页面

（3）编辑。

①点击"编辑"按钮，跳转至编辑页面（如图 9 – 39）。

②修改信息后点击"保存"按钮，完成操作。

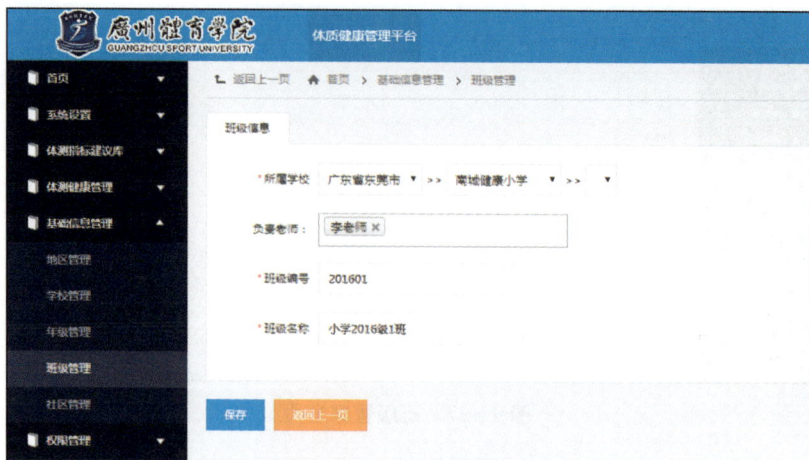

图 9 - 39　班级管理编辑页面

（4）删除。

①针对单项数据删除，点击该项数据的"删除"按钮，完成操作。

②勾选需删除的数据，或点击"全选"按钮勾选，点击上部操作栏的"删除"按钮，完成批量删除操作（如图 9 - 40）。

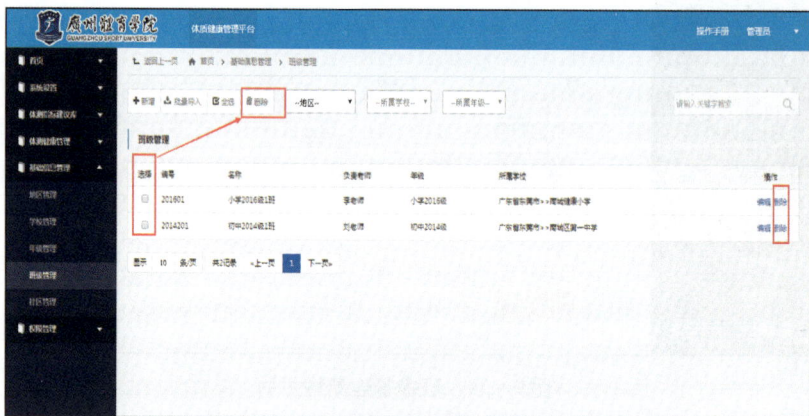

图 9 - 40　班级管理数据批量删除页面

（5）批量导入。

①点击主页"批量导入"按钮，跳转至导入页面（如图 9 - 41）。

②点击下载模板，根据要求填写导入的数据，点击浏览找到需导入的模板文件上传后，点击"导入"按钮，完成导入操作。

图9-41 班级管理数据批量导入页面

（五）社区管理

（1）社区管理主页（如图9-42）。

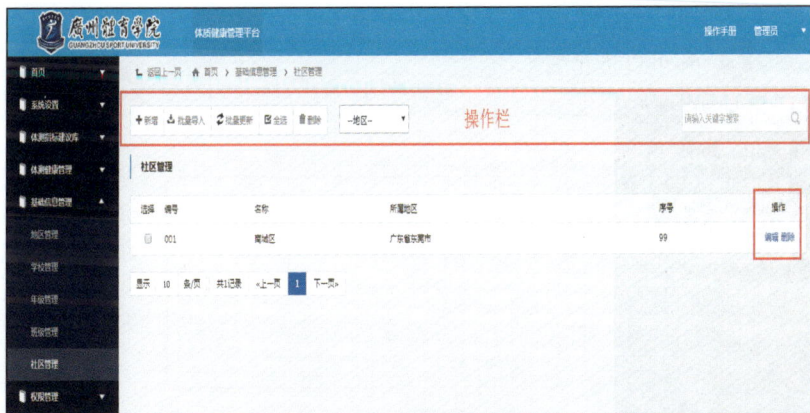

图9-42 社区管理主页

（2）新增。

①点击"新增"按钮，跳转至新增页面（如图9-43）。

②填写信息后点击"确定"按钮，完成操作。

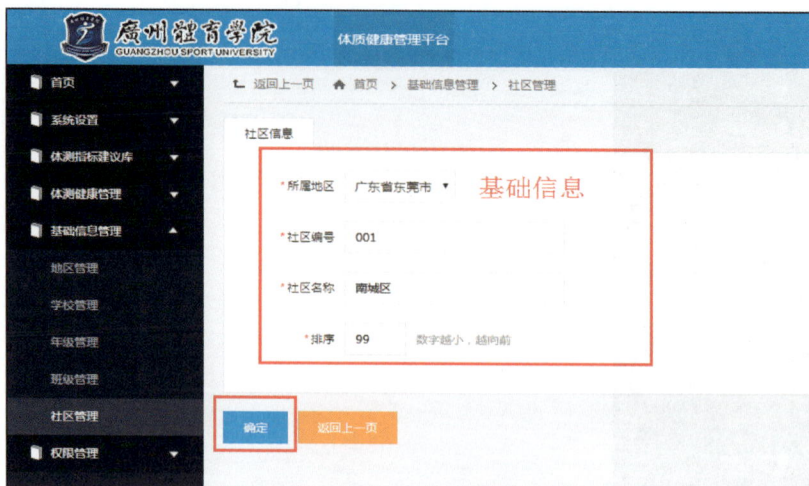

图 9-43　社区管理新增页面

（3）编辑。

①点击"编辑"按钮，跳转至编辑页面（如图 9-44）。

②修改信息后点击"确定"按钮，完成操作。

图 9-44　社区管理编辑页面

（4）删除。

①针对单项数据删除，点击该项数据的"删除"按钮，完成操作。

②勾选需删除的数据，或点击"全选"按钮勾选，点击上部操作栏的"删除"按钮，完成批量删除操作（如图 9-45）。

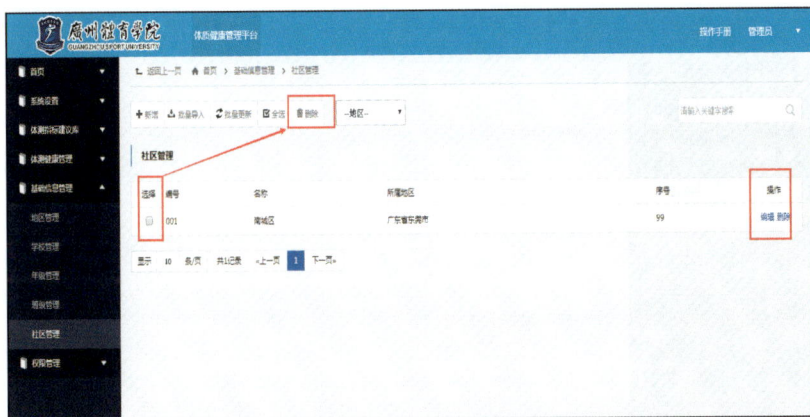

图 9 – 45　社区管理数据批量删除页面

（5）批量导入。

①点击主页"批量导入"按钮，跳转至导入页面（如图 9 – 46）。

②点击下载模板，根据要求填写导入的数据，点击浏览找到需导入的模板文件上传后，点击"导入"按钮，完成导入操作。

图 9 – 46　社区管理数据批量导入页面

（6）批量更新。

点击主页"批量更新"按钮，跳转至批量更新页面（如图 9 – 47）。操作与批量导入一样，可参考上面的操作。

图 9 – 47　社区管理数据批量更新页面

（六）权限管理

（1）用户管理。

进入用户管理主页（如图 9 – 48），点击"初始化密码"按钮则将密码恢复为默认密码。

图 9 – 48　用户管理主页

（2）新增。

①点击"新增"按钮，跳转至新增页面（如图 9 – 49）。

②填写信息后点击"确定"按钮，完成操作。

图 9 - 49　用户管理新增页面

（3）编辑。

①点击"编辑"按钮，跳转至编辑页面（如图 9 - 50）。

②修改信息后点击"保存"按钮，完成操作。

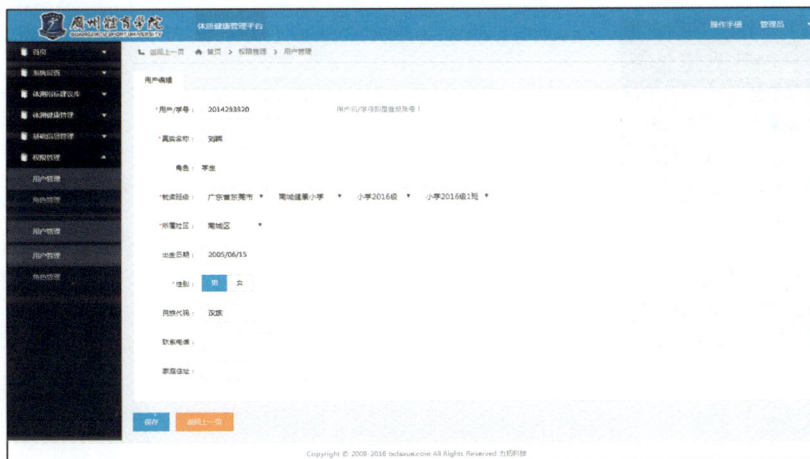

图 9 - 50　用户管理编辑页面

（4）删除。

①针对单项数据删除，点击该项数据的"删除"按钮，完成操作。

②勾选需删除的数据，或点击"全选"按钮勾选，点击上部操作栏的"删除"按钮，完成批量删除操作（如图 9 - 51）。

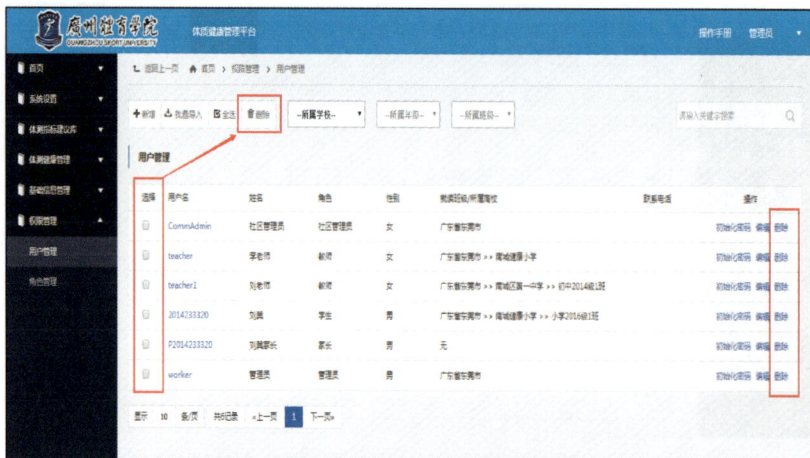

图 9 - 51　用户管理数据批量删除页面

（5）批量导入。

①点击主页"批量导入"按钮，跳转至导入页面（如图 9 - 52）。

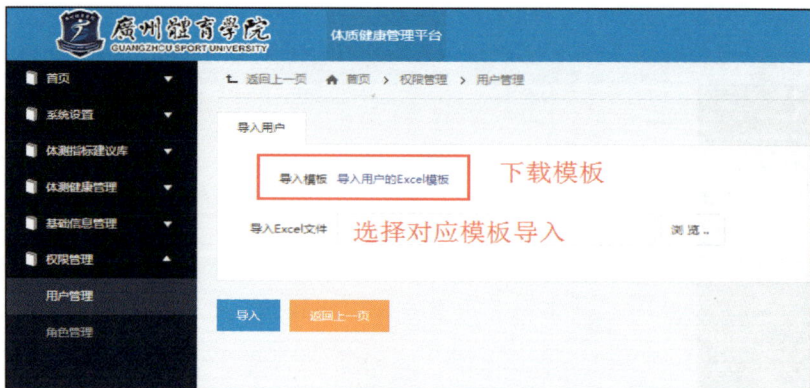

图 9 - 52　用户管理数据批量导入页面

②按用户模板要求填写用户信息。

图 9 - 53　用户模板

③点击"浏览"按钮找到需导入的模板文件上传后，点击"导入"按钮，完成导入操作。

图9-54 用户管理模板导入页面

（七）角色管理

（1）角色管理主页（如图9-55）。

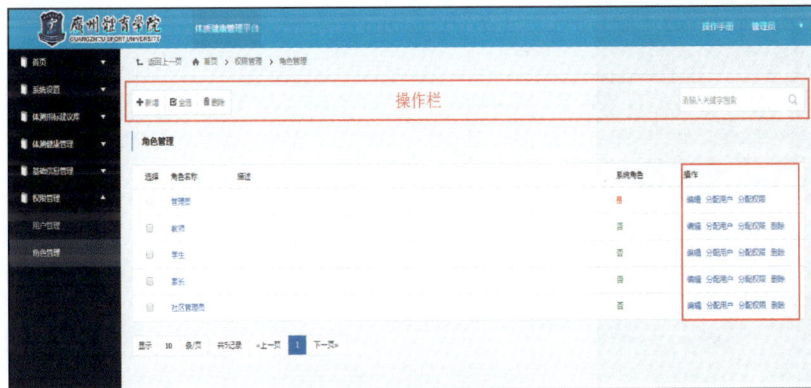

图9-55 角色管理主页

（2）新增。

①点击"新增"按钮，跳转至新增页面（如图9-56）。

②填写信息后点击"确定"按钮，完成操作。

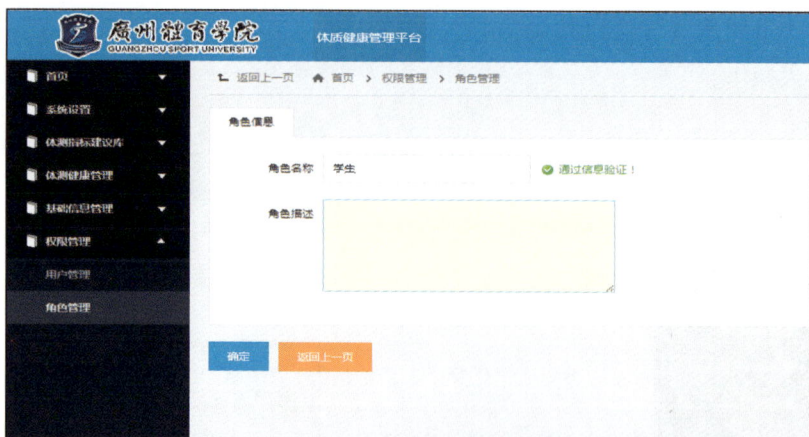

图 9 - 56　角色管理新增页面

（3）编辑。

①点击"编辑"按钮，跳转至编辑页面（如图 9 - 57）。

②修改信息后点击"保存"按钮，完成操作。

图 9 - 57　角色管理编辑页面

（4）删除。

①针对单项数据删除，点击该项数据的"删除"按钮，完成操作。

②勾选需删除的数据，或点击"全选"按钮勾选，点击上部操作栏的"删除"按钮，完成批量删除操作（如图 9 - 58）。

图 9 – 58　角色管理数据批量删除页面

（5）分配用户。

①根据角色名称点击主页"分配用户"按钮跳转至分配用户主页，以老师为例（如图 9 – 59）。

图 9 – 59　分配用户主页

②点击"分配"按钮弹出分配用户页，选中要分配的用户后点击"选中"按钮完成用户的角色分配（如图 9 – 60）。

图 9-60 用户角色分配完成页面

③用户角色分配的删除功能与其他删除功能操作一样。

④权限分配。针对不同的角色分配权限，点击主页"分配权限"按钮跳转至分配权限页面（如图 9-61）。针对角色所负责的模块管理进行权限分配，以老师为例。将需要权限的模块功能勾选上，点击"保存"完成操作。

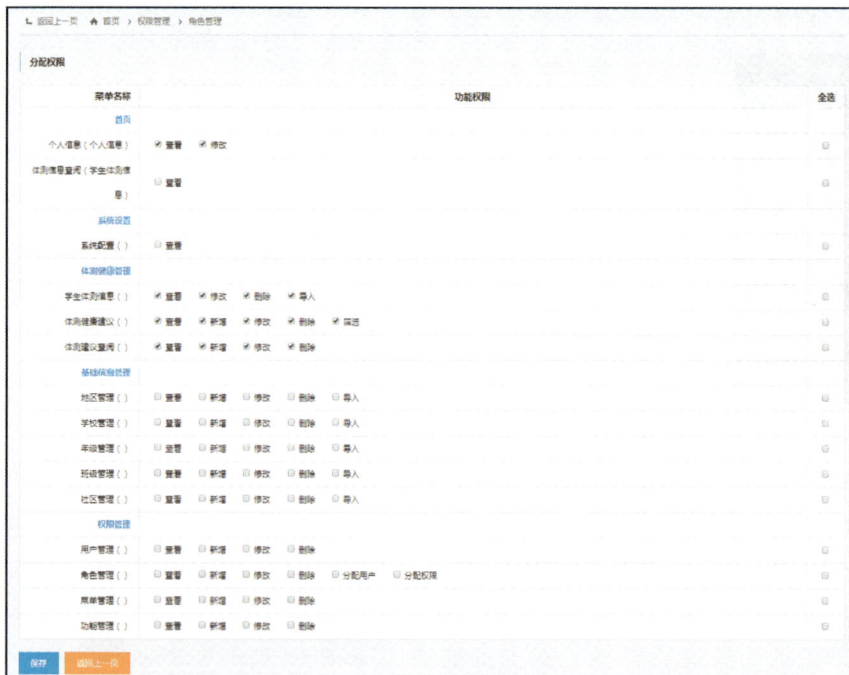

图 9-61 分配权限页面

第四节　平台操作——老师操作

一、首页——个人信息

对自己的基本信息进行修改，填写完后点击"保存"按钮，完成修改（如图9-62）。

图9-62　个人信息编辑页面

二、体测健康管理

（1）学生体测信息主页（如图9-63）。

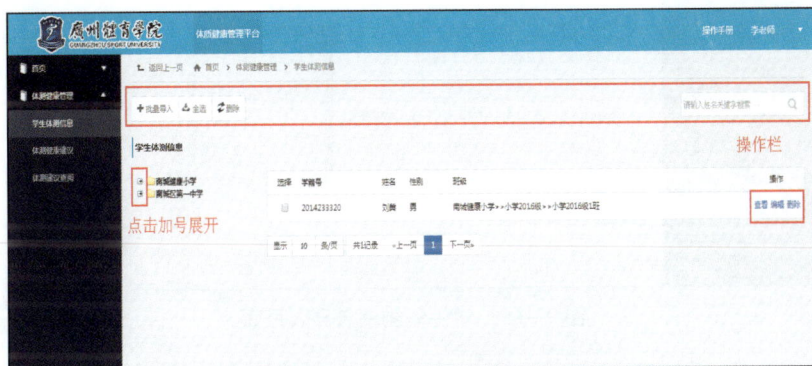

图9-63　学生体测信息主页

（2）批量导入。

①点击主页"批量导入"按钮，跳转至导入页面。

②选择体测阶段（小学或初/高中阶段），下载对应的阶段模板（如图9-64）。

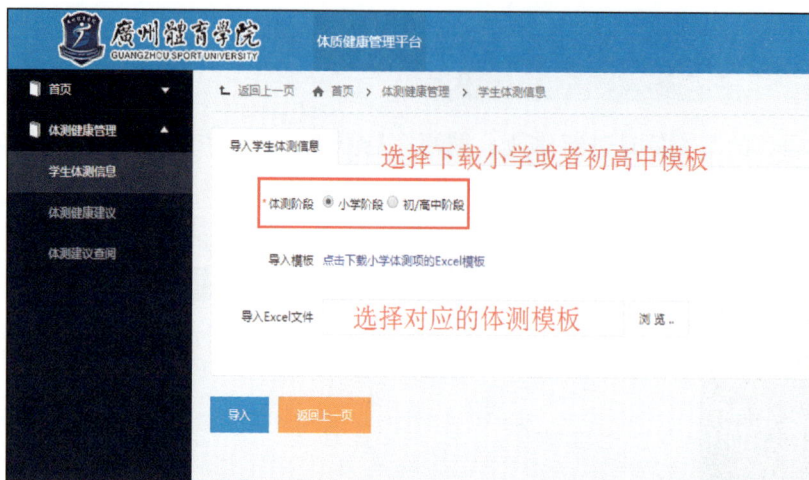

图9-64　学生体测信息批量导入页面

以小学阶段为例，按学生体测信息模板要求填写信息，点击"浏览"按钮找到需导入的模板文件上传后，点击"导入"按钮，完成导入操作（如图9-65）。

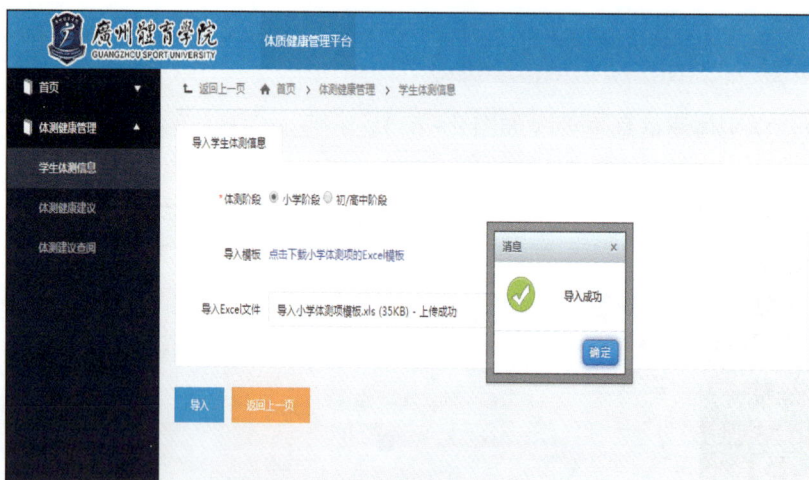

图9-65　学生体测信息导入页面

点击主页"查看"按钮可查看学生体测信息（如图9-66）。

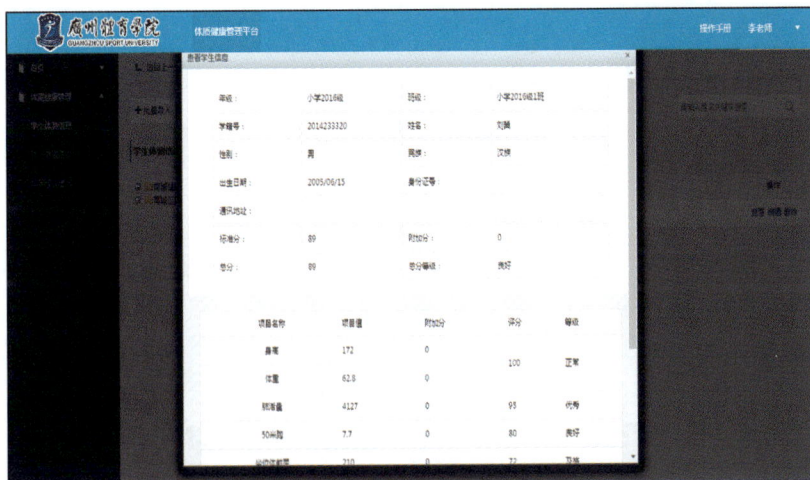

图 9 - 66　学生体测信息查看页面

（3）编辑。

①点击"编辑"按钮跳转至体测信息编辑页面修改学生的信息，修改完成后点击下面的"确定"按钮保存（如图 9 – 67）。

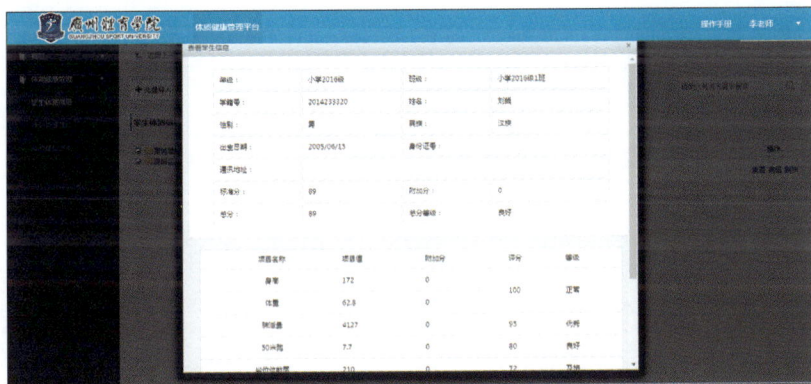

图 9 - 67　学生体测信息编辑页面

②点击编辑体测项列表"编辑"按钮，可修改体测项的信息（如图 9 – 68）。（注：体测项信息未给建议时可修改，存在建议后无法修改。）

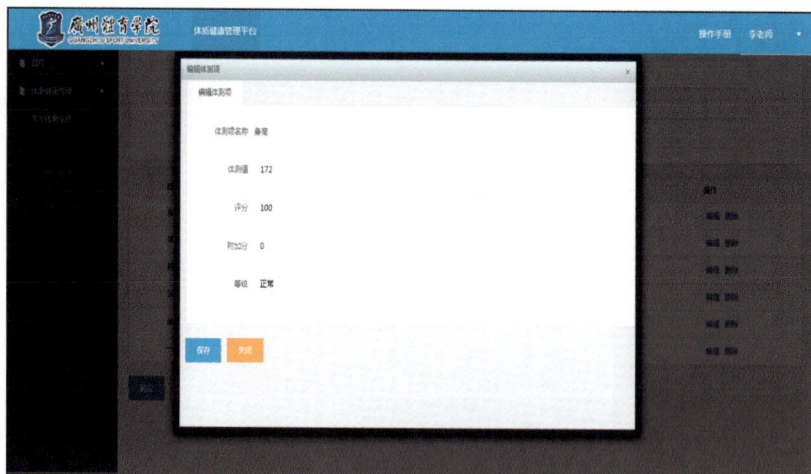

图9-68 学生体测信息修改页面

（4）删除。

①针对单项数据删除，点击该项数据的"删除"按钮，完成操作。

②勾选需删除的数据，或点击"全选"按钮勾选，点击上部操作栏的"删除"按钮，完成批量删除操作。

三、体测健康建议

（1）进入体测健康建议主页（如图9-69）。

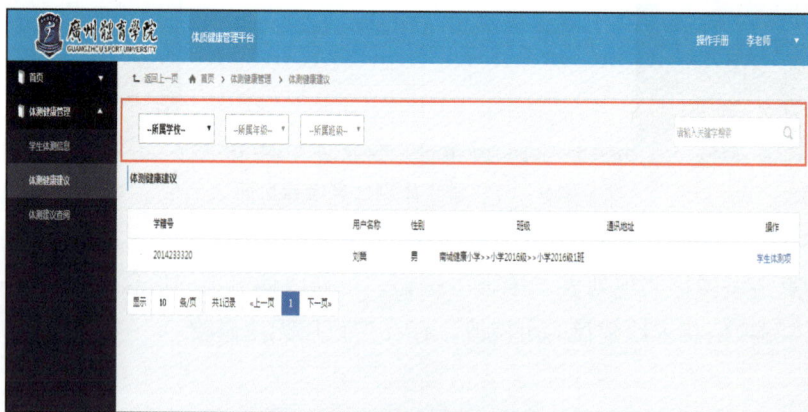

图9-69 体测健康建议主页

（2）点击"学生体测项"按钮跳转至体测项列表页面（如图9-70）。

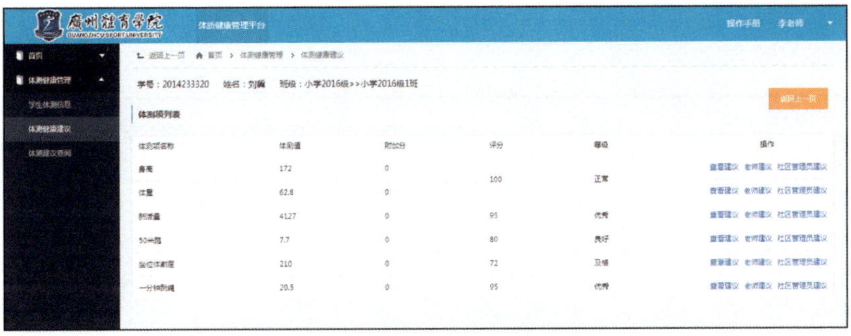

图 9-70　体测项列表页面

（3）点击"老师建议"按钮跳转至添加建议页面（如图 9-71）。

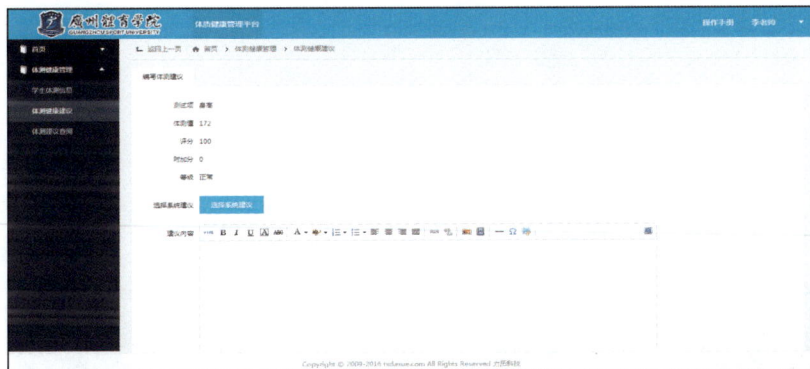

图 9-71　体测健康老师建议页面

（4）填写建议。

①点击"选择系统建议"按钮选择系统已有的建议进行添加，或者手动添加建议（如图 9-72）。

图 9-72　体测健康建议添加页面

②填写建议后可点击"预览"按钮查看（如图9-73）。

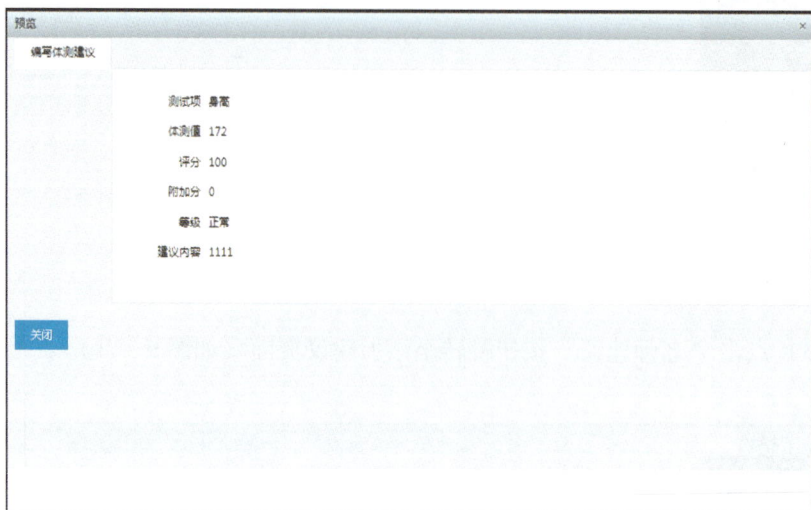

图9-73 体测健康建议查看页面

③确定无误后点击"保存"按钮完成建议添加（如图9-74）。

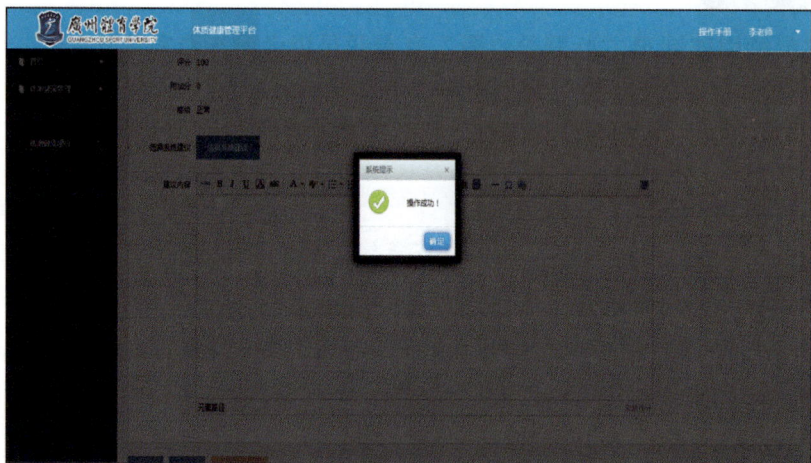

图9-74 体测健康建议保存页面

四、体测建议查阅

（1）体测建议查阅主页。

条件查询：时间范围和关键字搜索一样，需点击"搜索"按钮操作（如图9-75）。

图 9 - 75 体测建议查阅主页

（2）点击"查看体测项"按钮跳转至体测项列表页面（如图 9 - 76）。

图 9 - 76 体测项列表页面

（3）点击"老师建议/社区管理员建议"按钮查看体测项详情（如图 9 - 77）。

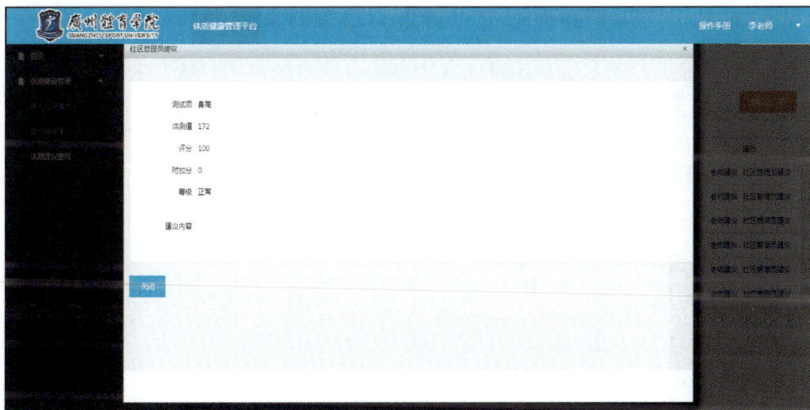

图 9 - 77 体测项详情页面

第五节　平台操作——学生操作

一、首页——个人信息

（一）个人信息修改

用户对自己的基本信息进行修改，填写完后点击"保存"按钮，完成修改（如图9－78）。

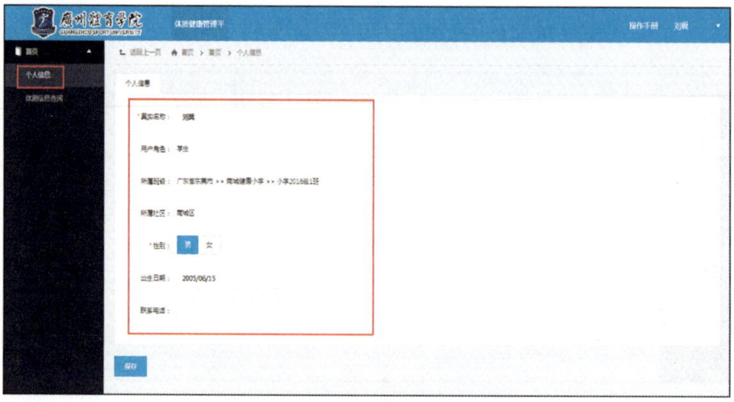

图9－78　学生个人信息主页

（二）体测信息查阅

（1）体测信息查阅主页（如图9－79）。

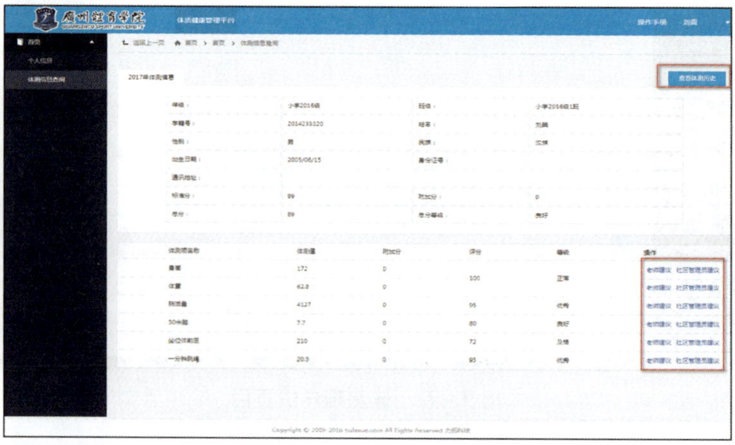

图9－79　体测信息查阅主页

（2）点击"老师建议/社区管理员建议"按钮查看体测建议（如图9-80）。

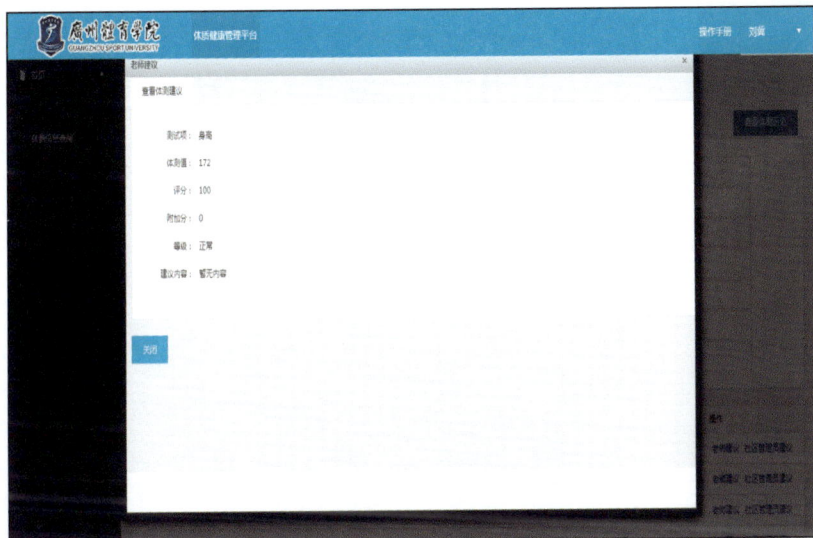

图9-80 体测建议页面

（3）点击"查看体测历史"按钮跳转至历史体测信息页面（如图9-81）。

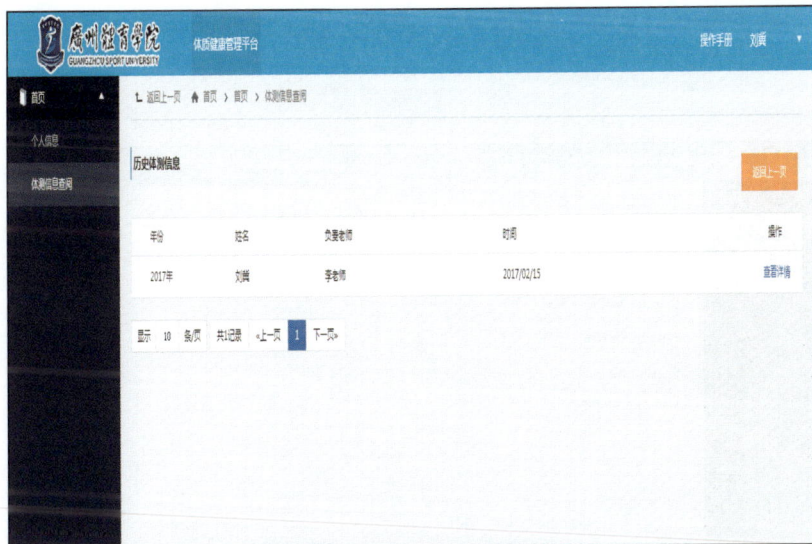

图9-81 历史体测信息页面

（4）点击"查看详情"按钮查看各年份的体测信息，与刚进来的页面操作一致（如图9-82）。

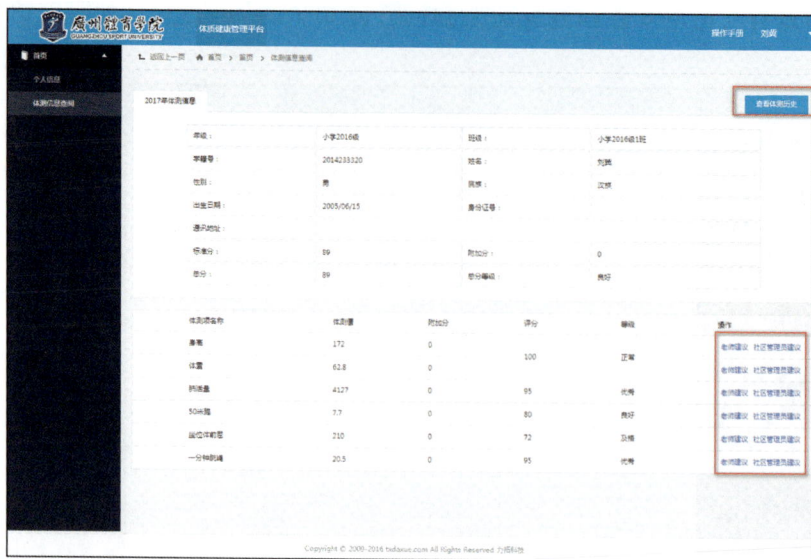

图 9 – 82　体测项信息查看页面

二、平台操作——学生建议操作

（一）首页——个人信息

对自己的基本信息进行修改，填写完后点击"保存"按钮，完成修改（如图 9 – 83）。

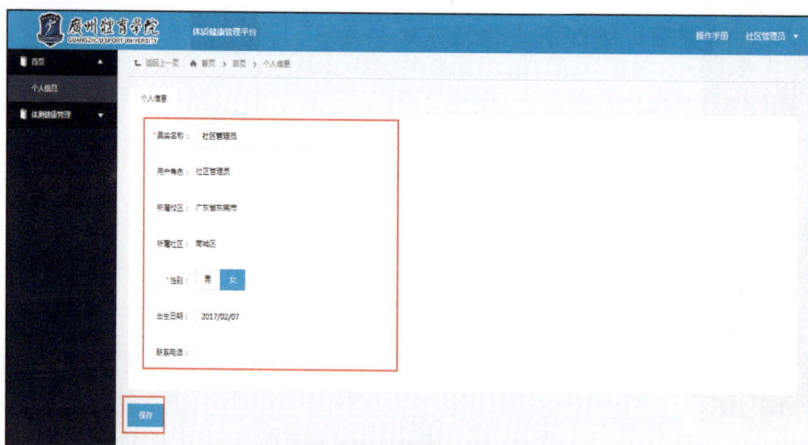

图 9 – 83　体测健康管理信息页面

（二）体测健康建议查阅

（1）体测健康建议查阅主页。

①条件查询：时间范围和关键字搜索一样，需点击"搜索"按钮操作（如图9-84）。

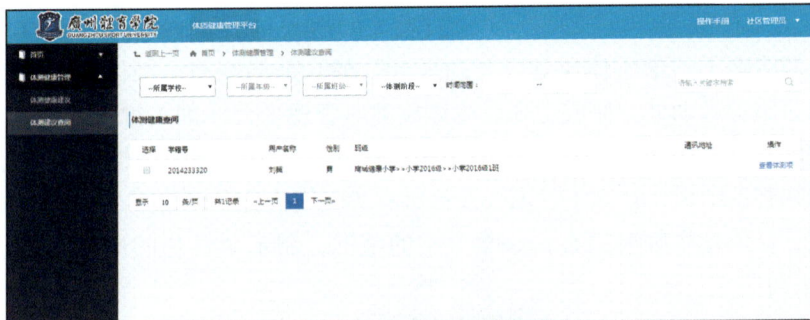

图9-84 体测健康建议查阅主页

②点击"查看体测项"按钮跳转至体测项列表页面（如图9-85）。

图9-85 体测项列表页面

③点击"老师建议/社区管理员建议"按钮查看体测项详情（如图9-86）。

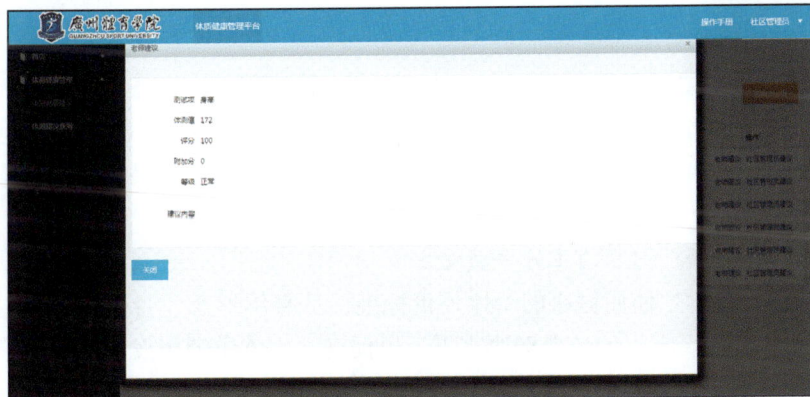

图9-86 体测项详情页面

第六节　运动处方的制定

我们明晰了"学生体质健康管理平台"的功能与特点、操作程序与步骤之后，如何制定运动处方便成为"学生体质健康管理平台"的关键内容之一。"学生体质健康管理平台"主要由两部分内容构成，其一是学生体检及《国标》规定项目的测试结果，让学生、家长及社区有关负责人充分了解学生的体质健康状况；其二，体育教师要结合每一个学生的情况，制定个性化的运动处方，实现"对症下药"。

由于出版的要求，本书难以针对学生体质健康状况给出具体的运动处方，各校可参考有关权威机构推荐的运动处方，建立适合本校实际情况的运动处方库，本章提出相关原则与要求供各校参考。

一、运动处方的含义

运动处方是根据个体的身体条件、运动能力，以处方的形式制定出的包括运动频率、运动强度、运动时间、运动类型及运动过程中的注意事项等要素的体育健身方案。从概念的界定中可以看出，运动处方主要由运动内容（方式）、运动负荷（量和强度）、运动频率、注意事项等要素组成。

二、运动处方制定的基本原则

（一）普适性与特殊性相结合的原则

体育教师在制定或选择运动处方时，应有所侧重，既要突出重点，又要兼顾整体。

1. 以预防性为主的运动处方

中小学生主要以预防性运动处方为主，也就是说制定以增强体质、预防疾病、提高健康水平为主要目标的运动处方，这类运动处方在中小学应占据着主导位置。另外，也可针对特殊学生制定以治疗疾病、提高康复效果为主要目标的治疗性运动处方。

2. 以《国标》内容为主的运动处方

《国标》是学生体质健康的个体评价标准，从身体形态、身体机能和身体素质等方面综合评定学生的体质健康水平，以促进学生体质健康发展、激励学生积极进行身体锻炼。《国标》根据学生学年总分评定等级：90.0 分及以上为优秀，80.0～89.9 分为良好，60.0～79.9 分为及格，59.9 分及以下为不及格。学生测试成绩评定达到良好及以上者，方可参加评优与评奖；成绩达到优秀者，方可获体育奖学分。测试成绩评定不及格者，在本学年度准予补测一次，补测仍不及格，则学年成绩评定为不及格。普通高中、中等职业学校和普通高等学校学生毕业时，《国标》测试的成绩达不到50分者按结业或肄业处理。《国标》的有关规定不但对学生体育参与有良好的促进作用，也和每一位学生的发展紧密相连，是学生学习生活的一件大事。体育教师在制定运动处方时，《国标》的内容与成绩评定等级是重要参考依据。

3．以体育考试为主的运动处方

考试牵动着每个学生和家长的心弦，也备受社会的关注。目前重要的体育考试当属中考体育考试。教育部对体育在中考中的重要性做出了明确的规定，但各省市在执行过程中仍有一定的差异性，必考项目、选考项目、评价标准及中考体育在总分中的比例各有特色。为此，体育教师可根据本地区的实际情况制定相应的运动处方，以提升学生中考体育成绩。

（二）科学性与易读性相结合的原则

科学地、有针对性地制定运动处方才能够做到有的放矢，实现最佳效果。有经验的体育教师可自行制定运动处方，也可借鉴权威资料。运动处方可采用文字内容配图或视频配画外音的形式，且在文字表述上要通俗易懂。运动处方的读者不仅仅是学生，还包括学生家长、社区的管理干部和体育指导员，受众者差异性较大。为此，在条件允许的情况下，建议使用视频配画外音的形式制定运动处方，提升活动方式的直观性和可接受性。

（三）室内与室外健身相结合的原则

大力提倡户外健身活动的同时，体育教师在制定运动处方时应考虑居家健身的方式方法。可有针对学生个体的健身形式，也可和家庭成员一起进行锻炼，充分发挥家庭体育在青少年体质健康水平提升中的作用。

（四）个体健身与体育竞赛相结合的原则

应充分发挥社区青少年体育服务的功效，可以举办各种类型的青少年体育比赛，利用体育竞赛的"杠杆"作用提高青少年健身的效果。体育教师在制定运动处方时，可提出体育竞赛活动内容与形式的建议。

三、运动处方的实施步骤

（1）围绕健康体检和《国标》的基本要求，对学生进行体质健康测试和健康体检，并把每个学生的相关结果及评价等级、存在问题展现在"学生体质健康管理平台"上，只有输入学号才能查看每位同学的情况。

（2）针对每一位学生体质健康的实际状况，有针对性地提供体育健身实施方案，并进行实时跟踪。

（3）学校体育科组每一个学期要进行总结，检查运动处方的实施效果，并校正下一步的实施方案。

四、运动处方实施的保障措施

学校师生要树立健康意识，提升体育与健康素养，在体育课堂教学和课外体育活动过程中强化运动处方意识，把所学的体育技能变成学生体质健康促进的有效手段，而不仅仅停留在技术层面。运动处方要落到实处、达到实效，学校固然要承担主要的任务，但仅依靠学校难以实现学生体质健康水平提升的根本目标，家长和社区有关人员的积极配合不可或缺。家长的支持与参与、社区体育服务的配合和学校形成三方的有机联动，才能实现"文明其精神、野蛮其体魄"的教育目的。

第十章　青少年体质健康问题的反思与机制解析

第一节　青少年体质健康问题的反思

面对青少年体质健康水平下滑的现象，党和政府推出了一系列政策和措施，基本上扭转了青少年体质健康水平连续下滑的局面，青少年体质健康水平出现了止跌回升的良好发展态势。受教育部委托，上海体育学院开展了《国标》测试抽查复核工作，围绕抽查数据开展了相关研究。研究表明，我国青少年、儿童体育健身发展水平整体向好；学校在促进青少年、儿童体育健身方面的作用越来越明显；青少年、儿童体育健身意识和体质健康达标水平稳步提高。研究报告显示，青少年体质健康问题虽然有些改善，但整体上仍然比较严峻。

第一，虽然我国青少年形态发育水平在不断提高，但超重和肥胖等问题日益严重。据 1985 年到 2014 年的全国调查结果显示，中国学龄儿童超重率从 1985 年的 1.1% 上升到 20.4%，肥胖率从 0.5% 上升到 7.3%。

第二，虽然我国青少年体质健康水平整体上有向好的趋势，但"增龄递减"的现象仍然没有改变。从 2016、2017、2018 三年调查数据来看，学生体质健康的整体优良率分别为 26.5%、29.3%、30.3%，上升趋势明显。但随着学段升高，学生体质下降的趋势也很明显。2017 年调查数据显示，小学生体质健康达标率为 92.1%，中学生为 88.0%，大学生为 74.4%。

第三，从全国范围来看，青少年体质健康水平的区域差异很大，体质健康发展不平衡问题还比较突出。

第四，我国青少年近视呈现高发、低龄化趋势，严重影响了青少年的身心健康。

围绕青少年体质健康水平的提升问题，教育部门采取了一系列的措施，但收到的效果却不够理想。虽然青少年在学校的身份是学生，但青少年的体质健康问题（无论是下滑还是提升问题）并不单纯是一个学校教育的问题，这一问题的解决需要全社会的共同努力，应建立政府、学校、家庭、社区、学生"五位一体"的青少年体质健康干预体系（见图 10-1）。

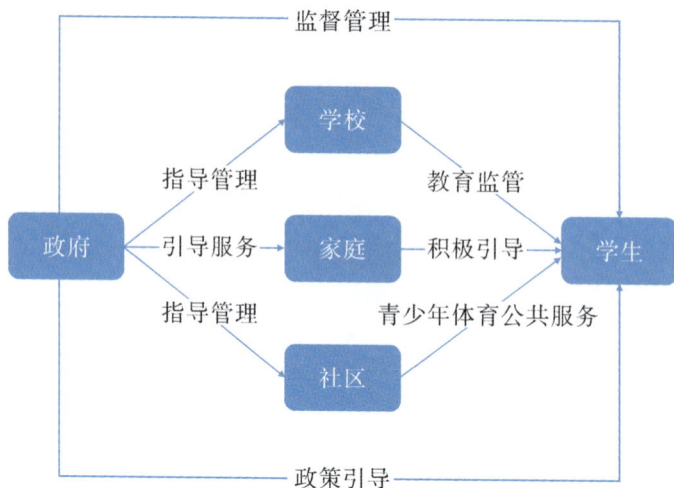

图 10 – 1　"五位一体"青少年体质健康促进协同体系图

第一是学生。本书第五章"广东省青少年体育锻炼'知信行'模式的建立",在调查研究的基础上,探讨了广东省青少年体育锻炼"知信行"的现状,建立了体育锻炼"知信行"模式。研究发现,青少年的体育认知向体育行为的转化,需要把外界环境(家庭、学校、社区等)内化于心,并形成自觉的行为与习惯。然而,无论是家庭的体育教育,还是学校的体育教育,过于强调学生的兴趣,而对学生学习的责任不够重视,致使学生体育学习的内驱力不强。为此,在学校体育改革的过程中,要让学生明确学习的目的与方向,"不忘初心,牢记使命"同样适合于青少年的学习、成长过程。

第二是学校。学校是文化传承与发展的重要阵地,是承继先贤、泽被后世文化的主要推动者与执行者。学校体育,尤其是体育课堂教学具有计划性、规范性和教育性,对学生的体育教育有着不可替代的作用。应加强学校体育的软硬件建设,充分发挥学校体育每一个要素的作用,强化体育课与课外体育活动的联动,理顺二者之间的关系和各自目标的侧重点,确保学生在校期间每天有一小时的体育学习与锻炼时间。总结《义务教育体育与健康课程标准》实施近 10 年的经验,在此基础上,进一步深化体育课堂教学改革,走适合中国国情的体育课程改革之路。建立科学的中考体育和高中学业水平体育考试的评价体系,让过程性评价落到实处,终结性评价更为客观、科学。

第三是家庭。家庭对一个孩子健康生活方式的养成起着至关重要的作用,家长有责任关注学生的健康成长。习近平总书记说家庭是人生的第一所学校,家长是孩子的第一任老师,要给孩子讲好"人生第一课",帮助扣好人生第一粒扣子。调查表明,家长在认知上普遍认可运动能力重要性,但对孩子运动能力培养的实际行动现状却不容乐观,近九成的青少年每周运动 1~2 次。为此,应在家庭营造良好的体育氛围，改变家长的教育观念。本书第五章的研究表明，青少年体育锻炼的知行有一个转化的过程，虽然学校在知行转化的过程中起到非常重要的作用，但家庭的影响也不容忽视。为此，在"健康中国行动"中，不但要提升家长对体育的认知，而且要在行动上支持学校的体育教育，并以自身的正能量影响子女的体育参与，积极开展家庭体育。

第四是社区。本书第六章"社区公共体育服务与青少年社区体育参与分析"的研究表明，随着单位体育的弱化，社区在全民健身活动中担任了重要角色。然而，多数社区离国家体育总局所提出的"六边工程"还有较大的差距，全民健康任重道远。15分钟健身圈的功能偏差、社区体育组织的不健全、学校体育场馆向社会开放的不完善、社区管理的头绪多、社区管理者体育观念淡化等现实问题影响着青少年社区体育的参与。为此，在体育强国建设的征途上，应强化社区青少年体育公共服务的功能。有条件的社区应建设社区青少年服务中心，并在服务中心有效地增添体育元素。充分发挥体育社会组织的作用，组织丰富多彩的社区青少年体育活动，在时间和空间上给青少年社区体育参与搭建良好的平台。

第五是政府。国家的大政方针出台以后，各级地方政府是落实与监督的主体。然而，在实践中经常会出现政策的执行力不强、地方政府管理缺位、有效的监督机制缺乏、运行机制不畅等现象，如：能够培养学生意志力等心理品质的教材淡出体育课的主要原因是校长怕在学生伤害事故中担责，而地方政府在此类问题处理过程中却采取回避的态度，致使很多学校会规避有风险性的项目。长此以往，学生心理品质得不到有效的训练。再如学校体育场馆向社会开放的问题，虽然国家、省市出台了相关的法规文件，但由于缺乏有效的运行机制和责任主体不明等问题，致使学校体育场馆向社会开放遮遮掩掩、步履艰难。为此，各级地方政府应围绕党和国家的大政方针出台相应的细则，做到执行到位、机制畅通。

青少年体质健康水平的提升是落实党的教育方针的必然要求，也是涉及民族未来与希望的千秋伟业。只有调动全社会的力量，才能把青少年体质健康的提升工作落到实处。

第二节　青少年体质健康促进的机制解析

《辞海》解释："机制"指机器的构造和运作原理，借指事物的内在工作方式，包括有关组成部分的相互关系以及各种变化的相互联系。体制，通常指体制制度，是制度形之于外的具体表现和实施形式，是管理经济、政治、文化等社会生活各个方面事务的规范体系。社会学把机制的内涵表述为："在正视事物各个部分的存在的前提下，协调各个部分之间关系以更好地发挥作用的具体运行方式"。

破解体制机制是本研究的关键词，也是提升青少年体质健康水平的关键。青少年体质健康水平的提升是一项系统工程，牵系到家庭、学校和社会等多个领域，也是关系到民族未来的希望工程。为此，本书在调查研究、试点经验总结、资料分析的基础上认为，做好青少年体质健康促进这一重大工程，应把握好以下几个方面的机制。

一、政策导向机制

提升青少年体质健康水平，重在体制机制的变革，尤其是学校教育政策的导向。自 1985 年学生体质出现下滑以来，党和政府出台多项政策，采取了一系列措施以提升青少年体质健康水平，尤其是 2007 年 5 月 7 日，出台了《意见》。该文件强调了增强青少年体质、促进青少年健康成长的意义，并提出了相关工作措施。但由于应试教育惯性的影响，出现了政策执行力弱化的现象，导致《意见》所规定的"确保学生每天锻炼 1 小时。中小学要认真执行国家课程标准，保质保量上好体育课，其中小学 1~2 年级每周 4 课时，小学 3~6 年级和初中每周 3 课时，高中每周 2 课时；没有体育课的当天，学校必须在下午课后组织学生进行 1 小时集体体育锻炼并将其列入教学计划；全面实行大课间体育活动制度，每天上午统一安排 25~30 分钟的大课间体育活动，认真组织学生做好广播体操、开展集体体育活动；寄宿制学校要坚持每天出早操。高等学校要加强体育课程管理，把课外体育活动纳入学校日常教学计划，使每个学生每周至少参加三次课外体育锻炼"等一系列措施在一些学校难以落地。

为了加强对学校体育的组织领导，充分发挥学校体育在青少年体质健康促进过程中的有效作用，必须强化政策的导向作用，加强监督，提高政策的执行力。

二、学校、家庭与社区合作机制

改革开放后，伴随着中国富起来的步伐，青少年的学习和生活方式也在不断地变化着，电脑、手机、游戏机成了青少年身边的常见品，饮食的热量也有了大幅度的提升。久坐、营养过剩、人体活动缺乏等不良生活习惯制约了青少年体质健康水平的提升。要改变这种局面，仅靠学校体育难以起到长久的实效，应建立起学校、家庭与社区的合作机制，创设全社会共同关心青少年健康成长的良好环境。

学校、家庭、社区建立合作体系在全面教育中的作用已在美国和加拿大等国得到了有效的验证，并形成了相应的理论——多重熏陶理论。多重熏陶理论的外部叠加效应模型认为，学生学习和成长的三大环境——学校、家庭和社区——要么相互聚拢，要么相互分离，共同影响青少年、儿童的学习和发展。多重熏陶理论的内部互动效应模型旨在阐明，那种个人与个人之间的人际关系及其多种类型的熏陶影响作用是如何发生在学校、家庭和社区之中的，又是在何种场合发生这些关系和影响的；同时，这些人际关系和熏陶作用本身既错综复杂，又不可或缺。这些社会关系既可以发生在机构层面，又可以发生在个人层面，而且在这两个层面上也都能开展相应的研究活动来探索这些社会关系。教育工作者或家长与社区团体、机构以及服务项目之间的连接关系同样可以用该模型呈现出来，且在该模型框架内加以研究。多重熏陶理论认为，合作行为将推动学校的教职员工将学校建设得更具有家庭的味道。一所家庭般的学校会重视每位学生所具有的个性，并且使他们既感受到自身的独特，又感受到自己是团体的一分子。合作行为将推动父母为自己的家庭营造出学校般的气氛。学校般的家庭会重视每个孩子的学生身份。家庭还能让学生更加意识到学校、家庭作业和各种活动项目的重要性，从而更能培养出学生各方面的技能并为他们带来成功的喜悦。社区方面（包括家长们组成的合作群体）同样能为学生带来各种学校般的教育机会和各种大大小小的活动项目——这些都为学生提供了机会，让他们能因为自己良好的进步表现，自己的创造性、做出的贡献和卓越才能而获得他人的肯定、认可及相应的奖励。社区方面还能提供各种家庭般的软硬环境、服务项目和大型活动，而这些都将使得家庭方面能够为其子女提供更加有力的支持。[1]

2014 年 7 月 28 日，国务院学校体育工作座谈会，时任国务院副总理刘延东指出："健康是青少年成长成才和幸福生活的根基，关系国家民族未来和亿万家庭福祉，各级党委政府要认真贯彻习近平总书记关于增强青少年体质的重要论述，树立健康第一的理念，组织引导学校、社会和家庭为青少年强身健体创造良好条件，为实现中国梦提供人才保障。"刘延东副总理的讲话精神，也充分阐释了学校、家庭、社区合作在提升青少年体质健康水平的积极作用。

在试点过程中，课题组成员研制了学生体质健康管理平台（详见本书第九章），此平台的特点是：只要输入学号，学校、家长、社区便能够有效把握中小学生的体质健康状况，了解运动处方，便于三方有针对性地组织、策划青少年的体育活动，合理地安排青少年的休闲生活等。

三、条件保障机制

保障机制是为管理活动提供物质和精神条件的机制。本书所涉及的保障机制主要是体育师资队伍的专业化水平和学校体育经费的投入。自《意见》颁布以来，各省市人民政府加大了对学校体育的投入，有的省市还在政府文件中对学校

---

[1]　爱泼斯坦. 大教育：学校、家庭与社区合作体系［M］. 曹骏骧，译. 3 版. 哈尔滨：黑龙江教育出版社，2016.

体育经费在学校公用经费中的比例作出了规定。但从总的情况来看，学校体育经费的投入和学生体育学习与锻炼需求的矛盾依然存在，主要体现在专业体育教师和体育场地器材不足的情况。体育教师是体育课程实施的执行者和学生体育学习的引导者，其专业化水平的高低直接影响到体育课程改革的实效。《义务教育体育与健康课程标准》已正式实施将近 10 年，《高中体育与健康课程标准》也于2017 年尘埃落定。但在实践中，很多体育教师并没能很好地理解《义务教育体育与健康课程标准》的基本精神，传统的课例仍然占据着主流，体育教师专业化水平提升的任务仍很艰巨。值得一提的是，由于受中考体育指挥棒的影响，很多学校初中体育课堂教学出现了考什么教什么的现象，教学为了训练，学生苦不堪言，在初中出现了《义务教育体育与健康课程标准》实施与中考训练之间的矛盾。

试点过程中，在体育工作领导小组的支持下，广东顺德德胜学校采取了 2 节体育课按《义务教育体育与健康课程标准》上，1 节体育课用来中考项目的教学。实践证明，二者有机结合产生了良好的实效。

四、激励约束机制

激励约束是现代经济学和管理学的重要内容，一般包括五个基本要素，即激励约束的主体、客体、方法、目标和环境条件，解决的分别是谁去激励约束、对谁激励约束、怎样激励约束、向什么方向激励约束以及在什么条件下进行激励约束的问题。正确把握激励约束的五个要素，对建立有效的激励约束机制至关重要。

激励与约束有着不同的功能，两者又相辅相成、缺一不可。首先是激励，没有激励就没有人的积极性，而没有积极性，一切工作发展就无从谈起。同时，每个人要对他的行为后果负责任。也就是说，他的行动要受到约束。在实际工作中，要具体情况具体分析，在偏重激励或者约束之间适当地做出选择。只有把二者很好地结合起来，才能调动教育主体的积极性，并与所有者利益一致，实现激励兼容。

（1）从激励方面来看，应自上而下建立评先争优的机制。

①提升政策的执行力，让各级政府、学校认识到学校体育的重要性及提高青少年体质健康水平的使命感，做到奖惩分明。

②体育教师组织课外体育活动、课余训练应计算工作量，落实好高温补贴和服装费，提升体育教师的职业满意度和归属感。

③提升青少年的责任意识，让学生认识到良好的体质健康水平对其成长的益处及学校体育的作用，做到知行统一。实施类似于运动员等级标准的学生体育锻炼等级证书，充分调动学生体育学习和锻炼的积极性。

（2）从约束方面来看，应至上而下确立责任制度。

①将体育硬件条件作为衡量学校办学条件的一个主要方面，新建学校体育场地器材不达标者不得招生，已招生学校不达标的要限制招生规模，严重者取消招生资格，以此强化地方政府和学校的体育投入责任。

②对《国标》测试中不及格的学生超过学生总数达到一定比例的地方和学校提出批评。对学生体质下降的省区市，适度削减该省区市高考招生计划。

③开展落实学生每天一小时体育活动时间的专项督导，督导结果作为学校评估的依据之一。对青少年体质健康水平持续下降的学校，实行一票否决。

④建立体育教师职业标准，严格规范体育教师教学行为。要把学生体质健康进步幅度作为体育教师绩效考核的主要内容，在评价工作绩效时对体育教师奖优罚劣，树立典型，表彰模范。

五、课内外联动机制

长期以来，体育课和课外体育活动之间缺乏有机联系。在试点过程中，工作小组按照《国标》的基本精神，围绕体育课教学的本质和基本要素，从学习方式改变入手，有针对性地选择教学内容、教学策略、评价方法等，并将提升学生的体育技能作为落脚点。课外体育活动注重练习，也就是学生在体育课上所学到的技能能够在课外体育活动中得到进一步的巩固和提高，并能在课外体育活动的练习过程中发现体育技能掌握的不足，从而带着问题进入体育课堂学习。课内外联动，改变了以往学生从小学到大学没能掌握一项体育技能的窘况，并能使各学段的体育教学内容得到有效的衔接，提升学生体育学习和锻炼的积极性。

六、竞赛撬动机制

竞技是体育的本质特征之一，体育竞赛能够起到激励上进、追求进步、团结协作、促进个性发展、遵守规则意识等作用。同时，体育竞赛对学生体育技能的提升也有促进作用。竞赛不应是少数精英的专利品，应贯穿于课内外、惠及全体学生，让学生在竞赛中学习、在竞赛中成长，达到"学、练、赛"的统一。

参考文献

一、专著

［1］陈明达. 实用体质学［M］. 北京：北京医科大学、中国协和医科大学联合出版社，1993.

［2］陈鹏飞. 新课程 新评价［M］. 合肥：合肥工业大学出版社，2005.

［3］邓树勋. 运动生理学［M］. 北京：高等教育出版社，1999.

［4］季成叶. 体质自我评价和健康运动处方［M］. 北京：北京体育大学出版社，2001.

［5］胡中锋. 教育评价学［M］. 北京：中国人民大学出版社，2008.

［6］教育部基础教育课程教材工作委员会. 义务教育体育与健康课程标准（2011年版）解读［M］. 北京：高等教育出版社，2012.

［7］匡调元. 人体体质学：理论、应用和发展［M］. 上海：上海中医学院出版社，1991.

［8］李建芳，陈汉华. 现代高校体育教学探索［M］. 北京：北京体育大学出版社，2001.

［9］刘本固. 教育评价的理论与实践［M］. 杭州：浙江教育出版社，2000.

［10］刘江南，赵广才. 体质健康与科学健身指导［M］. 广州：华南理工大学出版社，2008.

［11］刘星亮. 体质健康概论［M］. 武汉：中国地质大学出版社，2010.

［12］顾渊彦. 域外学校体育传真［M］. 北京：人民体育出版社，1999.

［13］阮智富，郭忠新. 现代汉语大词典·上册［M］. 上海：上海辞书出版社，2009.

［14］沈勋章. 全民健身处方大全［M］. 上海：上海科学技术文献出版社，2002.

［15］孙庆祝. 体育测量与评价［M］. 北京：高等教育出版社，2006.

［16］陶西平. 教育评价辞典［M］. 北京：北京师范大学出版社，1998.

［17］王瑞元，苏全生. 运动生理学［M］. 北京：人民体育出版社，2012.

［18］吴钢. 现代教育评价教程［M］. 北京：北京大学出版社，2008.

［19］夏征农. 辞海［M］. 上海：上海辞书出版社，2000.

［20］肖远军. 教育评价原理及应用［M］. 杭州：浙江大学出版社，2004.

［21］邢文华，李晋裕，马志德，等. 体育测量与评价［M］. 北京：北京体育学院出版社，1985.

［22］学生体质健康标准研究课题组. 学生体质健康标准研究［M］. 北京：人民教育出版社，2006.

［23］杨慧敏. 美国基础教育［M］. 广州：广东教育出版社，2004.

［24］杨文轩，陈琦. 体育原理导论［M］. 北京：北京体育大学出版社，1996.

［25］张建华，高嵘. 国内外体育课程发展与改革［M］. 桂林：广西师范大学出版社，2015.

［26］周雷，黄滨. 学生体质评价与运动处方［M］. 北京：北京体育大学出版社，2009.

［27］周荣喜，张汉鹏. 项目管理数量方法［M］. 北京：化学工业出版社，2010.

［28］GARDNER H. Frames of mind：the theory of multiple intelligences［M］. New York：Basic Books，1983.

［29］GARDNER H. Multiple intelligences：the theory in practics［M］. New York：Basic Books，1993.

二、论文

［1］陈嵘，王健，黄滨. 三种心肺功能运动负荷测试的评价效度研究［J］. 体育科学，2005，25（6）.

［2］陈燕文，谢东宝. 家长评价学生发展的实施策略［J］. 现代中小学教育，2012（2）.

［3］贺安溪，胡惠明. 农村中小学教师培训评价研究［J］. 当代教育理论与实践，2012（1）.

［4］侯高建. 初级中学学生体育成绩评价体系的构建［J］. 2014，4（29）.

［5］江崇民，张一民. 中国体质研究的进展与发展趋势［J］. 体育科学，2008，28（9）.

［6］李军舰，焉明. 以人为本的体育成绩评价体系研究［J］. 内江科技，2008（11）.

［7］李卫东. 中小学体育学习评价改革的"钟摆现象"分析［J］. 体育学刊，2014（2）.

［8］李艳. 新时期体育成绩评价探析［J］. 当代体育科技，2013，3（6）.

［9］刘丽，宦丽. 新课程标准下中学生体育学习评价现状和策略［J］. 体育成人教育学刊，2012，28（2）.

［10］刘天东，刘芝. 运用 AHP 对高校学生创新思维培养要素进行有效性分析［J］. 山东青年政治学院学报，2011，27（6）：71－74.

［11］申建芳. 新课程下的体育学习评价研究［J］. 湖北广播电视大学学报，2013，33（7）.

［12］孙晓雯，郭海荣. 国内外学业成绩评价制度简述［J］. 教育与管理，2001（9）.

［13］汪晓赞，张军. 中小学体育与健康学习评价热点探析［J］. 中国学校体育，2014（4）.

［14］王春枝，斯琴. 德尔菲法中的数据统计处理方法及其应用研究［J］. 内蒙古财经学院学报（综合版），2011，9（4）.

［15］王健，邓树勋. 台阶试验质疑［J］. 中国体育科技，2003，39（2）.

［16］王朔，董彦会，王政和. 1985—2014 中国 7～18 岁学生超重与肥胖流行趋势［J］. 中国预防医学杂志，2017，51（4）.

［17］吴钢. 论教育评价的一般过程［J］. 中外教育，2001（1）.

［18］吴敏. Hale 指数法在大学生身体素质进步幅度评价中的应用研究［J］. 教育教学论坛，2013（11）.

［19］夏萍，吴大嵘，卢传坚，等. Delphi 法在医疗质量评价指标体系中的可靠性分析［J］. 现代预防医学，2012，39（14）.

［20］徐洪明. 刍议多指标综合评价要素及其作用机理［J］. 战略决策研究，2012（3）.

［21］严运楼. 建国初中国共产党领导的学校卫生教育［J］. 中国学校卫生，2017，7（38）.

［22］尹军杰，学生体育成绩评定研究［J］. 中国校外教育，2014（9）.

［23］张红凡. 新课标下初中体育成绩评价的思考［J］. 考试与评价，2014（7）.

［24］张细谦，曾怀光，韩晓东. 中日美体育学习评价的比较［J］. 体育学刊，2001（6）.

［25］赵超. 构建多元智能视角的体育成绩评价体系［J］. 青春岁月，2011（24）.

［26］甄志平，毛振明.《国家学生体质健康标准》指标体系结构与嬗变研究［J］. 西安体育学院学报，2008（2）.

［27］周琼. 对学生学业成绩评价的思考［J］. 中国电力教育，2011（19）.

［28］曾庆涛. 我国体育教师评价体系研究［D］. 开封：河南大学，2011.

［29］陈晓丹. 运动训练专业田径专项课学生学业成绩评价指标体系构建［D］. 开封：河南大学，2014.

［30］侯玉华. 企业全面预算管理的绩效评价［D］. 苏州：江苏大学，2008.

［31］蒋新国. 体育教学原则新论：《体育与健康课程标准》理念下体育教

学原则的补充与完善［D］．长沙：湖南师范大学．2004.

［32］李磊．中学生体育与健康课学习评价体系构建［D］．开封：河南大学，2008.

［33］刘志红．学校体育教学评价体系构建与可操作性研究［D］．石家庄：河北师范大学，2007.

［34］马晓．我国中学体育课成绩评定内容的演变与反思［D］．聊城：聊城大学，2013.

［35］沈林．社区公共卫生服务绩效评价研究［D］．杭州：浙江大学，2009.

［36］王大广．体育教学评价体系相关因素研究［D］．重庆：西南大学，2010.

［37］辛宪军．基于标准的心理健康与社会适应学习评价指标体系及其评价方案的研究：以水平四为例［D］．上海：华东师范大学，2010.

［38］徐晓芹．多元智能视角下我国高效体育教育专业本科学生学业成绩评价研究［D］．开封：河南大学，2011.

［39］许丽丽．基于标准的运动参与学习评价指标体系及其评价方案的研究：以水平四为例［D］．上海：华东师范大学，2010.

［40］薛晓东．中小学体育与健康课程多元化体育学习评价的操作性构想［D］．南京：南京师范大学，2012.

［41］叶珍．基于AHP的模糊综合评价方法研究及应用［D］．广州：华南理工大学，2010.

［42］张若男．水平三学生体育与健康课学习评价体系的研究［D］．吉林：吉林体育学院，2015.

［43］章懿．新课程标准下初中生身体健康学习评价的研究［D］．上海：华东师范大学，2010.

［44］NG S W, POPKIN B. Time use and physical activity：a shift away from movement across the globe［J］．Obesity review，2012，13（8）.

三、其他

［1］国家体育总局．第二次国民体质监测报告［R］．北京：人民体育出版社，2007.

［2］中国学生体质与健康研究组．2002年中国体质与健康调研报告［R］．北京：高等教育出版社，2002.

［3］中国学生体质与健康研究组．2005年中国学生体质与健康调查报告［R］．北京：高等教育出版社，2007.

［4］中国学生体质与健康研究组．2014年中国学生体质与健康调研报告［R］．北京：高等教育出版社，2016.

［5］国务院. 国家中长期教育改革和发现规划纲要（2010—2020 年）［Z］. 2010 - 07 - 29.

［6］国务院. 国务院关于印发国家教育事业发展"十三五"规划的通知［Z］. 2017 - 01 - 19.

［7］国务院办公厅. 国务院办公厅关于强化学校体育促进学生身心健康全面发展的意见［Z］. 2016 - 05 - 06.

［8］教育部. 基础教育课程改革纲要（试行）［N］. 中国教育报, 2001 - 07 - 27 (2).

［9］教育部. 教育部关于推进中小学教学质量综合评价改革的意见［A/OL］. (2013 - 06 - 03)［2020 - 05 - 02］. http：//old. moe. gov. cn/publicfiles/business/htmlfiles/moe/s7054/201306/153185. html.

［10］黄志阳. 学生体质调研结果全国小学生近半数视力不良［EB/OL］(2015 - 11 - 27)［2020 - 05 - 02］. http：//finance. chinanews. com/ty/2015/11 - 27/7644838. shtml.

［11］教育部. 体育与健康课程标准（2011 版）［S］. 北京：北京师范大学出版社, 2012.